朝克 著

中国濒危民族语言文化研究

A Study on the Language and Culture of
Endangered Ethnic Groups in China

中国社会科学出版社

图书在版编目(CIP)数据

中国濒危民族语言文化研究/朝克著.—北京：中国社会科学出版社，2020.12
ISBN 978-7-5203-7664-8

Ⅰ.①中… Ⅱ.①朝… Ⅲ.①少数民族—民族语—文化语言学—研究—中国 Ⅳ.①H2

中国版本图书馆 CIP 数据核字（2020）第 255867 号

出 版 人	赵剑英	
责任编辑	马 明	李金涛
责任校对	赵 洋	
责任印制	王 超	

出　　版	中国社会科学出版社
社　　址	北京鼓楼西大街甲 158 号
邮　　编	100720
网　　址	http://www.csspw.cn
发 行 部	010-84083685
门 市 部	010-84029450
经　　销	新华书店及其他书店
印　　刷	北京明恒达印务有限公司
装　　订	廊坊市广阳区广增装订厂
版　　次	2020 年 12 月第 1 版
印　　次	2020 年 12 月第 1 次印刷
开　　本	710×1000　1/16
印　　张	22
字　　数	337 千字
定　　价	119.00 元

凡购买中国社会科学出版社图书，如有质量问题请与本社营销中心联系调换
电话：010-84083683
版权所有　侵权必究

前　　言

　　语言是人类最具代表性的符号系统、最为严谨的思维规则、最完美的表现方式，是人类最为重要的文化载体、思想宝库、精神财富，也是人类从古至今用共同的劳动和智慧创造的最为重要的交际工具。假如没有语言，没有人类使用和交流的语言，也就不会有人类的今天。人类从远古时代开始，在自身进步和发展的漫长历史岁月里，经过千百代人的共同劳动和努力，创造了一个丰富多样、绚丽多彩、辉煌灿烂的语言世界。约有60亿人口的世界，却创造并使用有六七千种语言。人类使用的语言，同人类一起经历了它的孕育期、童年时期、少年时期和青年时期，今天它也和我们人类一样，变得十分成熟、完美而理想。在语言中，似乎承载着人类走过的所有历史，所以人们说语言是人类的活化石。语言又是人类有史以来，积累和记录并传承先民们在生产生活及与大自然的深度交流中获取的知识产物。生活在不同地区的不同民族或族群，使用各自不同的语言。而且，不同民族的语言，均跟本民族的历史文化、生活的特定地域及自然环境、从事的生产活动，以及风俗习惯、衣食住行、思想理念、伦理道德、宗教信仰等必然联系。也就是说，不同地域结构、不同自然环境、不同历史文化、不同生产生活，孕育并创造出了各自不同的语言世界。不同的民族语言，不同的历史文化，又创造出了各自不同的人类文明。不过，我们也应该理性地承认，由于在人类历史上遇到的特大自然灾害、疾病、战争等因素，包括自身生存生活的需要，也出现过一些民族或族群整体大迁徙，进而给他们使用的语言带来过不同程度的影响。其结果是，一些民族语言不仅在语用词汇方面出现很大变化，新增数量可观的新词术语，甚至在语法和语音方面也出现诸多变异。与此同时，对于语言自身的发展创造了新的环境和条件、带来了新的刺激和机遇、注入了新的活力和生命力。尽管如此，已被带入全新的生存环境和条件的语言，不会产生根本性变化或变异，还会继续保留和发展本民族语言固有的成分。因为，不论哪个民族的语言，都是从历史走来，是属于该民族共同的历史记忆，有史以来尊重历史的人们，不会那么容易、简单、盲目而不负责任地放弃本民族母语。然而，自 20 世纪初以来，也就是说在整个 20 世纪的百年中，不同国家或地区处于非强势而不属于社会主流的民族语言，特别是那些人口较少民族的语言得到致命冲击和影响，使人类痛失了 12%—15% 的民族语言，这就等同于失去了人类 12%—15% 的声音系统、宝藏词汇、思维方式和交流手段，使我们的语言世界变得越来越单调、越来越贫乏。20 世纪百年中，人类语言特别是处于非强势地位或使用人口较少的民族的语言发展受到了无法弥补的重大损失。（1）在 20 世纪的上半叶，受前所未有的战争、殖民统治、种族歧视、民族压迫、民族优越论的影响，还有自然灾害与贫穷带来的各种苦难，使处于非强势地位的人口及其母语使用者急剧下降，甚至不少语言被迫消失；（2）在 20 世纪下半叶，第三次工业革命后期以计算机为代表的信息技术的突飞猛进，以及以主流语言为核心的收音机、广播、电视、电脑、手机、微信、网络语言的不断普及，几乎达到覆盖世界各地各个角落的程度，加上以主流语言为主导教育事业的不断推广，使处于弱势地位的人口较少民族语言受到不同程度的影响，使他们中使用母语的人口快速全范围下降。从某种角度来讲，20 世纪前半段，世界人口较少民族及其语言的同化，有很强的强制性和被迫性；20 世纪后半段，世界人口较少民族及其语言的同化，除了被迫性因素之外，也有一定程度的自然属性或非被迫性，是由人口较少民族自身发展的强烈需求决定的。我国的少数民族语言，包括人口较少民族的语言，一直到中华人民共和国成立，没有得到很好的保护，但也没有受到强制性同化，这跟清朝统治者是北方少数民族等有关。特别是，中华人民共和国成立之后，我国出台并实施了一系列行之有效的民族语言保护政策，使包括人口较少民族在内的所有民族语言得到了充分的尊重和保护。

一

众所周知，我国是一个由多民族、多种民族语言、多种民族文字和丰富多彩的民族文化及其不同地域文化组成的国家。就如前面所说，不同民族的不同语言文字，承载着各自不同的历史文化和文明，它是我国各民族的一个个耀眼夺目、灿烂辉煌的历史文化与文明。同时，在漫长的历史进程中，我国各民族语言文化相互接触、相互影响、相互渗透，从而构筑了一个更加丰美、绚丽、和谐而理想的东方独一无二的语言文化世界。也就是说，在我国除了汉族之外，还有蒙古族、回族、藏族、维吾尔族、苗族、彝族、壮族、布依族、朝鲜族、满族、侗族、瑶族、白族、土家族、哈尼族、哈萨克族、傣族、黎族、傈僳族、佤族、畲族、高山族、拉祜族、水族、东乡族、纳西族、景颇族、柯尔克孜族、土族、达斡尔族、仫佬族、羌族、布朗族、撒拉族、毛南族、仡佬族、锡伯族、阿昌族、普米族、塔吉克族、怒族、乌孜别克族、俄罗斯族、鄂温克族、德昂族、保安族、裕固族、京族、塔塔尔族、独龙族、鄂伦春族、赫哲族、门巴族、珞巴族、基诺族55个少数民族。除回族说汉语外，这些民族使用的语言分别叫蒙古语、藏语（包括嘉戎语）、维吾尔语、苗语、彝语、壮语、布依语、朝鲜语、满语、侗语、瑶族语（布努语、勉语等）、白语、土家语、哈尼语、哈萨克语、傣语、黎语、傈僳语、佤语、畲语、高山语、拉祜语、水语、东乡语、纳西语、景颇语、柯尔克孜语、土族语、达斡尔语、仫佬语、羌语、布朗语、撒拉语、毛南语、仡佬语、锡伯语、阿昌语、普米语、塔吉克语、怒族语（阿侬语、怒苏语等）、乌孜别克语、俄罗斯语、鄂温克语、德昂语、保安语、裕固语（东部裕固语、西部裕固语）、京语、塔塔尔语、独龙语、鄂伦春语、赫哲语、门巴语（错那门巴语、仓洛门巴语）、珞巴族语、基诺语等共54种。我国境内的少数民族多数使用一种母语，但也有使用两种或两种以上母语的少数民族。例如，门巴族使用错那门巴语和仓洛门巴语两种母语；裕固族使用东部裕固语和西部裕固语两种语言；仡佬族用仡佬语、俫语；哈尼族用哈尼语和桑孔语；布依族使用布依语、莫语；怒族使用怒苏语、柔若语、阿侬语；珞巴族使用博噶尔语、苏龙语、义都语、崩如语；景颇族除了使用景颇语之外，还使用载瓦语、浪速语、波拉语、勒期语等；藏族用藏语、嘉戎语、尔龚语、木雅语、尔苏语等；瑶族使用勉语、布努语、拉珈语、巴哼语、炯奈语等；回族使用回辉语和康家语；高山族使用阿美语、布农语、排湾语、赛德克语、泰耶尔语、鲁凯语、雅美语、巴则语、邹语、卑南语、沙阿鲁阿语、卡那卡那富语、邵语、噶玛兰语等。

语言使用现象更为复杂的是，一些少数民族语言在特定生活环境和历史条件下，因为长年相互影响和相互渗透而演变成由两种以上民族语言融合而成的混合性语言。所以，由中国社会科学院民族研究所和国家民族事务委员会文化宣传司主编的《中国少数民族语言使用情况》一书里提到："少数民族中一部分人和汉族中的一部分人使用的语言尚未最后确定，因此说我国民族语言的使用情况很复杂，少数民族语言有多少种目前还没有公认的说法。根据一般看法，少数民族语言有80种以上。"[1] 在这里，还有必要特别提出的是，由孙宏开等主编的于2007年作为"十五"国家重点图书出版规划项目出版的《中国的语言》一书里包括汉语在内收入了129种民族语言。其中提到："这些民族语言是民族语言工作者陆续调查研究后确认的。其中的五分之三已在20世纪80年代成稿，先后在《中国语文》、《民族语文》上作为'语言概况'陆续被发表。约五分之一的语言资料，已在国内外的著作、文集或论文中被公布。"[2] 也就是说，其中绝大多数少数民族语言在20世纪50年开始的民族语言识别工作中被发现和确定。然而，就像前面所阐述的那样，一部分独立性很强而很有特点的少数民族语言，却被纳入某一使用人口多的民族语言里一并作了分析研究，或者干脆被放入使用人口多的民族语言之方言或土语的范畴进行讨论。而在2007年由商务印书馆出版的《中国的语言》这本成果里，那些曾经被忽略或认为是某一使用人口多的民族语言的

---

[1] 中国社会科学院民族研究所、国家民族事务委员会文化宣传司主编《中国少数民族语言使用情况》，中国藏学出版社1994年版，第2页。

[2] 孙宏开等主编：《中国的语言》，商务印书馆2007年版，第10页。

方言或土语来处理的独立性语言——被剥离出来，并从一个个独立性很强且有鲜明特征的少数民族语言角度作了较全面的分析研究。但我国的少数民族语言，是否有这么多？或者比这个还多？这些学术问题，还得要进一步深入系统而科学认真地研究才能定论，这方面的工作可能还需要参考体质人类学、遗传学、民族学、考古学、历史学、地域学、文化学、认知学等方面的相关研究成果。

那么，上面提到的我国境内的55个少数民族的语言，根据语言系属分类法进行分类的话，它们分属于汉藏语系、阿尔泰语系、南岛语系、南亚语系、印欧语系五个语系的不同语族。而且，分属于不同语系的语言数量有较大差异，有的语系有好几十种民族语，有的语系只有一种语言。比如说，(1) 属于汉藏语系藏缅语族含藏语、门巴语（错那门巴语和仓洛门巴语）、景颇语、怒族语、独龙语、彝语、哈尼语、纳西语、傈僳语、拉祜语、白语、基诺语、阿昌语、羌语、普米语、土家语、珞巴族语，苗瑶语族包括苗语、瑶语（布努语、勉语等）、畲语，壮侗语族有壮语、布依语、傣语、侗语、仫佬语、水语、毛南语、黎语、仡佬语。也就是说，我国境内的汉藏语系语言总共有28种。(2) 隶属于阿尔泰语系突厥语族的有维吾尔语、哈萨克语、柯尔克孜语、乌孜别克语、塔塔尔语、撒拉语、西部裕固语，蒙古语族包括蒙古语、达斡尔语、土族语、东乡语、保安语、东部裕固语，满通古斯语族含满语、锡伯语、鄂温克语、鄂伦春语、赫哲语。我国境内的阿尔泰语系语言共有17种（东部裕固语和西部裕固语合称裕固语）。(3) 南亚语系语言有佤语、布朗语、德昂语3种。(4) 南岛语系语言只有高山语1种。(5) 印欧语系语言有俄罗斯语和塔吉克语2种。除了以上各民族语言之外，还有至今未定语言系属关系的朝鲜语和京语2种。从我国民族语言各自不同的隶属关系，以及在不同语系中的分类情况，我们完全可以清楚地看出，汉藏语系语言的种类最多，占民族语言总数的51.9%。其次是，属于阿尔泰语系语言，占民族语言总数的31.5%。那么，将这两个大的语系语言加到一起，就占我国民族语言的83.4%强。除了这两大语系的语言之外，隶属于南亚语系、南岛语系、印欧语系的我国民族语言所占比例都非常小，各占

5.5%、1.9%、3.7%，共占我国民族语言的11.1%。另外，还有未识别系属关系的语言，只占民族语言的3.7%。

  以上分析表明，我国的少数民族语言主要分属于汉藏语系和阿尔泰语系。从地域分布情况及所处的地理位置上讲，汉藏语系民族语言的使用者基本上生活在我国的南方，而阿尔泰语系语言的使用者几乎都生活在北方，从而形成了我国民族语言南北两大语系和两个语言板块的局面。而且，隶属于南亚语系和南岛语系的民族语言，包括还未确定系属关系的京语也都在南方语言板块内。与此相反，隶属于印欧语系的民族语言，包括还未确定系属关系的朝鲜语属于北方语言板块范围之内。具体讲，我国的少数民族主要生活在5个自治区、30个自治州、117个自治县和3个自治旗、1147个民族乡和2个民族苏木。其中，（1）5个自治区是指：内蒙古自治区，广西壮族自治区，西藏自治区，宁夏回族自治区，新疆维吾尔自治区。[①]（2）30个自治州包括吉林省延边朝鲜族自治州，湖北省恩施土家族苗族自治州，湖南省湘西土家族苗族自治州，四川省阿坝藏族羌族自治州、凉山彝族自治州、甘孜藏族自治州，贵州省黔东南苗族侗族自治州、黔南布依族苗族自治州、黔西南布依族苗族自治州，云南省西双版纳傣族自治州、文山壮族苗族自治州、红河哈尼族彝族自治州、德宏傣族景颇族自治州、怒江傈僳族自治州、迪庆藏族自治州、大理白族自治州、楚雄彝族自治州，甘肃省临夏回族自治州、甘南藏族自治州，青海省海北藏族自治州、黄南藏族自治州、海南藏族自治州、果洛藏族自治州、玉树藏族自治州、海西蒙古族藏族自治州，新疆昌吉回族自治州、巴音郭楞蒙古自治州、克孜勒苏柯尔克孜自治州、博尔塔拉蒙古自治州、伊犁哈萨克自治州。（3）117个自治县和3个自治旗里，有11个满族自治县，9个瑶族自治县，8个彝族自治县，7个回族自治县，6个蒙古自治县，5个自治县的有苗族和侗族，4个自治县的有土家族与黎族，3个哈萨克自治县，2个自治县的有藏族和佤族，1个自治县的有哈尼、傈僳、纳

[①] 以下将内蒙古自治区、广西壮族自治区、西藏自治区、宁夏回族自治区、新疆维吾尔自治区简称内蒙古、广西、西藏、宁夏、新疆。

西、拉祜、瑶族、水族、毛南、朝鲜、锡伯、塔吉克、土族、撒拉、东乡、裕固、畲族、羌族、仡佬等。另外，还有两个或两个以上少数民族合成的自治县。例如，由四个民族组成的有拉祜族佤族布朗族傣族自治县，由三个民族组成的有彝族哈尼族拉祜族自治县、哈尼族彝族傣族自治县、彝族回族苗族自治县、傣族拉祜族佤族自治县、苗族瑶族傣族自治县、保安族东乡族撒拉族自治县，由两个民族组成的有土家族苗族（或苗族土家族）自治县、布依族苗族（或苗族布依族）自治县、苗族侗族自治县、黎族苗族自治县、仡佬族苗族自治县、哈尼族彝族自治县、彝族苗族自治县、彝族傣族自治县、彝族回族自治县、傣族佤族自治县、白族普米族自治县、独龙族怒族自治县、壮族瑶族自治县、回族土族自治县、满族蒙古族自治县等，共 117 个少数民族自治县，还有内蒙古自治区的鄂伦春、鄂温克、达斡尔三个民族的自治旗。(4) 还有 1147 个少数民族乡和 2 个民族苏木等。而且，我国少数民族生活区域，绝大多数属于资源丰富、美丽富饶、幅员辽阔的边疆山区、森林、草原地带，占我国整个国土面积的 64%，约占我国陆地边境线的 90% 以上。

我国陆地边境线的少数民族地区，同俄罗斯、哈萨克斯坦、蒙古国、朝鲜、越南、老挝、缅甸、印度、不丹、尼泊尔、阿富汗、巴基斯担等十余个国家接壤。我国的蒙古、维吾尔、藏、苗、彝、壮、布依、朝鲜、瑶、哈尼、哈萨克、傣、傈僳、佤、拉祜、景颇、柯尔克孜、布朗、塔吉克、怒、乌孜别克、俄罗斯、鄂温克、鄂伦春、德昂、京、塔塔尔、独龙、赫哲、门巴、珞巴等 30 余个少数民族属于跨境民族。而且，这些跨境民族间几乎都可以用彼此熟悉的母语进行交流。然而，没在边境线生活的跨境民族，也同样可以用母语方言或土语进行不同程度的交流，当然有的跨境民族由于间隔距离较大，加上相互交往出现断代现象，以及受强势语言的影响等因素而产生了一些差别，从而一定程度地影响了他们的母语交流。同时，我们发现，多数跨境民族的语言名称基本一致。例如，鄂温克语、蒙古语、哈萨克语、乌孜别克语、壮语、傈僳语等都是如此。与此相反，像赫哲语、景颇语、朝鲜语等却有不同说法。例如，赫哲语在俄罗斯叫"那乃语"，景颇语在缅甸叫"克钦语",朝鲜语在韩国称"韩国语",等等。另外,像蒙古语、维吾尔语、藏语、苗语、瑶族语、壮语、哈尼语、拉祜语、佤语等民族语言的使用人口在我国境内占有多数,然而像朝鲜语、哈萨克语、鄂温克语、柯尔克孜语、塔吉克语、乌孜别克语、鄂伦春语、赫哲语、景颇语、京语等民族语言的使用人口在境外占有多数。这些跨境少数民族几乎都属于同族而隶属于不同国家的同源异流的产物。

二

不同历史发展阶段,我国少数民族的先民创造并使用过吏读文、崒利文、突厥文、回鹘文、契丹文、西夏文、女真文、八思巴文、察合台文、于阗文、焉耆—龟兹文、佉卢文等古文字,以及新创或改进后的藏文、彝文、傣文、蒙古文、满文、维吾尔文、哈萨克文、柯尔克孜文、朝鲜文,还包括纳西族使用过的东巴文和哥巴文等早期文字。另外,在壮族、苗族、瑶族、白族、水族等少数民族生活区域,曾使用过仿造汉字创制的壮族方块字、苗族方块字、瑶族方块字、白族方块字、水书等文字。南方一些少数民族地区,受宗教活动的影响,在西方基督教传教士的指导下,于19世纪末20世纪初,结合少数民族使用的母语语音特点,创制过景颇文、拉祜文、老傈僳文、滇东北老苗文等,用于宗教活动的拉丁字母拼音文字。这些民族文字,在少数民族的宗教信仰活动中发挥过重要作用,还出版过为数不多的与宗教和民俗文化相关的基督教经典或一些读物。中华人民共和国成立后,景颇文和拉祜文经过改进,扩大了使用范围。傈僳文则作为本地区本民族宗教活动用文继续被使用,还用该文出版过傈僳族的一些地方小报。然而,滇东北老苗文作为宗教活动用文,一直用于滇东北苗族的宗教信仰活动。我国境内的俄罗斯人和塔塔尔人也一直使用俄罗斯文和塔塔尔文。还有一种情况是,一些跨境民族,国内没有本民族文字,而境外有使用本民族文字的情况。例如,我国境内鄂温克族和赫哲族只有本民族语言,没有本民族文字,而在俄罗斯的鄂温克族和赫哲族就有用斯拉夫字母创制的鄂温克文和赫哲文。

中华人民共和国成立后，我国民族文字的创造、改进、使用进入了一个全新的历史发展阶段。那些只有本民族语言而没有本民族文字的少数民族，根据本地区社会、经济、文化发展需要，纷纷提出了解决文字使用问题的迫切需求。他们希望创制实用于本民族语言的文字，或改进已在使用而不适应他们语言发展的旧文字。对于少数民族的这一要求，国家最高领导阶层高度重视，并将帮助少数民族创制、改革和改进文字工作纳入国家民族事务工作的一项重要任务。1951年2月我国政府在国家教委设立了民族语言文字研究指导委员会，指导和组织少数民族语言文字研究工作，帮助尚无文字的民族创制文字，帮助文字不完备的民族修订改进其文字系统。1956年，中国共产党第8次全国代表大会的政治报告指出："对于没有文字的少数民族，应当为他们创造文字。"接着在国务院的《关于发展国民经济的第二个五年计划的建议》中还提到："对于那些还没有文字或者文字尚不完备的少数民族，应该积极地帮助他们创制和改革自己民族的文字。"国务院同时还发布了《关于各少数民族创立和改革文字方案的批准程序和试验推行分工的通知》、《对"中国文字改革委员会关于讨论壮文方案和少数民族文字方案中设计字母的几项原则的报告"的批复》等重要文件。其中，对于少数民族新创文字中使用的字母、设计原则、文字方案、审批程序、试验推行等均做出了明确规定。1957年国务院审批通过的《少数民族文字方案中涉及字母的几项原则》里指出：

（1）少数民族创制文字应该以拉丁字母为基础。原有字母进行改革，采用新的字母系统时，也应该尽可能以拉丁字母为基础；

（2）少数民族语和汉语相近的音，尽可能用汉语拼音方案里相当的字母表示；

（3）少数民族语言里有而汉语里没有的音，如果使用一个拉丁字母表达一个音的方式有困难的话，在照顾到字母系统清晰、字形简便美观、字母数目适当、便于教学使用的条件下，根据语言的具体情况，可以采用两个字母表达一个音或另创新字母或采用其他适用字母，个别情况也可以在字母上加附加符号；

(4) 对语言声调，根据实际需要，可在音节末加字母表示或采用其他办法表示或不表示；

(5) 各民族文字，特别是语言关系密切的文字，在字母形式和拼写规则上应尽量取得一致等5项工作原则。

所有这些，为我国民族文字创制和改进工作注入了活力，也为民族语言文字的繁荣发展创造了机会并提供了政府方面的保障。

从20世纪50年代初期开始，我国各有关部门组织相关专家学者到少数民族地区，广泛开展民族语言使用情况的实地调查研究工作。与此同时，对于已过时而使用很不方便的老式民族文字进行修订和改进工作，并开展少数民族新文字创制工作等。这些工作到20世纪60年代中期已经初见成效，并且有了具体的文字方案和试行计划，到80年代得以正式批准试行。到今天为止，各有关部门遵循少数民族自愿自择的原则，充分尊重少数民族的意愿，尊重少数民族选择自己文字的要求，(1) 帮助壮族、布依族、彝族、苗族、哈尼族、傈僳族、纳西族、侗族、佤族、黎族、景颇族、土族等民族创制了拉丁字母文字；(2) 同时对傣族、拉祜族的老文字作了必要的改进；(3) 还将阿拉伯字母体系的维吾尔文和哈萨克文改为拉丁字母文字。新创文字，除了个别实例之外，总体上讲书写简单，易学易用，比较适应少数民族语言文化的保护和发展，以及社会、经济、文化等各方面的发展需求。而且，新创文字和新改进的文字，在中小学校和成人扫盲教育中发挥了十分重要的作用。有的少数地区还创办了民族文字的报刊，出版了不少少数民族文字图书，开办了民族语言广播。政府的重要文件、各单位的印章、牌号、路标、证件等逐步使用民族文字，试验推行民族文字工作初见成效。不过，自从60年代中后期到70年代中后期，我国民族文字的试验推行工作几乎被搁浅，从80年代初开始逐步恢复和发展起来。然而，一些新创文字或新改进的文字在试用过程中由于不适合民族语言自身发展要求而被淘汰或再度改进。例如，黎族放弃新创制的黎文后直接使用汉文，维吾尔族和哈萨克族停用新创拉丁字母文字恢复了阿拉伯字母文字，等等。1992年有关部门对20世纪50年代中后期正式推行的新创壮文和彝文，以及试验推行的新创布依文、侗文、四种苗文、哈尼文、傈僳文、纳西文、佤文、土文等进行了跟踪调查。结果，他们发现，少数民族对新创文字和新改进的文字十分满意，而且这些文字在这些少数民族的日常生产生活、学校初级教育、普及文化知识、保护和发展本民族语言中确实发挥着不可忽视的重要作用。

我国现行少数民族文字大多数是拼音文字，只有少数是音节文字。其中，拼音文字按字母的来源可以分为以下5种：

（1）以古印度字母为基础的有藏文和4种傣文；

（2）以回鹘字母为基础的有蒙古文、满文、锡伯文；

（3）以阿拉伯字母为基础的有维吾尔文、哈萨克文、柯尔克孜文；

（4）以拉丁字母为基础的有壮文、布依文、侗文、4种苗文、2种傈僳文、纳西文、拉祜文、哈尼文、佤文、景颇文、载佤文、土文；

（5）独创字母类型的有朝鲜文、滇东北老苗文。另外，还有属于音节字母的有传统彝文和四川规范彝文。

我国现在有20多个少数民族在使用30来种本民族文字。其中，像藏族、满族、锡伯族、维吾尔族、哈萨克族、柯尔克孜族、朝鲜族、拉祜族、佤族、壮族、布依族、哈尼族、纳西族、侗族、土家族等均使用一种本民族文字；像蒙古族、彝族、傈僳族、景颇族等各使用两种本民族文字；像傣族、苗族各使用四种本民族文字。这些民族文字，根据其创制和推广程度，以及民族人口和生活区域的不同，其使用历史和地域范围也有所不同。例如，使用于西藏、青海、甘肃、四川、云南等地藏族聚居区的藏文，在7世纪屯米桑布扎参照印度梵文结合藏语特点创制的拼音文字；使用于彝族生活区小学教育和启蒙教育的彝文来历可以追源到7世纪；使用于内蒙古以及黑龙江、吉林、辽宁、青海、甘肃、新疆等地蒙古族生活区的蒙古文，是从10世纪以后递转演变，最后在回鹘文字母基础上创制而成的拼音文字；使用于新疆的维吾尔文和哈萨克文，几乎同样是从10世纪以后使用的阿拉伯字母文字为基础创制的拼音文字；使用于延边和东北各地朝鲜族聚居地的朝鲜文，是于15世纪中叶被创制并几次改进而成的独创性的拼音文字；使用于傣族生活区小学教育和启蒙教育的傣文，源于古印度字母系统；新疆的柯尔克孜族使用的柯尔克孜文是以阿拉伯字母为基础的文字；使用于相关科研工作或历史档案整理工作的满文，是于15世纪末创制又于16世纪30年代改进而成的拼音文字；使用于新疆察布查尔伊犁锡伯族生活区的锡伯文，是于1947年在满文的基础上略加改动而形成的拼音文字。另外，就像前面提到的那样，像壮文、彝文、布依文、侗文、四种苗文、哈尼文、傈僳文、纳西文、佤文、土文等南方少数民族文字是20世纪50年代以后推行或试验推行的文字。

在这里还应该提出的是，我国少数民族文字中也有一些跨境文字。例如，朝鲜文、蒙古文、维吾尔文、哈萨克文、柯尔克孜文、藏文、傣文、景颇文、载瓦文、拉祜文、苗文、壮文等均属于跨境民族文字。其中，像朝鲜文、景颇文、藏文等境内外文字结构特征完全相同或基本相同。不过，像苗文、壮文、拉祜文、载瓦文等在境内使用的和境外使用的文字中存在字母相同而写法有所不同之现象。再者，像蒙古文、维吾尔文、哈萨克文、柯尔克孜文、傣文等在境内外使用的文字完全属于两种不同字母类型的文字。另外，像鄂温克族、赫哲族、京族等在境外有文字但在境内不使用，他们在境内一般使用汉文或蒙古文。与此相反，像我国境内的哈尼语、佤语等民族使用的新创拉丁字母文字，而在境外的哈尼族、佤族没有本民族文字，他们也只能够利用其他民族文字学习掌握各方面知识。

以上所说，充分证明我国的少数民族有其悠久而丰富多样的语言文字，而且用不同少数民族文字撰写、记录、印刷的历史文献和各种文本资料浩如烟海。所有这一切，为我国民族语言文字工作者创造了得天独厚的研究条件和广阔天地。

三

我国有史以来就是使用多种民族语言文字的国家，各民族同胞一直相互学习、相互影响、相互渗透、相互交融、相互帮助和支持，共生死同患难，经过一代又一代人的共同努力奋斗，才迎来了今天的和睦相处、团结友爱、繁荣发展的美好生活。那么，包括汉语汉文在内的我国各民族语言文字中，均包含着我们共同走过的历史岁月、文化与文明、思想和智慧。从而自然而然地形成了你中有我、我中有你，谁也离不开谁的一个丰富多彩的语言文字世界。

由于我国少数民族生活区域绝大多数是属于边疆偏远山区、森林、草原地带，从而远离大都市或人口众多的繁华城市，加上工业化及农业机械化发展水平不高，人口的内外流动概率也比较低，所以一直到20世纪80年代初期，少数民族语言保存、保护、使用、传承得都比较理想。这一切还得益于中华人民共和国成立以来，依据不同少数民族和不同地区的发展需要，具体制定、颁布、实施的行之有效的先进民族政策和规定。其中，包括中华人民共和国民族区域自治实施纲要、实施民族区域自治法若干规定、自治区学习和使用及发展民族语文的若干规定、自治区语言文字工作条例、自治区教育条例、自治区义务教育实施办法、自治州自治条例、自治州民族语言文字工作条例、自治州民族教育条例、自治州民族教育工作条例、自治州义务教育条例、自治县自治条例、自治县语言文字条例等。所有这些，对于少数民族语言文字的保护和发展奠定了十分宝贵的政治基础、社会基础以及政策和资金方面的保障。这使我国的民族语言保护、发展工作，以及民族文字的创制、改进工作等都得到了顺利推进和具体实施。毫无疑问，这使我国的少数民族语言文字得到空前的繁荣发展。

我们在上面提到的先进民族政策及其相关条例和规定，还充分体现在如下几个方面的具体工作中。(1) 在中国共产党全国代表大会、全国人民代表大会、政协全国委员会会议等党和国家的重要会议上，都使用蒙古语、藏语、维吾尔语、哈萨克语、朝鲜语、彝语、壮语等民族语进行同声翻译，并及时提供用民族文字印制的各种会议文件资料，进而很大程度上满足了少数民族与会人员使用语言文字的愿望。(2) 由中国人民银行发行的人民币上也印有蒙古文、藏文、维吾尔文、壮文4种民族文字。与此同时，民族自治地方的公文、会议资料，包括牌匾、印章、证件，都用汉文和当地通用的民族文字。这使少数民族文字使用得到更好体现。(3) 从中央到地方的民族语文广播中，专门设置了蒙古语、朝鲜语、藏语、维吾尔语、哈萨克语、瑶语、壮语、京语、临高话、彝语、傣语、傈僳语、景颇语、拉祜语、哈尼语、苗语、载瓦语、藏语、柯尔克孜语等20余种民族语节目。其中，中央播送的广播中就使用了蒙古语、朝鲜语、藏语、维吾尔语、哈萨克语等民族语言。并在内蒙古、新疆、西藏、青海等省、自治区的电视台开设了蒙古语、维吾尔语、哈萨克语、藏语电视频道，广西电视台还开播了壮语新闻节目等。自治州或自治县（旗）的电视台或电视转播站中，用本地区民族语播放的节目内容也越来越丰富。除此之外，我国非常重视民族语在电影语言中的使用，每年都拍一些民族语言影片，并用民族语言译制深受少数民族喜爱的影片，及时满足了少数民族群众用母语收听天下新闻及享受电影艺术的愿望。（4）20世纪80年代以后，我国用民族文字出版不同语种图书、杂志、报纸种类几乎达到历史最高点。据不完全统计，国内出版民族文字图书的出版社达到36家，涉及27个少数民族文种，出版图书种类多达5000多种。其中，包括用不同民族文字编写出版的从幼儿园到大学的不同课程教材。另外，全国范围内，用17种民族文字出版了184种杂志。其中，在北京出版发行的《民族团结》杂志由蒙古文、维吾尔文、哈萨克文、朝鲜文4种文字编辑印刷，《民族画报》杂志用蒙古文、藏文、维吾尔文、哈萨克文、朝鲜文5种民族文字编辑印刷。还有，用17种民族文字出版发行的88种报纸。而且，现已有了蒙古族、藏语族、维吾尔族等16种少数民族文字的信息处理系统，其高科技功能中包括民用化的字符集、键盘、字模标准、信息显示、文字数据库、文字多种类型的操作系统、出版照排系统等现代化手段。这些用不同民族文字出版发行的图书、杂志、报纸，使少数民族用母语和本民族文字变得更加方便、更加广泛、更加实惠，也给少数民族学生学习使用本民族语言文字注入了活力。（5）在不同层级、不同地区的少数民族聚居区及民族自治地方的政治、经济、文化活动中各民族语言文字发挥着不可替代的重要作用。毫无疑问，所有这些都充分体现了我国是一个多民族、多语种、多文字的和谐统一的国家，充分展示出了我国优秀而先进的民族政策。同时，为民族语言文字的保护、使用、传承提供了必备条件和优厚环境。

据 20 世纪末进行的少数民族语言使用情况调查资料，我国少数民族语言使用人口共有 6828 万，占少数民族总人口的 53%，占全国总人口的 5% 左右。其中，使用人口在 1000 万左右的少数民族语有壮语；使用人口在 500 万至 1000 万的少数民族语有藏语、维吾尔语、彝语、苗语等；使用人口在 100 万至 500 万的少数民族语有蒙古语、朝鲜语、哈萨克语、布依语、侗语、哈尼语、白语、傣语、黎语、勉语等；使用人口在 50 万至 100 万的少数民族语有傈僳语、拉祜语、临高语等；使用人口在 10 万至 50 万的少数民族语有布努语、水语、佤语、纳西语、土家语、羌语、仫佬语、载瓦语等；使用人口在 5 万至 10 万的少数民族语有东乡、达斡尔语、土族语、柯尔克孜语、布朗语、撒拉语、普米语、嘉戎语等；使用人口在 1 万至 5 万的少数民族语有锡伯语、鄂温克语、塔吉克语、保安语、俄罗斯语、毛南语、景颇语、阿昌语、基诺语、德昂语、怒苏语、独龙语等；使用人口在 5000 至 1 万的少数民族语有西部裕固语、鄂伦春语、乌孜别克语、仡佬语、京语、仓洛门巴语、毕苏语、回辉语等；使用人口在 1000 至 5000 的少数民族语有东部裕固语、塔塔尔语、错那门巴语、崩尼—博嘎尔语、柔若语、图佤语、克木语等；使用人口不到 1000 的少数民族语有畲语、义都语、阿侬语、康家语、格曼登语、赫哲语、满语等。从以上统计数字可以看出，我国少数民族语言使用人口中，汉藏语系民族语言的使用者达到 5000 万以上，其中壮侗语族语言的使用者有 2500 万左右、苗瑶语族语言的使用者约有 720 万、藏缅语族语言的使用者达到 1780 万。阿尔泰语系民族语言的使用者在 1455 万以上，其中突厥语族语言的使用者有 1000 万左右、蒙古语族语言的使用者在 450 万以内、满通古斯语族语言的使用者约有 5 万。还有，朝鲜语的使用者有 200 万以上，南亚语系语言的使用者有 53 万左右，印欧语系语言的使用者有 6 万以上。在这里，需要说明的是，过去民族语言学界认为满语和回族语已完全消失。但是，最近一个时期以来，发表的一系列的调查报告和研究成果充分证明，满语还在极少数满族老年人当中被使用，被确证为回族一个分支的族群也在用回辉语。如果，这些研究成果确实真实地反映了语言存在的事实，那么我们不能说满语和回族语完全消失。当然，一些少数民族语言由于进入严重濒危状态而失去了社会功能,但极少数人在特定条件和环境下还在使用。依据语用学理论,只要有人使用某一种语言,就不应该下完全消失的结论。

我们掌握的资料还显示,20世纪80年代以后,在少数民族地区实行的开放式的民族语言文字教学政策,以及前面所说的民族语言文字在图书出版、报刊编辑、电影戏剧、广播电视中的广泛使用,对于少数民族语言文字的使用与保护产生了广泛影响,并起到十分重要的推动作用。据不完全统计,20世纪90年代初,国内使用少数民族语言文字教学的小学达到4100多所,中学达到1800多所,中等专业学校148所。在13个省、自治区的21个民族的中小学里,开设了29种民族文字教学课程,从而使用民族语言文字授课的中小学生和中专生的数量迅速得到增长。尤其是,像蒙古族、藏族、维吾尔族、哈萨克族、朝鲜族等民族的语言文字在基础教育和高等教育中得到更广泛使用,由此形成了从初级教育到高等教育的一整套有安排、有计划、有步骤而行之有效的教学体系。同时,还根据少数民族自身发展需要,扩大了双语教学工作,使少数民族地区使用双语教学的学校增加到1万多所。而且,在少数民族地区的基础教育中,采用了形式多样的双语教学。例如,在壮族、布依族、侗族、苗族、哈尼族、景颇族、纳西族、傈僳族、彝族、傣族等民族的中小学里,实行了用民族语和汉语双语教学;在内蒙古牧区的达斡尔族、鄂温克族、鄂伦春族聚居区,实施了用蒙古语和汉语双语教学;在新疆伊犁锡伯族生活区,则用哈萨克语和汉语双语教学,或用维吾尔语和汉语双语教学;在柯尔克孜族和塔吉克族地区,使用了维吾尔语和汉语双语教学;等等。不过,一些双语教学只在民族学校里进行,也有只在民族学校的初级班里实行双语教学的情况。没有文字的少数民族,基本上用汉文或其他相关民族语言文字进行双语教学,把学生们的母语只作为辅助性教学手段来使用。尤其是,20世纪50年代初以后的很长一段时间里,在我国民族地区具体实施的扫盲教育运动中双语教育发挥了极其重要的作用,进而双语教学自然成为少数民族地区基础教育阶段的重要教学内容和形式之一。另外,在我国31所高等院校逐步落实了民族语言文字教学政策,在10个省、自治区内设立了民族文字教材编译、出版机构，每年编译、出版中小学多种教材近3000种，至此少数民族地区的民族语言文字教学形成了一定规模，并在民族地区的教育和科学技术事业的发展中发挥了重要作用。

四

然而，我们必须理性地承认，伴随我国少数民族地区经济社会的快速发展，城市化及其城镇一体化建设的不断深度推进，少数民族地区的不断开放、流动人口的不断增多、人口结构的不断变化、受教育程度的不断提高，尤其是以手机、电脑、网络为主流的现代通信工具的不断普及，我国少数民族语言文字的保护和使用受到前所未有的挑战，受到不同程度的直接或间接的影响，进而出现使用人口不断下降的趋势。特别是，从20世纪90年代开始，这种趋势逐渐显现出来。这使曾经在本民族的历史文化的进程中，乃至在人类文明进步中，发挥过重要作用的一些民族语言文字，逐步进入濒危或严重濒危状态，使我们开始不断失去弥足珍贵的历史记忆及其文化与文明。特别是，以主流语言为核心的电视节目、电脑办公、手机微信、网络频道铺天盖地传播的各种信息似乎吸引一切视线、思想、头脑，使那些少数民族千百年来用生命和记忆传承的语言文字面临着无可回避和史无前例的挑战。那些使用人口不到50万的民族语，尤其是使用人口在20万以下的民族语言，普遍进入濒危或严重濒危状态。毫无疑问，在不同的民族语言文字中，蕴含着不同的历史文化与文明，其中有不同的思维规则、不同的表现形式、不同的符号系统、不同的思想内涵。那么，已进入濒危而面向衰亡的民族语言文字，告示我们这不只是该语言文字的创造者和使用者所面临的极大损失，也是人类丰富多彩的语言文字世界面对的重大损失。

20世纪80年代以后，就如前面所说，国家和民族地区政府为了更好地保护、使用和传承民族语言文字做了大量工作，甚至一些没有文字的少数民族也利用汉语拼音方案或拉丁字母创制过简易试用文字或拼写本民族语言的记音符号系统等。所有这些努力，在80年代初期至中后期发挥过相当积极的作用。在一些偏远民族地区,这种作用一直延续到 90 年代中后期。但是,随着我国改革开放的不断深入,在市场经济大潮和现代信息技术革命的无情冲击下,从南到北、从城市到农村牧区产生了巨大变化。同样波及了少数民族生活的村村寨寨,从而直接影响了少数民族的生存理念、生活观念、生活态度,他们通过广播收音机听到了外面世界的变化,通过电视看到了外面精彩的世界,通过电脑和手机同外面的世界建立各种联系。也就是说,少数民族地区自身的发展变化,以及灯火辉煌、琳琅满目、繁华热闹的外面世界成为他们的一种向往和追求。他们深深懂得,如果走出自己生活的家乡,投身于改革开放的洪流,去大都市创业或干一番业绩,自己从小学习的母语很难发挥它的作用,必须学会城市里的通用语言。在这一思想的驱动下,许多少数民族开始有目的地强化汉语能力和汉文水平,家长也尽量让孩子通过汉语文学习文化知识。其结果是,少数民族语言文字的使用状况开始发生很大变化,民族语言文字在教育教学、新闻、出版、影视以及社会活动中的使用也逐年减少,相反汉语言文字的学习和使用日益得到加强和普及。

到了 21 世纪初,我国丰富多彩的少数民族语言文字世界中,绝大部分语言文字已退缩不前,甚至出现萎缩退化、濒危消亡的现象。这一事实,更加显示出少数民族语言文字保护和发展的紧迫性和必要性,也体现出了少数民族语言文字工作面临的艰巨性和重要性,从而引起了国家职能部门的极大关注和重视。为了进一步规范和加强包括少数民族语言文字在内的国家非物质文化遗产保护专项资金的管理,提高资金使用得到实际效益,2006 年来还设立了《国家非物质文化遗产保护专项资金管理暂行办法》,并拿出相当可观的专项经费开展了少数民族濒危语言文化的调查、收集、整理、研究工作,启动了"中国少数民族濒危语言文字数据库"、"建立少数民族'双语'环境建设示范区"等与少数民族语言文字保护和发展密切相关的重大工程。与此同时,依据民族地区经济社会发展计划,尊重并顺应少数民族自身发展需求,在推广通用语教学和使用的同时,强调重视和发展少数民族语言文字,积极推进少数民族语言文字使用的规范化、标准化和信息化工作。另外,还为了繁荣少数民族群众的科普创作,以及大力提高科普作品的原创能力，开展了普及科学知识、倡导科学方法、传播科学思想、弘扬科学精神、全面提高少数民族和民族地区群众科学文化素质工作。从实际情况看，少数民族地区推广通用语和提高科学文化素质工作取得了较理想的阶段性成绩。与此相反的是，少数民族濒危语言文字的保护和发展工作进展不十分理想，加上少数民族对于濒危或严重濒危语言的保护意识不强，使少数民族青少年当中不学母语和不说母语者日益增多，从而直接影响了民族语言文字的教育事业，导致少数民族语言文字濒危现象越来越严重。在这一现实面前，国家和各有关部门在出台更加实用的政策对策的同时，应该不断加大思想宣传工作，不断增加人力和资金方面的投入，并采取行之有效的科学措施，给这些少数民族语言文字使用和保护注入实实在在的活力。我们认为，通过加强对少数民族濒危语言文字的保护，增强少数民族语言文字使用的活力，延缓少数民族语言文字衰亡的速度，能够保障少数民族语言文字的使用，从而使不同民族语言文字在更加稳定、和谐的关系中相互促进、共同发展，为民族地区经济社会和科学技术的繁荣发展营造良好环境。众所周知，语言的多样性是文化多样性的根本前提，也是最直接、最理想的体现，进一步提升和完善包括濒危语言在内的少数民族语言文字的保护政策与措施，将直接关系到如何更好地落实我国先进的民族政策和制度的重大问题。

进入 21 世纪的今天，各民族间交往日益扩大，少数民族自觉学习和使用国内通用语言文字的人数与日俱增。尽管如此，在边远相对闭塞的民族聚居的村落，民族语言文字仍然被使用得较好。使用汉语言文字的少数民族，绝大多数是生活在城镇或靠近城镇地区和经济发达地区。根据我们在 20 世纪 80 年代所掌握的调查资料，当时使用母语的人口占少数民族人口的 80% 左右。而且，西藏和新疆的少数民族使用母语人口均达到 95% 左右，内蒙古和青海达到 80% 左右，广西约为 70%，云南和四川是 65%。这其中还包括相当数量的不懂汉语的少数民族人口。可是，30 余年以后的今天，情况出现了根本性的变化，民族语言文字的使用日趋减少，像鄂伦春语、赫哲语、东部裕固语、塔塔尔语、图佤语、满语、畲语、土家语、仡佬语、错那门巴语、仓洛门巴语、京语、毕苏语、回辉语、崩尼—博嘎尔语、柔若语、克木语、义都语、阿侬语、康家语等只在极少数人口或在个别人群中被使用,从而已进入濒危或严重濒危状态。此外,像鄂温克语、锡伯语、达斡尔语、东乡语、保安语、撒拉语、乌孜别克语、柯尔克孜语、塔吉克语、布朗语、普米语、嘉戎语、毛南语、景颇语、阿昌语、基诺语、德昂语、怒苏语、独龙语等少数民族语言及其相关文字的社会功能日益减弱,甚至有的已开始进入濒危或严重濒危状态。其结果是,我国濒危少数民族语言文字的数目不断增加。我们知道,民族语言文字的濒危和消亡,就像世间物种的濒危和灭绝一样极其可怕,一种少数民族语言文字的濒危和消亡,其中积存和蕴藏的人类文化和文明现象也将随之消失,进而给人类自身带来不可弥补的损失。

20世纪90年代以后,我国濒危少数民族语言文字的保护抢救和调查研究工作已成为世界文化多样性研究的重要组成内容,丰富的少数民族语言文字资源是我国极其宝贵的文化财富和政治经济社会财富。而且,那些处于偏远边疆地区而使用人口较少、有其十分珍贵而特殊的学术研究价值的一些民族语言,至今还未进行全面系统彻底的调查研究。要是我们不负责任地就这样失去这些语言,那将在人类非物质文化保护的史册里留下永恒的遗憾。因此我们说,对于这些面临濒危或严重濒危的少数民族语言文字进行抢救性记录和保存,是我国政府和民族语言工作者责无旁贷的历史使命,也是一项刻不容缓的重要工作任务。并且,对于人类不同思维规则、不同表述形式、不同心理素养、不同历史文化、不同自然环境和地理结构的研究,以及对于人类起源的科学探索等都将起到积极推动作用。民族语言文字是我们取之不尽的知识宝库和智慧源泉,对于它的科学保护和开发利用将给我们不断崛起的祖国带来政治、社会、经济、文化、科学技术等多方面的好处。对于深入研究我国各民族的历史关系,认识我国民族大家庭多元一体格局,进一步深入做好民族工作,促进和发展我国各民族大家庭的团结和进步、和谐共处产生深远意义。我们一直认为,语言是一种文化现象,也是极其丰富的文化符号系统,语言多样化是文化多样性的重要标志和最好体现。由此,学术界公认,一种语言就是一种文化资源,多种语言的并存是人类有史以来共同努力的结果。联合国教科文组织早些年就先后通过了《关于保护传统和民间文化建议案》(1989)、《教科文组织世界文化多样性宣言》(2001)、《保护非物质文化遗产国际公约》(2003)等一系列决议案。在这些议案、宣言、公约中都明确提出,有效保护濒危或严重濒危民族语言文字和传统文化的重要性和必要性。紧接着,多个国家的语言学家或语言工作者有计划、有组织、有步骤地分别到民族语言文字资源丰富而面临濒危的国家和地区,也包括我国境内的民族地区,开展抢救性实地调查、记录、搜集、整理、研究濒危少数民族语言文字,甚至出资举办不同类型的民族语文培训班、短训班等,以此来达到保护和挽救濒危或严重濒危民族语言文字的目的。这些工作虽然给我国濒危民族语言文字的保护和抢救性调研带来一定好处,但同时我国少数民族语言文字弥足珍贵的第一手资料源源不断地向国外流失。这就需要我们同国外专家学者和工作人员合作,共同为保护和抢救我国少数民族语言而开展田野调研时,要立法保护少数民族语言文字方面的珍贵资源,依法控制或限制这些语言文字第一手资料向国外流失。我国少数民族语言文字,包括濒危或严重濒危少数民族语言文字,不仅维系着民族同胞对本民族文化的自信与民族认同,更是民族文化和民族认同的重要标志。一个民族失去了自己的语言,在很大程度上意味着失去了自己的"思维世界"、"思想根基"和"精神家园"。不论是哪个少数民族,都对本民族语言文字及其文化怀有无可替代的特殊情感和认知,更好地维系民族语言文化认同和民族认同,是我国构建和谐、文明、科学而高度发达的社会主义国家战略中的一项长期而重要的工作任务与使命。

汉语言文字是我国使用率最高、使用面最广、生命力最强的通用语言文字,在我国55个少数民族中都有着不同程度的使用,甚至在一些人口较少的(赫哲、京、鄂伦春)民族或与汉族接触历史较长较广较深的(满族)民族内,除了极个别的一些人使用母语之外,基本上改用了汉语言文字。其他正在使用濒危或严重濒危民族语言文字的民族,也基本上掌握了汉语言文字或兼通汉语言文字。甚至,像蒙古族、壮族中兼通民族语和汉语的双语人口越来越多。所有这些,同我国经济建设的迅速发展和崛起有着必然内在联系,少数民族为本民族地区经济建设和社会发展而更多地开发利用电脑、手机、微信、网络等各种现代化设施和手段时，他们会更加直接、更深层面、更广泛领域接触和使用汉语言文字。毫无疑问，这些少数民族在学习和使用汉语言文字的同时，对本民族语言文字的日益濒危深感忧虑。所以，他们迫切地希望国家出台更加科学而有效的少数民族语言文字保护政策和法规，站在保护人类丰富多彩的生存空间、思维世界、表述形式、交流工具、符号系统的高度，进一步加强少数民族语言文字的保护工作，从而延缓和挽救那些已经进入或将要面临濒危或严重濒危的少数民族语言文字，使我国的少数民族语文字和汉语文字在更加文明而和谐的社会环境中相互接触、相互交往、相互学习、相互促进、共同发展、长期和谐共存。

五

　　本书为中宣部"四个一批"人才专项资助项目成果，主要由前言、第一章濒危民族语言研究思想理论、第二章抢救保护濒危民族语言文化的基本对策、第三章东北人口较少民族濒危语言文化的保护与传承、第四章濒危锡伯语口语现状分析、第五章濒危民族语言民间文学调研目的及调查表格、附录、主要参考资料、后语等章节和内容组成。

　　在前言部分里，主要阐述了我国政府和民族自治地区政府建国以后对于使用、传承、保护、抢救民族语言文字，尤其是对于濒危或严重濒危民族语言文字方面所做的工作，以及所取得的成绩及其工作中存在的问题。还分析了，我国民族语言文字出现濒危或严重濒危现象的主观因素和客观条件。

　　第一章的濒危民族语言研究思想理论中，包括第一节濒危民族语言抢救和保护的基本思路、第二节濒危民族语言抢救保护的科学理念、第三节濒危语言抢救保护的重要性、第四节濒危民族语言抢救保护的紧迫性、第五节保障濒危民族语言抢救保护工作顺利推进的基本前提等五个部分。也就是从这五个方面论述了濒危或严重濒危语言文字抢救保护工作的基本思路、科学理念、重要性、紧迫性及顺利推进该项工作的基本前提。

　　第二章的抢救保护濒危民族语言文化的基本对策里，主要涉及第一节要强化濒危语言文字保护立法工作、第二节要建好濒危民族语言文字保护特区、第三节要在新时代新农村建设中充分发挥民族优秀传统文化作用、第四节濒危民族语言保护思路与对策等四个方面的内容。并对如何用法律手段更好地保护濒危或严重濒危的民族语言文字，如何充分利用现有的专项资金脚踏实地地开展濒危或严重濒危民族语言文字使用情况普查工作，怎样才能够建立健全濒危或严重濒危民族语言文字保护特区，怎样才能够在新时代少数民族新农村建设中充分发挥民族优秀传统文化的作用，如何才能够针对性、适用性、实效性地强化濒危民族语言保护力度对策研究工作等方面做了科学论述。

第三章的东北人口较少民族濒危语言文化的保护与传承中，包括第一节的东北人口较少民族语言文化抢救保护工作、第二节的要用严谨科学态度重视东北人口较少民族濒危语言及优秀传统文化的抢救与保护工作、第三节的要不失时机地开展抢救与保护东北人口较少民族濒危语言及优秀传统文化工作、第四节的要科学完善东北人口较少民族语言及优秀传统文化的抢救与保护工作、第五节的要不断强化东北人口较少民族语言及优秀传统文化的抢救与保护工作、第六节的东北少数民族语言使用情况调查研究等六个部分内容。其中，主要以我国东北地区的达斡尔、鄂温克、鄂伦春、赫哲等人口较少民族作为研究对象，论述了人口较少民族濒危或严重濒危语言及其优秀传统文化抢救保护工作的重要性；阐明了高度重视并严谨认真地对待，抢救保护人口较少民族濒危或严重濒危语言及优秀传统文化工作的科学态度；分析了抓住时机，强有力推动抢救保护人口较少民族濒危或严重濒危语言及优秀传统文化工作的紧迫性；阐述了进一步用科学手段完善，人口较少民族濒危或严重濒危语言及优秀传统文化抢救保护工作的必要性；要从各方面着手且利用各方力量，科学有效地强化人口较少民族濒危或严重濒危语言及优秀传统文化的抢救保护工作的合理性；要组织优势科研队伍，不断加大对人口较少民族濒危或严重濒危语言及优秀传统文化抢救性调查研究工作的重大意义、作用和学术价值。

第四章的严重濒危民族语言抢救性研究里，主要涉及第一节的濒危赫哲语现状调查研究、第二节的鄂温克族濒危民间文学抢救保护的基本思路、第三节的濒危满语使用情况调查研究、第四节的濒危满通古斯语族语言现状分析、第五节的保护好多样化的民族语言文字的思维空间等内容。其中，对于我国人口极少而处于严重濒危状态的赫哲族语言文化，人口较少而已进入濒危状态的鄂温克族语言文化，以及同样成为严重濒危的满语使用情况，包括濒危或严重濒危的满通古斯语族语言现状分别进行了全面系统的分析研究。与此同时，科学阐明了保护好多样化的民族语言文字及其文化社会和思维空间的重要意义。

第五章的濒危民族语言民间文学调研目的及调查表格中，主要展示了A、B、C、D、E五种不同结构类型和不同内容的表格。其中，A类表格主要涉及濒危民族语言实地调查档案表，以及濒危民族语言资料信息调查档案表；B类表格包括基本词汇调查分类表、自然现象类词汇调查分类表格及例词、动物类词汇调查分类表格及例词、植物类词汇调查分类表格及例词、亲属及人际关系类词汇调查分类表格及例词、衣食住行类词汇调查分类表格及例词、职业及工具类词汇调查分类表格及例词、社会关系类词汇调查分类表格及例词、金融市场类词汇调查分类表格及例词、交通通信类词汇调查分类表格及例词、文化娱乐类词汇调查分类表格及例词、人体结构类词汇调查分类表格及例词、风俗习惯类词汇调查分类表格及例词、宗教信仰类词汇调查分类表格及例词、医学药物类词汇调查分类表格及例词、基本数词类词汇调查分类表格及例词、形象状态类词汇调查分类表格及例词、行为动作类词汇调查分类表格及例词、代词类词汇调查分类表格及例词、副词类词汇调查分类表格及例词、连词类词汇调查分类表格及例词、助词类词汇调查分类表格及例词、前置词与后置词类词汇调查分类表格及例词、感叹词类词汇调查分类表格及例词、语气词类词汇调查分类表格及例词、方言基本词汇比较调查表等共有26种词汇调查分类表格及例词；C类表格范围内有元音音位调研表、辅音音位调研表、复元音和长元音结构类型调研表、复辅音与长辅音结构类型调研表、元音和谐或元音接触关系调研表、语音声调调查例表、词重音现象调研表等6种不同结构类型和内容的调查例表；D类表格系列主要关系到复数形态结构调查例表、格形态结构调查例表、人称领属形态结构调查例表、级形态结构调查例表、态形态结构调查例表、体形态结构调查例表、式形态结构调查例表、副动词分类或副动词形态结构调查例表、形动词分类或副动词形态结构调查例表、助动词分类或助动词形态结构调查例表等10种形态变化语法结构调查表格；E类表格主要是属于少数民族濒危民间文学调查相关表格，包括濒危口头传承民间文学实地调查档案表、濒危口头传承民间文学资料信息档案表等10种有关少数民族濒危口头传承民间文学调查表格。在该章的最后，还附有相关表格内容的说明。

附录部分里，主要附有"国务院发布发展少数民族文化事业意见"、"语言普查提纲"、"就起草一份保护土著语言和濒危语言的国际准则性文件可能涉及的技术和法律问题开展初步研究，包括对教科文组织实施的有关计划成果进行研究"等10份文件资料。

书的后页还附有参考资料和后语。

目 录

第一章　濒危民族语言研究思想理论……………………………（1）
　第一节　濒危民族语言抢救和保护的基本思路………………（1）
　第二节　濒危民族语言抢救保护的科学理念…………………（18）
　第三节　濒危民族语言抢救保护的重要性……………………（29）
　第四节　濒危民族语言抢救保护的紧迫性……………………（37）
　第五节　保障濒危民族语言抢救保护工作顺利推进的基本前提……（43）

第二章　抢救保护濒危民族语言文化的基本对策………………（49）
　第一节　要强化濒危语言文字保护立法工作…………………（49）
　第二节　要建好濒危民族语言文字保护特区…………………（57）
　第三节　要在新时代新农村建设中充分发挥民族优秀
　　　　　传统文化作用…………………………………………（65）
　第四节　濒危民族语言保护思路与对策………………………（74）

第三章　东北人口较少民族濒危语言文化的保护与传承………（80）
　第一节　濒危的达斡尔语………………………………………（82）
　第二节　濒危的鄂温克语………………………………………（90）
　第三节　濒危的鄂伦春语………………………………………（98）
　第四节　严重濒危的赫哲语……………………………………（104）
　第五节　严重濒危的满语………………………………………（113）

第四章　濒危锡伯语口语现状分析 (121)

第一节　锡伯族濒危语言文字使用的理想时代 (122)

第二节　抢救保护锡伯族濒危语言文字取得的成绩 (131)

第三节　在抢救保护锡伯族濒危语言文字工作中发挥积极作用的部门及采取的措施 (137)

第四节　察布查尔县各类学校对锡伯族濒危语言文化抢救保护工作发挥的作用 (149)

第五节　察布查尔县乡镇对锡伯族濒危语言文化抢救保护工作发挥的作用 (155)

第六节　察布查尔县锡伯族濒危语言文化抢救保护的相关建议 (166)

第五章　濒危民族语言民间文学调研目的及调研表格 (171)

第一节　抢救保护濒危民族语言文化之目的 (174)

第二节　濒危民族语言抢救保护工作的基本内容 (180)

第三节　濒危民族语言及民间文学抢救保护调研表格 (185)

附录

一　我国境内语言文化进入濒危状态的少数民族 (236)

二　我国北方民族语言所属地州市 (238)

三　我国少数民族文字目录 (243)

四　我国语言系属及分类 (246)

五　国务院发布《关于进一步繁荣发展少数民族文化事业的若干意见》 (249)

六　语言普查提纲 (258)

七　就起草一份保护土著语言和濒危语言的国际准则性文件可能涉及的技术和法律问题开展初步研究，包括对教科文组织实施的有关计划成果进行研究 (263)

八　世界上7000种人类语言的计数方法 > English ················(278)
九　中国民族语言文字研究事业70年辉煌历程 ················(281)
十　中国满通古斯语族语言文字研究70年辉煌历程 ············(298)

参考文献··(317)

后　语··(320)

第一章
濒危民族语言研究思想理论

本章主要涉及第一节濒危民族语言抢救和保护的基本思路、第二节濒危民族语言抢救保护的科学理念、第三节濒危民族语言抢救保护的重要性、第四节濒危民族语言抢救保护的紧迫性、第五节保障濒危民族语言抢救保护工作顺利推进的基本前提等五个部分。也就是说，从这五个方面论述了濒危或严重濒危语言抢救保护工作的基本思路、科学理念，以及该项工作的重要性和紧迫性，还包括如何才能够更好、更顺利、更理想地推进该项工作的基本前提和基础条件等。

第一节 濒危民族语言抢救和保护的基本思路

如同前言里所述，我国是一个多民族国家，除了占人口总数95%的汉族之外，还有在法律上认定的55个少数民族。另外，还有一些像说图瓦语、康家语、毕苏语、嘉戎语等未识别民族成分。而且，我国的少数民族，除了回族之外都有本民族语言，当然其中也包括像满族几乎到了即将消失程度的一些民族语言。许多民族语言作为本民族以及相关民族的主要日常交际工具，在本民族居住区内被广泛使用，从而发挥着极其重要的作用。根据相关资料统计数字，我国境内使用的少数民族语言大约有130种[①]，用本民族母

[①] 孙宏开等主编：《中国的语言》，商务印书馆2007年版，第30页。

语的约有 6000 万人。其中一些民族语言有自己的民族文字，甚至一些民族语言文字①已有了悠久历史。这些民族文字，在民族自治地区或少数民族集中居住区域的机关单位的公文、学校的教学、广播电视媒体，以及公共服务行业等部门，作为法定的通用文字被使用。其中，使用人口较多、使用面较广、使用历史较长的民族文字主要有蒙文、藏文、维吾尔文、哈萨克文、朝鲜文、彝文、傣文、壮文等。另外，像回文只作为该民族宗教仪式、宗教活动用文，在特定环境或条件下使用。无论是有文字的民族语言还是没有文字的民族语言，都属于该民族传统文化的重要载体，绝大多数少数民族非物质文化是用民族语言文字创作、记录、传播和传承的。民族语言文字的多样性，充分说明我国民族文化构成要素的多样性和丰富性。毫无疑问，丰富多样的民族语言文字，使我们生活的世界变得绚丽多彩。然而，随着国际一体化进程的不断加快，以及我国全新而先进的科学技术为核心的现代化进程的不断加速，加上民族地区市场经济的不断深入和拓展，那些人们用生命和记忆传承和保存千百年的民族语言文字面临着空前挑战和危机，甚至那些没有文字且使用人口又较少的民族语言已进入了濒危或严重濒危状态。为了不失时机地、更好更多地保护和抢救濒危或严重濒危的民族语言，从国家层面及民族地区政府开始下大力气实施保护抢救濒危民族语言文化，特别是抢救严重濒危语言文化等方面的一些重大工程。

以下，紧密结合在此之前实施的一系列相关项目及一些重大工程，从五个方面论述濒危或严重濒危民族语言抢救和保护的基本思路。

一 关于濒危或严重濒危民族语言抢救保护工作基本思路

根据濒危民族语言所处的特定环境、使用人口的多少以及不同程度的濒危情况，可以划分出不同层面和不同情况的濒危民族语言。

（1）像赫哲族、塔塔尔族、珞巴族一样，人口总数不到五千，本民族语

---

① 不过，在我国少数民族中，回族在明末清初就基本上失用母语，改用了汉语言文字。所以，这里所说的少数民族，是指回族之外的其他少数民族。

使用人口又十分少的民族语言，应被列为濒危现象非常严重的范例。

（2）像满族一样，虽然民族人口达到上千万，但本民族语的使用人口不到百人的民族语言，同样被列入濒危现象非常严重的范例。

国际上，所谓的濒危语言往往根据民族语言的具体使用人口来决定其语言的濒危程度。至于使用人口的标准如何来定，主要依据不同民族的不同情况。但一般来讲：

（1）使用人口在三万至五万、居住不集中、使用人口里中青年以上的人占据大多数、处于强势语言的包围之中的民族语言应该属于进入濒危阶段的语言；

（2）使用人口在一万至三万、居住较分散、使用人口主要是中老年以上者、相对处于强势语言或其他语言包围之中的民族语言，应该属于濒危语言；

（3）使用人口在一万以下，甚至不到百人的民族语言，属于濒危现象十分严重的民族语言，也就是我们所说的严重濒危语言。

对于以上提到的濒危或严重濒危的民族语言，开展抢救和保护工作时，要依据实际情况，制定出符合客观实在且行之有效的方案和措施。其中包括以下内容。

（1）设立国家级濒危或严重濒危民族语言抢救和保护领导小组。

（2）要有文化部、财政部以及相关部门的领导主持。

（3）设立专家委员会。

（4）政府部门要拨专项资金。

（5）划定濒危或严重濒危民族语言的保护区。首先要考虑到民族语言使用区，同时对民族语言的使用人口、方言土语特征以及分布情况、文字的使用、本民族和不同民族间的语言交流，以及不同年龄段者的语言交流，包括行政、教育、媒体、出版、宗教等方面的语言文字的使用及民族同胞对于本民族语的认知态度等情况要有一个全面的调查研究和把握。

（6）要把濒危或严重濒危民族语言的抢救和保护工作，同濒危或严重濒危民族语言的开发及其利用密切结合，要科学、行之有效地提出濒危民族语言的抢救和保护工作计划及具体方案，提出濒危或严重濒危民族语言的开发和利用工作计划及具体方案。濒危或严重濒危民族语言的开发和利用工作计划及方案，必须在具体落实濒危民族或严重濒危语言的抢救和保护工作计划及方案的前提下进行。反过来说，濒危或严重濒危的民族语言的开发和利用工作计划及其方案的制订和具体实施，完全是为了更好地落实和执行濒危或严重濒危民族语言的抢救和保护工作。

（7）成立濒危或严重濒危民族语言抢救和保护课题组时，要以有专业理论知识、有前期研究工作经验、参与或主持过与此研究密切相关的科研工作，或从事过同濒危或严重濒危民族语言的抢救保护有关的科研管理工作，并取得一定科研成果或科研管理业绩的专家教授或负责人为中心，认真部署、安排和组建。

（8）课题组成员里，要考虑地方相关部门的领导、地方专业人员、本民族相关研究人员，以及熟练掌握本民族语的同时又有一定语言学基础知识的人来参加。

（9）课题组的每一项工作，应该要有具体的论证报告和实施计划。每一项论证报告和具体实施的计划必须实事求是，一切要从濒危或严重濒危民族语言抢救和保护工作实际需要出发。

（10）对濒危或严重濒危民族语言具体实施抢救和保护工作之前，对于该濒危或严重濒危民族语言过去所做的调查研究工作要有一个全面系统的了解和把握，避免进行重复性的劳动和没有必要的花费。

（11）对濒危或严重濒危民族语言开展实地调研工作时，一定要同时进行现场录音、录像、笔录工作。在此基础上，要建立完整、系统、全面的濒危或严重濒危民族语言第一手录音资料、录像资料、笔录资料。

（12）对于在田野调查中获得的濒危或严重濒危民族语言录音、录像、笔录资料要抓紧时间进行分析整理。在此基础上，研究并撰写完成与课题论证、申请报告、实施计划相符的科研成果。

（13）濒危或严重濒危民族语言的抢救和保护项目的成果里，不应包括过去出刊发表的论著或已用过的调研报告。

（14）濒危或严重濒危民族语言抢救保护项目的任何科研成果或调查资

料，包括调研报告，在以此项目成果名义公开出版发行之前，不能擅自作为其他项目成果发表或出版。

（15）濒危或严重濒危民族语言的抢救和保护项目任务全部按时完成后，严格按照规定要求，抓紧时间及时结项。

（16）濒危或严重濒危民族语言的抢救和保护项目之结项报告和最终成果，应该接受专家组或专家委员会或相关专家的审核、评估和验收。

（17）濒危或严重濒危民族语言抢救保护项目课题组，在结项该项研究计划之前，不能再申请其他濒危或严重濒危民族语言抢救保护项目。只有在完成并结项正在实施的项目的前提下，才允许申请第二项濒危或严重濒危民族语言抢救和保护工作。

（18）对于按项目完成时间和项目计划内容，顺利完成濒危或严重濒危民族语言抢救保护科研工作的课题组，在立项开展第二阶段的相关课题时，应给予大力支持。这样做，不仅在资金、人才、时间等方面的投入上会得到很大实惠和实际效益，同时，项目成果的质量也会得到不断提高和保证。所以，在可能的前提下，最好要考虑聘用前一阶段实施项目工程组建的课题组成员。实际上，许多国家对濒危或严重濒危语言文化开展抢救保护工作时，基本上按照这一思路或工作机制及其组织形式在运作，从而得到了相当好的效果和科研工作成绩。

（19）濒危或严重濒危民族语言抢救保护项目的结项报告，以及最终完成的成果，如果专家组、专家委员会或相关专家审核不通过，应该取消该课题组或课题负责人再次申请与此相关项目的资格。

（20）所有濒危或严重濒危民族语言抢救保护工程项目成果，一定要根据版权登记流程做好登记工作，要保护好成果著作版权。任何个人、组织或出版部门，在没有授权的前提下将这些成果用各种手段或名义进行金钱交易或侵权出版，若出现侵权行为等问题，要严格依据《著作权法》追究其侵权行为及其法律责任。因为，濒危或严重濒危民族语言抢救保护工程项目成果是人类弥足珍贵的非物质文化遗产，也是人们的抢手货，社会的需求量会不断增多。由此，很容易出现盗版或侵权行为，所以一定要做好各方面的防范工作，维护好著作版权。

以上提到的20个方面的问题，都跟我国濒危或严重濒危民族语言抢救保护工程项目紧密相关，也是从具体的科研工作实践中提炼出来的基本思路。这些思路，同濒危或严重濒危的民族语言抢救保护工程项目的具体设定、立项及实施等方面的工作，均有十分密切和重要的内在联系。

二 濒危或严重濒危民族语言基本词汇抢救性调研工作思路

根据我们多年从事的濒危或严重濒危语言抢救性研究经验，以及与此密切相关的学术问题的全面理论思考，认为对于濒危或严重濒危民族语言基本词汇的抢救性调研工作，在具体实施过程中会关系到以下14个方面的问题。对这些问题的科学有效的处理和解决，直接影响抢救性调研工作的实际效益及其调研成果质量。也就是说，开展此项调研工作时，一定要弄清楚该项工作的科研任务、工作步骤、工作内容和形式。那么，在其中，科研工作内容显得尤为重要，它是田野调研工作成功与否的根本前提。所以，一定要在实地调研之前，对调研工作内容有一个全面系统的考虑和清晰的思路。这其中，下面提到的这些内容显得十分重要。

（1）首先要拟定搜集3000条基本词汇的调研表格。当然，如果濒危或严重濒危语言词汇保存数量允许的话，可以设定5000条基本词汇的调研表格。

（2）尽可能地搜集固有基本词汇，而不是外来语或其他民族语词汇。

（3）不过，按照常理，濒危或严重濒危民族语言词汇系统中，不可避免地拥有数量可观的借词，甚至会占有相当比例。这也是濒危或严重濒危语言的共有特征。所以，开展基本词汇搜集工作时，尽量去寻找掌握母语基本词汇较好的调研对象。必要时，可用提供相关词汇信息或亲属语言词汇的方式，刺激发音合作人或调研对象的词汇库系统，使他们回忆起记忆深处储存已久却没有机会使用的母语基本词汇。在此基础上，争取多搜集一些濒危或严重濒危的基本词汇。

（4）如果个别基本词汇，从他们的语言中无法找到的话，可以用他们使用时间较长、使用率相当高的亲属语言词汇或借词来代替，但其数量不得超过30%。

（5）已进入严重濒危状态的民族语言词汇系统，基本上被破坏而处于很不完整、很不系统的状态。由此，导致词汇库中的词汇非常贫乏，被保存下来的基本词汇数量可能达不到3000词条，或许更少。那么，应该根据语言词汇实际情况，将基本词汇调查表中的词目降到2500条或2000条词汇。甚至，根据严重濒危程度，把基本词汇的调查数量减到2000条词目以下。但万万不能把母语丢失的基本词汇全部用借词来填补。

（6）开展濒危或严重濒危民族语言基本词汇的搜集工作时，一定要使用精练、规范，能够全面反映和记录该语言语音结构特征的符号系统。而且，必须精确、标准地使用系统，进而精准、全面、客观地反映该语言词汇的真实可靠的语音系统及其结构特征。

（7）基本词汇内容应该能够较全面地反映与他们的生产生活密切相关的自然现象、自然物种、动植物名词、人体结构、亲属称谓、生产生活用语、基本动词、代词、形容词、数词等方面的本民族语词汇。

（8）词条的排列，要按照词义结构类型进行分类。也就是说，一定要注重词汇结构的系统性、关联性、完整性。这样做的目的，不仅给发音合作人或调研对象提供了方便条件，同时一定程度上也保证了基本词汇的系统性搜集工作。

（9）基本词汇调查表应该由汉语词条、最为亲近的亲属语词条、濒危或严重濒危民族语词条、母语其他说法等栏目构成。其中，最为亲近的亲属语是指同一个语系同一个语族语言中保存基本词汇较好的民族语词汇。可以用这种方式刺激调研对象的原始记忆，获得应该搜集到的基本词汇。另外，母语其他说法这一栏里，应该记录对于同一个事物的不同说法。一些濒危或严重濒危的民族语言中，这种现象会出现不少。当然，其他说法中有一些是早期借词，但更多的是属于该民族语的基本词汇。我们不应该忽略或丢失这些十分珍贵的早期语言符号。

（10）进行基本词汇抢救性搜集整理前，一定要设计、规划、准备好以上所说的实地调研表格，以及其他相关设备或调查手册等必备用品。

（11）实施基本词汇搜集工作时，要在现场同时采集调研对象的语音录制材料。如果条件允许，还可以同时进行发音合作人的工作现场录像。特别是，一定要做好基本词汇的录音工作，该项工作直接关系到田野调查工作的质量和成败。

（12）开展濒危或严重濒危民族语言词汇搜集工作时，一定要兼顾构词成分及构词形式的结构性特征。并随时做笔录或说明。

（13）濒危民族语言有鲜明的方言土语区别时，争取设计方言土语词汇比较调查表，对不同方言土语词汇进行比较性质的调研。在此基础上，可以建立方言土语词汇比较资料集和资料信息库。

（14）濒危或严重濒危民族语言词汇抢救搜集资料，作为基本词汇集、方言土语词汇集出版的同时，将田野调研第一手资料及录音资料在本单位或本部门进行永久保存，而不能随便作废、扔掉或丢弃。

以上从 14 个方面探讨了濒危或严重濒危民族语言词汇，尤其是对于基本词汇开展抢救性调研工作的基本思路。在我们看来，对于濒危民族语言基本词汇，包括严重濒危的民族语言基本词汇，开展实地调研工作是一项极其困难的事情。所以，事先必须做好各方面的准备工作，这样才能够按预定计划完成濒危或严重濒危民族语言基本词汇的抢救性调研工作任务。否则，很难达到预期目的。

三 濒危或严重濒危民族语言语音系统抢救性调研工作思路

濒危或严重濒危民族语言语音资料的抢救性搜集工作是一项技术性和专业性很高而又很复杂细致的工作。北方阿尔泰语系语言，在语音资料的搜集整理时，要注重元音音位系统、辅音音位系统、词重音现象、元音和谐原理、音变规律等方面的问题。南方汉藏语系语言，包括南亚语系语言在内，在语音资料的搜集整理中，除了分析元音音位系统和辅音音位系统之外，似乎将更多精力放在声母、韵母和声调系统的归纳分类，以及语调、韵类、音节语音结合特征、声母和韵母组合原理等方面。语音系统的归纳和建立是否精确，直接影响着词条的搜集整理工作，以及会话资料、长篇口头传承民间文学资料等第一手口语资料的田野调查、搜集整理等方面的诸多工作。不仅如此，还会关系到调研资料的使用及其最终成果的质量。所以，我们认为，为了防止这些问题的出现，必须从以下几个方面入手，做好濒危或严重濒危民族语言语音资料的抢救性搜集工作。

（1）对濒危或严重濒危民族语言语音进行实地调研的课题组成员中，应该有熟悉该民族语言或会说该民族语言或接触过该民族语言的项目组成员。

（2）开展语音调研的课题组成员，要有全面系统而完整的调研计划、调研思路和调研表格，要有专业化训练而分工明确的调研小组成员，要有不同环境和条件下能够无障碍使用的各种先进的语音调研设备。

（3）濒危或严重濒危民族语言语音现象的调研点一定要有它的代表性、民族性、传统性以及一定的稳定性，调研资料要有精准性、可靠性、实用性和权威性。而且，一定要使用调查大纲所规定的要求，使用统一记音符号系统。

（4）濒危或严重濒危民族语言语音调研点的第一手语音资料要达到一定数量的同时，还要有针对性、选择性和关联性。

（5）对濒危或严重濒危民族语言语音进行录制时，要选用先进的现代化录音设备，录音设备的功能作用一定要齐全。以防万一，应该多预备一套或几套录音设备或录音笔。甚至，可以同时用不同功能的录音设备进行录制。

（6）开展濒危或严重濒危民族语言语音材料的采集和录制工作时，一定要避免杂音或其他声音的干扰，要选定十分僻静的处所或房屋。如果条件允许，可以同时用实现选定的语音符号系统或国际音标做随声记录。

（7）濒危或严重濒危民族语言的语音材料中，要包括基本词汇的发音、会话资料的录音和长篇口头传承民间文学的录制内容。

（8）濒危或严重濒危民族语言语音资料的发音合作人，最好是精通母语或熟练掌握母语，且发音很清楚、音色很清脆的本民族中年妇女。如果找不到理想的发音合作人，也要争取找到多名熟练掌握本民族语的发音合作人。

（9）对于录音或录制下来的濒危或严重濒危民族语言语音资料，要抓紧时间转录成电子光盘或电脑软件资料。而且，要及时开展语音分析、音位归纳、语音研究工作。

（10）濒危或严重濒危民族语言的音位及语音系统分析者，必须有语音学和音位学方面的专业理论知识或专业理论培训。

（11）开展语音分析工作时，要参阅过去国内外专家学者对该濒危或严重濒危民族语言音位及语音系统分析的资料或相关科研成果。

（12）对于濒危或严重濒危民族语言音位及语音系统的分析，一定要实事求是，要争取达到最高精确度。对于音位及语音系统的研究，一定要客观实在、精确无误地反映该语言的语音特征以及音位系统。

（13）濒危或严重濒危民族语言音位及语音系统分析资料，要同词汇资料一起妥善保护，永久保存。

（14）语音研究最终成果，要同其他成果一起正式出版或发表。同时，要保护好版权。

（15）濒危或严重濒危民族语言若有方言区别，在进行抢救性语音调研时，要对于不同方言的语音系统同时开展分别调研，对其音位及语音系统进行分别分析和归纳，进而指出它们之间存在的异同现象。

（16）对于濒危或严重濒危民族语言不同方言的语音系统分别进行的分析资料，同该濒危语言的语音分析资料同等重要，有着同等出版和保存的价值。

在这里，从16个方面提出了对于濒危或严重濒危民族语言语音进行实地调研的基本思路。事实上，其中最为重要的是，进行语音调研的专家学者或课题组成员里，应该有一位对作为调研对象的濒危或严重濒危民族语相当熟悉或一定程度地掌握，并有严格的语音学和音位学理论培训的专家或成员。这会给开展音位或语音系统研究资料的录音录制创造许多方便条件，使语音资料的调研更有针对性、目的性和选择性，获取的第一手语音资料更有精确性、实用性和有效性。

四　濒危或严重濒危民族语言语法结构抢救性调研工作思路

众所周知，不论对于哪个民族语言来讲，它的语法关系是最为复杂的结构系统，何况其内部的可变性因素太多，且每一种语法要素的变化都意味着语法结构系统的重新调整或新的话语概念的产生。特别是，对于濒危或严重濒危民族语言来说，对其错综复杂的语法现象的调研，或者说对其纵横交错的语法结构系统开展抢救性调研工作是一项十分复杂而艰巨的科研任务。由于濒危民族语言，尤其是严重濒危民族语言，受外来强势语言影响较大，所以这些语言的语法结构系统也会受到不同程度的影响，甚至其中会掺入外来语言的语法成分。时间一长，这些外来语法成分会完全融入民族语言语法结构系统中，从而成为濒危或严重濒危民族语言语法系统的不可或缺的组成部分，使人难以辨别其外来身份。这就给我们的濒危民族语言语法现象的调研造成一定难度。因此，我们开展濒危民族语言语法现象的抢救性调研时，一定要搞清楚哪些是该濒危民族语言原来的语法成分，哪些是后来借入的语法成分等问题。在此基础上，根据不同民族语言的不同语法结构特征，制订各不相同的调研计划，并严密严谨严格地设定分门别类的、作用和用处各自不同的、形式与内容不相一致的调研表格。例如，对北方濒危或严重濒危民族语言的错综复杂、纵横交错的形态变化语法现象开展实地调研时，首先应该将调研工作计划的重点放在如下6个方面：

（1）濒危或严重濒危民族语言名词类词形态变化语法现象的调研；

（2）濒危或严重濒危民族语言动词类词形态变化语法现象的调研；

（3）濒危或严重濒危民族语言虚词类词形态变化语法现象的调研；

（4）濒危或严重濒危民族语言词组结构类型的调研；

（5）濒危或严重濒危民族语言句法成分的调研；

（6）濒危或严重濒危民族语言句子结构类型的调研。

那么，在以上6个调研计划和表格内，还要涉及若干个不同层级、不同分类、不同性质特征、不同功能和作用的形态变化语法结构类型。特别是，对于形态变化语法现象极其复杂的北方诸民族濒危或严重濒危的语言来讲，名词类词和动词类词的形态变化语法现象更能凸显它们的代表性、复杂性和多变性。对此进行的具体分类分析及其相关表格等内容，请参阅第五章濒危语言抢救性调研表格系统中的 D 类表的"形态变化语法现象调研表格"

部分。

　　对于复杂多变而结构极其严密的语法结构开展实地调研时，一定要事先充分准备好分门别类、各具特色、层级鲜明、科学实用的表格系统。特别是对于严重濒危民族语言的语法现象做调研时，所使用的表格要具备一定灵活性、可变性和调整性功能。因为，已进入严重濒危状态的民族语言的语法结构系统，受外来语言语法的强势影响，会出现各方面的不同程度的变化或变异，同时会丢掉许多有价值而十分重要的语法结构特征，甚至那些人口很少民族的语言语法结构系统会变得面目全非。所以，对这些语法现象非常复杂且出现多方面变异特征的语言实施调研计划及填写调研表格时，根据民族语言濒危或严重濒危的实际情况，以及语法现象及其形态变化结构系统的不同程度的变异性结构特征，必须灵活高效地随时调整调研计划及调研表格内容，这样我们才能够搜集整理到研究所用的语法资料。反过来讲，为了执意完成在此之前设定的语法调研计划，以及为了填满语法调研表格所需内容，要求发音合作人或协助调研者想方设法提供必需的语法数据或资料是很难的事。其结果，不仅得不到想要的第一手语法数据和资料，也会一定程度地影响发音合作人或协助调研者的配合工作的积极性。在这种情况下，要及时调整调研计划和表格，从民族语言的濒危或严重濒危的实际情况出发，灵活高效地增加新的调研内容或删减不切合实际的调研指标。要是遇到极其复杂而特殊的调研环境或调研对象，可以把事先准备好的调研计划和调研表格内容作为重要依据或思路，将复杂多变的语法调研内容融入日常会话中，用会话形式开展调研工作，进而尽量针对性地多搜集能够表现复杂多变语法关系的话语资料，还可以让发音合作人或协助调研者多讲些喜闻乐见而影响面较广的趣话趣事或中长篇民间故事。拿到这些口语资料后，再根据现已调整好的调研计划和表格，从口语资料中查找所需的语法表现形式、语法要素、语法成分及语法数据。完成这项科研工作任务后，还要拿着现已分析出来的语法资料，同发音合作人或协助调研者进行考证或对证。就如前面所说，作为发音合作人或协助调研者，应该是对于自己的母语也就是对调研对象的濒危或严重濒危的民族语言最为熟悉的人，同时对于复杂多变的语法现象、语法关系具有较强的认知功能，应该能够正确地判断专家学者整理出来的语法数据和资料的正确与否。如果条件允许，可以将相关口语资料、会话资料或长篇故事资料，用特定符号系统或用国际音标转写出来，同濒危或严重濒危民族语言语法分析资料集或语法分析专著一并公开发表。

五　严重濒危民族语言进行抢救保护工作思路

我国濒危民族语言的濒危程度不同，这是客观存在的事实。有的民族语言虽然使用人口不断减少而成为濒危语言，但出乎人们意料的是该民族语的基本词汇系统保护得比较完整。在我们看来，这和他们长期以来没有离开原来生活的自然环境、长期以来保持传统生活生产方式等密切相关，使用人口减少往往是跟外出务工、外出学习、往外流动人口的增多有关。而留下来的人们，虽然也都不同程度地掌握汉语，但本民族同胞内部都用母语进行日常交流。对母语基本词汇保存较好濒危民族语言开展词汇调研时，就可以设置词汇数量较大、涉及面较高、内容较丰富、词汇较全的调查表，这样会更好更全面地抢救保护该民族的传统意义上的词汇资源。与此相反，对于大量丢失基本词汇的濒危民族语言，要根据保存母语词汇实际情况，针对性地设定基本词汇数量较少的词汇调查表。

对于濒危或严重濒危民族语言的语音调研表格也要从实际情况出发，特别是制定调研表格的时候，一定要充分考虑地域性、区域性、地方性语音结构特征，以及同一个地区不同民族语言中潜在的共性化语音特征。对北方濒危或严重濒危民族语言语音现象多年开展实地调研的经验告诉我们，不同地区的少数民族语言的语音系统，均有比较明显的地域性和地方性特点，甚至会出现语音系统比较相近或相似的现象。这些语音的区别，就在于使用关系、使用条件以及所表达的词义不同等方面。例如，新疆维吾尔自治区的少数民族语言的语音系统，就有一定地域性特征和相当多的相同性，包括该地区的蒙古语语音和锡伯语语音也都有许多相似之处。严重濒危的民族语言在此方面表现得更为突出。这一事实告诉我们，对于濒危现象十分严重的民族语言的语音现象，制订语音调研计划或设置语音调研表格时，一定要事先摸清楚强势语言地方话的语音结构形式，以及该语言所处地域的共性化语音特征，这样才能够更好更精准地分析和掌握该民族语言的语音系统，也可以从中分辨出哪些是属于该民族语原有的语音要素，哪些是后来受强势语言地域性方言土语语音影响或受地域性语音特征影响的音素等学术问题。在此基础上，我们才能够更科学有效地保护该民族语言的语音系统。否则对该濒危或严重濒危民族语言的语音现象的分析、音位系统的归纳等会出现误差或不符合事实的现象。我们的意思是说，一些语言学家或语言工作者，对那些语音已产生较大变化濒危民族语言，根据其早期语音特征设定语音系统，结果给该语言的使用带来了不同程度的负面影响。也有的专家学者，对濒危民族语言语音设定调研计划或表格时，往往以自己最为熟悉的母语或其他相关语言的语音角度考虑问题，甚至对语音资料的分析也是属于同一个视角，结果归纳出来的语音系统和他的母语或最为熟悉的语言之语音系统基本相吻合，相反同作为调研对象的濒危民族语言的语音实际不相吻合或相差甚远。所有这些，对濒危或严重濒危民族语言语音的抢救性保护，以及该语言语音资料的永久保存都不利。有的时候，这些不成熟、不精确、不切合实际的语音分析或研究成果，给该语言的使用者对母语语音认知带来模糊意识，也会影响以后人对该濒危民族语言语音系统的进一步实事求是地深入研究。另外，我们还认为，对濒危民族语言语音系统较好保存的民族语言开展抢救和保护工作时，可以设置数量可观而作用不同的语音资料调查表，在较大面积和范围内进行濒危民族语抢救和保护工作。对于有方言土语区别特征的濒危民族语言的语音，要不失时机地进行更广泛范围的抢救性实地调研，要下大力气建立不同方言土语的语音资料或数据库，永久保存所有方言土语全面完整的语音资料。

　　对于濒危或严重濒危民族语言语法结构系统里出现的不同程度的濒危现象，开展抢救和保护工作也是如此，必须从不同语言的不同程度的濒危情况出发，绝不能千篇一律地运用同一个格式或方法。例如，濒危现象十分严重的满语在语音、词汇、语法结构等方面都处于极其不完整和严重濒危状态，不只是在语音方面处于不稳定、不确定、多变性状态，甚至在复杂多变的形态变化语法结构系统内部同样处在不断变化或不确定状态中。让不同的人说同样一句话，其句子中使用的语法现象都有所不同或残缺不全。加上词汇方面借入的大量外来词，使其语言的本质性特征已经基本消失，取而代之的是母语成分和外来成分混合而成的语法结构类型。从某种角度来讲，只保存了本民族语言常用的一些语法形态变化现象，更多的语法现象已经丢失。有的语法现象，经过反复提醒或启发才能够恢复记忆。由于严重濒危民族语言丢失母语语法成分太多，进而成为语法结构系统很不完整的严重濒危语言。在这种情况下，他们用母语表达的话语内容显得不是很清楚，使人很难一下子听明白对方的话语概念，在其他语言的帮助或说明下才能达到简单交流的目的。这就是说，对严重濒危民族语言的语法现象，只能进行抢救性调查研究，尽量搜集整理现存并不完整的语法现象，作为严重濒危语言语法资料保存下来。毫无疑问，这对其他严重濒危语言语法现象的研究有一定参考价值。我们调研严重濒危的民族语言时，发现本民族同胞基本上不使用母语，他们在日常生活中使用的一般是本地区的通用语，只有年纪大的老人说些简单的、语法现象并不完整的母语。甚至，会用母语和通用语的混合语进行交流，每次的交流时间都不会很长，交流内容也比较简单，其中很少出现完整使用错综复杂的语法关系的现象。总之，对于严重濒危民族语言的语法现象开展调查研究，不是一件容易的事情。不过，经过努力搜集到的语法调研资料，对于此类语言语法现象的抢救性保存还是有它特定的学术意义，同时对于严重濒危民族语言语法现象的研究同样有它的特殊学术价值。那么，我们对于严重濒危语言的语法现象进行抢救性调查研究时，一定要事先制订好各种调研计划和方案。

（1）基本词汇调查表里设定的本民族语基本词条，要在1500条或1000条以内，词条的选定一定要有代表性、针对性、科学性并切合严重濒危的实际情况。尽量考虑与生产生活及生活环境密切相关的自然现象、自然物、动植物名词或词语。

（2）基本词汇抢救性调研表格里还应该设定，早期常用借词一栏。将该语言里使用时间较长、语音或词义方面出现较大变化而已被使用者认同为本民族语基本词汇的早期借词,也要对其同时进行认真搜集整理。如果在濒危程度十分严重的民族语言现有基本词汇中,还有来自不同语言的早期借词,还是属于使用时间较长的词语,那么也可以另设其他语言借词词汇栏,一同进行搜集整理。这对于严重濒危民族语言濒危现象及发展变化原理的分析,包括不同历史时期不同语言产生的不同程度影响的探讨等,均有十分重要的学术价值。

(3)要认真统计和分析,在被保留的本民族语基本词汇中,究竟哪一方面的词汇或哪一类基本词汇居多、哪一类基本词汇较少等现象。这对于以后进一步分析该严重濒危民族语言使用者的社会、生活、生产、经济方面的发展变化,以及母语认知态度及其思维原理等展开深度研究,均有一定的参考价值。

(4)对于严重濒危民族语言已发生很大变化的语音系统的调研,不仅要充分考虑本民族基本词汇的音变现象及其规律,还要同时考虑借词的音变现象及其变化规律。

(5)对严重濒危民族语言不同音素的结构性特征开展抢救性调研时,应该将该语言的现有语音现象作为基础条件优先考虑。与此同时,对该民族语言中的早期借词的特殊语音现象也要认真对待,要从语音变异性、发展性、系统性角度分析研究。在此基础上,对借词中出现的特殊语音现象也应该纳入该严重濒危语言的语音系统里,并且进行客观实在的书面说明。因为,借词的发音中出现的特殊语音现象,或者说特殊而特定语音环境和条件下使用的音素,已成为该语言语音系统的一个组成部分。

(6)对濒危现象十分严重的民族语言语法结构系统开展抢救性调研工作时,就如前面所说,要把搜集到整理的弥足珍贵而十分有限的话语资料、口头传承民间故事中的语法资料,作为分析研究该濒危民族语言语法现象的重要条件之一,绝不能忽略其中出现或隐形存在的任何一种语法现象。

(7)由于一些民族语言处于严重濒危状态,调研者很难找到用母语从头到尾较完整地讲述口头传承民间文学的发音合作者。在这种情况下,尽可能从永久保存的角度,不失时机地多记录有限的对话资料。同时,从中搜集整理、分析归纳现存并正在使用的语法现象。

（8）对严重濒危民族语言语法资料开展抢救性的搜集整理和永久保存工作时，一定要搞清楚哪些语法现象是该语言原有成分，哪些是外来语言成分等问题。如果条件允许的话，尽可能地选择年龄有所差而属于不同家庭家族，甚至生活在不同村子里的不同发音合作者。这样做，对严重濒危民族语言的语音、词汇、语法现象的分析研究，乃至这些资料的永久保存均有好处。

以上提出的 8 个方面的思路，都是针对严重濒危民族语言的语音、词汇、语法开展抢救保护工作的内容。总之，这项工作责任重大、使命重要，一定要认认真真地对待。我们认为，任何一种语言都是人们进行交流的形式和内容，那么人们的日常生活内容、生产活动、生存的特定社会环境，包括赖以生存的自然环境和条件，都是人们交流的主要话题。所以人们常说，有什么样的生活环境和生存条件，就会有什么样的语言。出于对这一问题的考虑，对濒危或严重濒危民族语言开展抢救性调查研究时，一定要充分了解该民族生存的各方面因素，在此基础上科学有效地设定抢救性保护工作。要避免南方濒危或严重濒危民族语言的抢救性调研计划或表格里涉及与北方自然现象、北方动植物、北方生产生活相关的基本词汇内容，同样要避免北方濒危或严重濒危民族语言的抢救性调研计划或表格里涉及与南方自然现象、南方动植物、南方生产生活相关的基本词汇内容的现象。还有，全面考虑不同语言对于濒危或严重濒危民族语言的不同程度的影响，像满语里就有汉语之外的蒙古语、达斡尔语、鄂温克语的不同程度的影响，其中就有这些语言的不同数量的借词。对这些不同语言的不同早期借词的搜集整理，对该严重濒危语言在不同历史时期受到的不同语言的影响和作用，以及该语言的发展变化历史的深入探讨有重要学术价值。另外，处于不同程度濒危阶段的民族语言，都在使用不同数量的借词，而借词原来的语音和词义，根据借用者母语语音特征和使用要求会出现不同程度的变化，甚至在母语语音和借词语音之间会出现兼顾双方语音特点的新音素，这些新音素对于该民族语的发展变化会产生应有的推动作用。所以，不能忽略这些新产生音素的影响和作用，在调研资料里同时保存好伴随这些借词的使用而出现的新音素。在这里，还应该进一步提出的是，濒危或严重濒危民族语言资料的抢救性保护保存工作中，话语资料和口头传承民间文学有其十分重要的现实而长远的学术价值。从中可以找到开展针对性调研时被忽略、被遗漏、被放弃的音素、词汇、语法现象。

总之，对濒危现象非常严重的民族语言开展抢救性保护工作，一定要立足于不同民族语言的不同程度的濒危情况，要用科学的态度，客观实在地反映濒危或严重濒危民族语言的语音、词汇及语法现象。特别是，对严重濒危民族语言的语音、词汇、语法现象开展抢救保护工作时，尽量考虑自然界的、地域的、社会的、民族的和人们的各方面因素，尽可能地搜集整理、抢救保护现有的语言基本情况，并用现代化高科技手段永久保存。

第二节　濒危民族语言抢救保护的科学理念

我们在前面分析濒危或严重濒危民族语言的抢救保护工作的基本思路时，多次谈到为了更好地抢救保护已经进入濒危状态的民族语言，以及已成为严重濒危的民族语言，要更多地搜集整理、抢救保护口头传承民间文学的问题。也就是说，在濒危或严重濒危民族语言的抢救保护工作中，该民族的口头传承民间文学的录音记录和搜集整理及从语言学角度开展分析研究所发挥的重要作用，以及对濒危或严重濒危民族语言资料永久保存工作产生的重要意义。事实上，濒危或严重濒危民族语言的田野调研，从未离开过口头传承民间文学的搜集整理这项工作内容。反过来讲，口头传承民间文学语言资料，尤其是那些广泛流传而影响面很大，几乎家喻户晓的口头传承民间文学语言资料，对濒危或严重濒危民族语言语音、词汇、语法研究发挥过十分重要的作用。正因为濒危或严重濒危民族语言和口头传承民间文学之间存在如此密切的内在关系，我们在这里讨论濒危民族语言抢救保护的科学理念时，顺便也谈一谈口头传承民间文学的抢救保护工作。在我们看来，濒危或严重濒危民族语言和口头传承民间文学都有其不同的表现形式和内容，是不同自然环境和不同地域、不同生存方式和生活条件、不同思维模式和不同交流形式的产物，也是不同民族的思想行为、审美价值的表现方法和表述形式。保护好濒危或严重濒危民族语言和口头传承民间文学，就意味着保护了我们丰富多彩的语言生态环境、丰富多彩的精神生活和思维模式。

　　保护濒危或严重濒危民族语言和口头传承民间文学，首先要做好濒危或严重濒危民族语言和口头传承民间文学的全面系统的调研工作，搞清不同环境和条件下不同程度的濒危或严重濒危民族语言和口头传承民间文学生存发展的实际情况。并对经过调研获得的第一手资料进行严格意义上的分类，进而区分出濒危及严重濒危两大类型。在此基础上，制定不同的保护措施和方案，采取不同层面、不同形式和内容的保护办法和手段。有的濒危或严重濒危民族语言和口头传承民间文学有文字资料，有的民族由于没有文字，所以也就很少有文字记录的资料。对没有文字的濒危或严重濒危民族语言和口头传承民间文学，尤其是处于严重濒危状态下的民族语言和口头传承民间文学，进行田野调查时就要下大力气多收集资料所需的第一手资料。而且，开展实地调研时，要使摄影资料、图片资料、录音资料、笔记资料等密切结合。对于过去调查过的内容，首先重新检查那些已搜集整理的调研资料，检查过去的调研中存在哪些不足、哪些遗漏、哪些内容需要重新补充调研，哪些内容需要进一步修改完善等实际存在的一系列问题。换句话说，一定要避免不必要的重复性调研，以及人力、财力方面不必要的浪费。

　　濒危或严重濒危民族语言和口头传承民间文学的保护和抢救工作，应该根据具体情况，采取不同措施和方式方法，对于还没有进入濒危状态的民族语言和口头传承民间文学来说，必须以保护为主，要将保护工作做细做好做全，在此基础上要有计划和具体分工、分时期、分批地开展实地调查和资料整理工作。然而，对已进入严重濒危状态的民族语言和口头传承民间文学开展保护和抢救工作时，必须以抢救为主。因为，已进入严重濒危状态的民族语言和口头传承民间文学很难被长期保护，就是投入大量财力和人力，采取各种措施和方法开展保护工作也很难达到预期效果。所以，一定要把有限的财力和人力用在抢救工作方面，要在抢救工作上下功夫，加大抢救工作的财力和人力投入。如果抢救得当、抢救及时，或许能给严重濒危民族语言和口头传承民间文学注入内在活力，进而使其重新获得生存和发展的条件和动力，使严重濒危民族语言和口头传承民间文学能够延续较长时间。例如，严重濒危的赫哲语，21世纪初只有几位年纪大的老人在使用，当时有人预测，伴随着几位老人的去世，该严重濒危民族语言将会失去使用功能而消失。其结果是，伴随对该语言实施的一系列抢救保护措施，包括开发电视母语课、电视母语会话比赛、电视母语唱歌比赛、节假日母语歌舞表演、母语传承人的资金奖励、母语传承人被纳入非遗传承人名录并按月发放奖励资金等，物质和精神的鼓励产生了一定的实际效益，使一些年轻的赫哲人也开始学习母语，有的还达到了一定的会话能力。把严重濒危民族语言和口头传承民间文学的抢救工作做到这一步，我们就可以进一步去思考如何更好地保护的问题。这就像对被冲进洪流里的人和没有被冲进洪流的人采取不同的应急措施一样，对于被冲进洪流里的人，我们首先要想尽一切办法把他从洪流中抢救出来，然后才考虑如何保护他生命安全的问题。对于还没有被洪流冲走的人，我们首先要考虑如何保护的问题，使他不至于掉进洪流被冲走。

濒危或严重濒危民族语言和口头传承民间文学的保护工作，必须同合理开发和利用密切相结合、相配套。同时，必须强调，坚定不移地继承和发扬优秀传统文化的民族精神。历史的经验告诉我们，人们的物质追求、物质文明达到一定高度，就会渴望得到同现有的物质文明相配套的精神生活、精神享受、精神文明。这就需要社会提供丰富多彩、琳琅满目的文化生活。对于民族地区而言，民族民间优秀传统文化占据着十分重要的地位，即使是濒危或严重濒危民族语言和口头传承民间文学，对于本民族全体成员来讲，应该是他们文化生活的重要内容和组成部分。我们完全可以说，如果没有不同民族和地区的优秀的传统文化，包括物质文化和精神文化，就没有丰富多彩的文化世界。毫无疑问，民族民间传统文化的保护和抢救，包括人口较少民族的濒危语言和口头传承民间文学的保护和抢救工作，越来越成为世界各国人民的共识。人们在迅速崛起的现代化革命和建设中，越来越强烈地认识到民族传统文化的价值和好处。这使许多国家或地区先后制定了保护传统文化包括保护濒危民族语言和口头传承民间文学的相关法规和政策，还设立了濒危或严重濒危民族语言和民间传统文化保护专门机构，进而取得了一定阶段性工作成绩。比如，有的国家对濒危或严重濒危民族语言和口头传承民间文学实行版权制保护，制定特殊保护政策和相关法律条例；有的国家设立专门机构，组织专家学者和相关人员，对濒危民族语言和口头传承民间文学进行全面搜集、记录和整理；有的国家还特设濒危或严重濒危民族语言和民间传统文化保护区，建立濒危或严重濒危民族传统文化生态博物馆等；还有的国家，专门设立保护和弘扬濒危或严重濒危民族语言和民族传统文化的"国家文化遗产日"活动，不断强化国民对于濒危或严重濒危民族语言和民族传统文化遗产的保护意识；等等。我们认为，对于濒危或严重濒危民族语言和传统文化保护的重视与否，不只是衡量一个国家和地区文明程度的重要标志，也是衡量一个社会是否能够保持和谐稳定健康可持续发展的重要标准之一。

就如前面所说，任何一个国家和地区的物质生活达到一定高度，人们就会自然而然地追求精神生活。也就是说，人们的物质生活建设达到一定高度之后，就会自然而然地去建设精神生活。那么，在精神生活的建设中人们似乎更加注重历史的、民族的、传统的和文化的形式和内容。现在整个欧洲，尤其是在西欧和北欧，民族民间传统文化包括民族语言和口头传承民间文学的科学性开发和保护性利用，以及以民族民间传统文化为龙头的旅游产业，占国民总收入的30%—50%，有的北欧国家或地区甚至达到60%以上。十分可观的经济效益，以及人类对于远古文明和丰富多彩的文化世界的强烈渴望，使人们用生命和信仰传承的古老文化和文明变得更加充满活力和耀眼夺目，进而发挥着任何现代文明都不可替代的生命力、感召力、凝聚力以及经济效益，从而构建了一个历史文化文明与现代文化文明相互交融、相互作用、相互依托、相互辉煌的丰富多彩的当今文明世界。人们从传统文化中品味着历史，享受着远古文明，宁静地思考和探索着今天和明天的辉煌。所有这些，同人们科学地认识自己的传统文化，珍爱本民族古老传统文化和文明，不惜代价地保护和抢救濒危或严重濒危语言文化，并合理科学不惜代价地开发古老传统文化等密切相关。如同欧洲的一些发达国家，把自己优秀的传统文化，科学地融入以现代科学技术为主的文明世界里，从而获得了意想不到的经济利益，达到了传统文化保护和开发的最高境界。它们在传统文化的保护和开发方面取得的成功经验，清楚地告诉人类，优秀而传统的民族文化和地区文化的保护、开发利用的重要性、必要性，以及在现代化革命和建设中具有的经久不衰的文化价值、经济价值、社会价值和科学价值。抢救和保护及科学开发利用不同民族语言和优秀传统文化，包括濒危或严重濒危民族语言和口头传承民间文学的抢救性保护工作，对于弘扬民族精神、增强民族凝聚力和向心力、维护国家长治久安、推动整个社会文明的进步及经济建设的健康文明可持续长期发展，均有极其重要的现实意义。

21世纪属于中国，这几乎是世界共识的一个硬道理。我国不仅拥有悠久的文明史，而且拥有极其悠久而丰富的民族民间文化。悠久的文明和丰富的民族民间文化，已成为我们开创未来，创造辉煌，建设文化强国、经济强国的雄厚基础。为了更好地贯彻落实习总书记提出的新时代社会主义强国，以及充分体现富强、民主、文明、和谐、自由、平等、公正、法治的社会主义核心价值观，我们必须把不同民族和不同地区的优秀的传统文化和文明，科学而理想地融入建设现代化社会主义强国的精神纲领之中，让优秀的传统文化和文明同现代文化和文明相互交融、互相作用，为我国现代化革命和建设发挥强大的生命力和凝聚力。

现在国外也看好我国丰富多彩的民族语言文字以及传统文化市场，纷纷到国内民族地区开展民族语言文化方面的收集和整理工作。尤其是，对于已经进入濒危状态的民族语言以及传统文化，包括口头传承民间文学等，他们都十分感兴趣。因为他们深深地感悟到，这些濒危民族语言及其传统文化中包含了非常丰富的远古文明与思想内涵，包含了人类从远古走到今天并走向更加美好未来的精神力量。如同习近平总书记多次谈到的，我国少数民族《格萨尔》《江格尔》《玛纳斯》三大史诗，既有极其丰富的历史、文化、文明、思想、伦理、道德等方面的内容，也有美丽动听、优美和谐、感人肺腑、震撼思想、触动灵魂、振奋精神的语言内涵和语言表述形式。那么，对这些民族语言文化的开发利用，包括对濒危或严重濒危民族语言和口头传承民间文学的科学性开发和保护性利用，对于人类文明的进步和构建和谐美好的社会环境有重要影响，乃至会给社会发展和进步带来十分可观的经济效益。所以，我们必须像爱惜自己的生命一样珍惜这些弥足珍贵而不能再生的民族语言文化。如果我们不科学地认识这其中存在的深层因果关系，不采取认真负责的态度，不积极主动而不失时机地抢救保护它们，就这样一无所有、两手空空地完全失去这些濒危或严重濒危民族语言和口头传承民间文学，就会给我们带来历史、文化、民族、文明、社会、经济等诸多方面意想不到的损失。这就像现在我国的专家学者花相当可观的经费到俄罗斯国家图书馆研究和复制西夏文献资料一样，原本是我们自己的文化遗产，由于没有能够很好地保护而被俄罗斯人拿走，永远保存在他们的图书馆和博物馆里。对于西夏文或西夏文化感兴趣的人，或者想看西夏文以及西夏文化方面的原始资料的人，包括在此领域开展学术研究的专家学者，不得不去俄罗斯圣彼得堡艾米塔什博物馆、俄罗斯科学院东方研究所圣彼得堡分所的图书馆行商或查阅原始资料，否则很难全面了解我国辉煌的西夏文或西夏文化。我们在美国亚利桑那州立大学进行学术访问时，在亚利桑那州立图书馆就见过十分珍贵而数量可观的清代满文资料，其内容涵盖政治、经济、军事、思想、文化和语言文学、宫廷信件等诸多方面。而且，图书馆的馆长还骄傲地告诉我们，在美国许多图书馆都藏有清代满文语言文化方面的原始资料。另外，我们在日本的许多国立图书馆、芬兰赫尔辛基大学的图书馆等世界著名的文化知识宝库里，也都见过保存完好而数量相当可观的满族语言文化及我国其他少数民族早期语言文化历史等方面的文献资料，甚至还保存有我国现已成为严重濒危民族语言和口头传承民间文学等方面的诸多第一手田野调查资料。其中，相当数量的历史文献资料或早期民族语言文化资料在国内根本找不到。这一切已清楚地说明，我们也不失时机、下大力气开展保护和抢救濒危或严重濒危民族语言和口头传承民间文学工作的科学道理、科学思想、科学使命。这也是我们必须认真对待而不可回避的现实问题，我们必须从保护好中华民族共同精神文化家园、共同的精神文化财富以及共同的非物质文化遗产的角度，保护好濒危或严重濒危民族语言和口头传承民间文学及其传统文化。

濒危或严重濒危民族语言和口头传承民间文学的抢救和保护，单靠几个专家学者的努力是不行的，要靠少数民族民间文化保护法，要靠中央和各有关部门以及各级政府的支持和参与，要靠广大人民群众对民族语言以及民间文化的自觉保护意识。濒危或严重濒危民族语言和口头传承民间文学的保护工作，必须根据不同程度的濒危现象分成濒危和严重濒危两个部分，分别采取不同形式和内容的抢救保护措施。对于已进入严重濒危阶段的民族语言和口头传承民间文学，从国家层面到各级各有关部门要高度重视，采取各种行之有效的措施，积极组织优秀科研团队和充分利用现代化科研手段，不失时机地开展全面、全范围、全覆盖的实地调研，对于搜集整理的第一手资料，要分门别类地用全新的科学手段永久保存。与此同时，就如前面的讨论中举例提到的给严重濒危的赫哲语注入新的生命力一样，通过各种宣传报道、电视讲座、奖励母语传承人等手段，激活严重濒危语言和口头传承民间文学的生命力。对于进入濒危状态的民族语言和口头传承民间文学等，要有计划、有安排、有步骤地分不同时期开展保护工作，尽量减缓不断走向严重濒危的进度。一般来讲，处于濒危状态的民族语言或口头传承民间文学，都有一定的使用环境和条件，也有一定人口的民族同胞在使用。在这种情况下不断优化使用母语的社会环境，争取从幼儿园开始到小学毕业的学习课程中都科学有效地安排母语学习和听本民族语故事课程内容，并请精通母语的本民族教员教民族语课及其用母语讲授本民族故事的课程。如果条件允许的话，给读初中的本民族学生设计民族语选修课或母语讲故事选修课课程内容，鼓励本民族初中生在幼儿园和小学学习母语和听本民族语故事的基础上，在初中阶段通过参加母语选修课，进一步强化本民族学生的母语功底和母语使用能力。学校方面应该建立对母语学习成绩好的小学生或初中生给予表扬和奖励的制度，鼓励学生们更多地使用本民族语言。此外，配合小学或初中阶段的母语课程，也可以广泛开展电视母语课程、母语口语讲座、母语口语比赛、母语会话比赛、母语诗歌比赛等丰富多彩而行之有效的活动进行抢救和保护工作。民族地区要把濒危民族语言和口头传承民间文学的保护工作同政治、经济工作紧密联系，不能有丝毫的忽视和放松。对此，中央相关部门要给予理论指导和资金上的有力支持。同时，对于进入濒危状态的民族语言和口头传承民间文学，要更加合理而更加科学地保护和高效深度开发利用，要全面发挥其内在活力和外在的社会效益及经济效益。应该说，这也是更理想地推动民族地区现代化进程的重要举措和有效途径。反过来讲，这对于濒危民族语言和口头传承民间文学保护十分有利。

根据我们已掌握的情况，我国濒危民族语言以及口头传承民间文学第一手资料的保存形式比较分散，保存环境并未完全达到"五防"防尘、防晒、防蛀、防霉、防蚀，以及"四控"控温、控湿、控尘、控日的条件。在实地调研中，获取的卡片资料、笔录、录音、摄影、图片等第一手资料，往往以分散形式保存于各科研院所及大学的不同研究室或个人，很少有用现代科学技术手段及多媒体手段进行系统收集、整理、分类、编目编号，进行电子化有序整合保存的情况。也很少有将多种形式和内容的田野调研资料，用现代化高科技技术手段处理成综合性多门类数据库、专题数据库、图片资料库、文献资料资源库、光盘数据库，文献检索数据库，以及信息化资料库等的现象。甚至出现将田野调研资料进行电子化、信息化处理后，就将当时现场所做的文字记录都作废等做法。从资料保存的全面性、可靠性、实证性、历史性和法律性角度充分考虑，应该把当时的文字资料同现代化科技手段处理的资料一起永久保存。对于那些活的濒危民族语言以及口头传承民间文学资料的搜集整理工作，虽然从上到下各有关部门前前后后、陆陆续续搞了近40年，但实际效果不是十分理想，一些第一手调研资料完成了项目、出版了项目成果，就认为原始调研资料失去了实际使用价值而被作废或随便处理，其结果是弥足珍贵而不能够再生的第一手原始资料就这样被丢掉，这是十分不科学而遗憾的事情。我们应该承认，调研资料被整理出版时，一般有从第一手原始资料中选用或针对性使用的同时，把那些认为没用的部分删节删略删除的情况。也就是说，公开出版的调研成果，不一定能够代表调研资料的所有内容。正因为如此，应该将实地调研的第一手原始资料同经过高科技现代化手段处理的电子化资料一同保存。在这里，我们感到更加痛心的是，20世纪50年代国家下大力气搜集整理的民族语言及口头传承民间文学第一手资料，还没有完全彻底全范围开发利用就丢失得所剩无几。如果把那些资料原原本本、完完全全地保存下来的话，将是一个十分珍贵、极其重要、不能再生的学术资料、学术资源、学术宝藏，对于今天的濒危民族语言以及口头传承民间文学的研究，对于人类科学探索语言文化发展的历史脉络及讨论当今文明的进步，将提供十分重要的科学依据和产生重要的科学价值。另外，我们还认为，尽管在此学术领域已付出了近40年的艰苦努力，也取得了相当辉煌的阶段性成果，但一些偏远边疆民族地区，特别是对保存于偏僻山区、农村、牧区、林区的濒危或严重濒危民族语言和口头传承民间文学，还未能够进行全面彻底的搜集整理。在此方面，遗漏的调研工作还有不少。当然，这和那些民族地区处于十分偏僻、居住十分分散、交通不便、调研条件不具备等有一定关系。在这种情况下，必须得到地方政府的支持和参与，得到民族同胞的积极配合和帮助。就像文化部所提倡的那样，要把"政府主导，社会参与，长远规划，分步实施、明确职责，形成合力"作为该项工作的基本原则，必须发扬深入边区、深入民间、深入群众，充分依靠当地政府和民族同胞的优良工作作风。要拿出一定时间，而不是走马观花、蜻蜓点水，要和当地民族同胞吃住到一起，充分了解他们的生产生活习惯，并和他们打成一片，在此基础上才能够按计划顺利开展调研工作，搜集整理到濒危或严重濒危民族语言和口头传承民间文学第一手资料。

众所周知，我国少数民族都有悠久而独到的历史文化和文明，均生活在特定的自然环境和特定的区域之内，加上他们的濒危语言和口头传承民间文学均独具风格又十分丰富，而今被抢救保存情况又不相一致，这就需要我们加强各方面的抢救保护工作力度，根据不同地域、不同条件、不同情况，多思路、多方案、多步骤地针对性、长期性、全面性地科学有效性开展工作。也就是说，必须用科学的态度，从实际出发，做到实事求是，要有分类统筹、区别对待、分步实施的工作思路。濒危民族语言和口头传承民间文学的抢救保护是各民族同胞的共同责任，也是大家的事，需要群众的关心和参与，需要群众的帮助和支持。同时，也让群众学会用国家相关法律和民族政策，保护本民族濒危语言文化。各级各有关部门或机构，有计划安排工作人员到民族地区，开展濒危或严重濒危民族语言和口头传承民间文学保护宣传工作，宣传党的民族政策和相关法律规定，以及语言文化保护的重要性和必要性。另外，在民族地区，应该抓紧时机设立相关工作机构，或者安排和布置专门人员负责管理这项工作。说实话，这是一项专业性、学术性、科学性和民族性很强的工作，所以要聘请有关专家学者或专业培训者参与其中。同时，该机构的核心成员中，应该有文化、财政和民族等部门的有关负责人。在具体实施濒危民族语言和口头传承民间文学的抢救保护工作时，尤其是对严重濒危的民族语言和口头传承民间文学开展抢救性保护工作时，争取和不同层面的民间文化协会、地方性研究会及民间社团组织建立长期合作联系，进而得到他们的可持续而长期有力的支持。在具体开展工作时，不同阶段、不同时期要有不同工作明细表，不同部门或人员之间要有明确的分工，要各负其责，还要团结协作，要讲求工作效率和工作成绩。不能把一些工作任务交给地方就放手不管，坐等收摊。

在人类社会一体化进程越来越快的今天，濒危民族语言和口头传承民间文学的抢救保护工作任务显示出从未有过的紧迫性和重要性。但是，也不能因此显得手忙脚乱、囫囵吞枣、眉毛胡子一起抓。必须有专家的学术论证，有理论指导和科学思路，必须把过去工作中积累的丰富经验同当前工作的具体情况密切结合。如前所述，濒危民族语言和口头传承民间文学的抢救保护工作是具有很强地域、历史、文化、民族、科学价值的一项责任重大的工程。我们知道，没有文字的濒危或严重濒危民族语言和口头传承民间文学是无形的非物质文化遗产，它们是同有形民族文化遗产相辅相成的产物。但没有文字的濒危或严重濒危民族语言和口头传承民间文学的抢救保护工作，往往比抢救保护有形民族文化要复杂得多、困难得多，付出的代价和劳动也要多得多。为了完成好这项艰难的工作任务，在明确制定抢救保护各项制度和工作细则的同时，要客观翔实地提出保护名录，组织好调研队伍并计划调研经费，在此基础上科学有效地开展具体工作。还要建立健全濒危民族语言和文化传承人的奖励机制，并不失时机而有目的地培养濒危民族语言和口头传承民间文学新传承人。在这里，还有必要提到的是，开展抢救保护工作实践中，要抓紧时机分期分批培训培养懂母语懂本民族文化的少数民族专业队伍，不断完善濒危民族语言和口头传承民间文学的保护传承机制，协助民族地区建立基层性质乡村民间团体，要定期定时间派专家学者给乡村民间团体做专题讲座或进行学术指导。对于乡村民间团体搜集整理的资料，加以补充修改后编辑成册，并以档案资料形式保存于资料库。事实上，现在国内许多少数民族，甚至一些语言文化处于濒危状态的少数民族，包括像东部裕固语、塔塔尔语、赫哲、鄂伦春、仡佬、门巴、京等母语使用人口极少民族也有了自己的民族民间研究会，更可贵的是还有研究会内部印刷的会刊。所有这些，都是我们进一步深入可持续开展濒危民族语言和口头传承民间文学抢救保护工作的优厚群众基础和理想条件。

濒危民族语言和口头传承民间文学的抢救保护工作，要同科学合理开发和利用工作密切结合。在各方面条件允许的前提下，民族语言和口头传承民间文学处于濒危地区，当地政府同各有关部门协调的情况下，经过全面调研和考察，设定民族语言文化开放式保护区。我们所说的开放式保护区，不同于美国印第安人、日本阿依努人、北欧萨迷人等民族的远离现代文明的保护区，应该是中国特色的、充分展示我国优秀而先进的民族政策和民族理论、有着浓郁的传统文明和民族独特风味的保护区。在保护区内，应该科学而布局合理地设置展示衣食住行等各类民族文化展厅和场景，建构不同风格而相互配套的不同内容和形式的各类小而精的民族博物馆，要充分利用现代化高科技手段，包括电视、录像、摄影、录音等现代化设备开放式展示民族语言及其传统文化。其中，包括用民族语言配有汉字解说的动画视频及动漫视频形式制作口头传承民间优秀神话故事。同时，充分利用各种媒体，有广度、有深度、有影响、有实效地开展宣传报道。所有这些，不仅给濒危或严重濒危民族语言和口头传承民间文学的抢救保护注入强大活力，也对宣传和弘扬优秀民族文化起到了积极作用，进而产生可持续长期的社会的和经济的效益。正因为如此，地方政府应该有计划、有安排、有思路地拿出专项资金大力扶持这些民族文化工程、民族文化战略建设、民族文化复兴工作。特别是，对具有重大历史价值、文化价值和经济价值的伊玛堪（赫哲族）、摩苏昆（鄂伦春族）、尼玛安（鄂温克族）、创世记神话（独龙族）等濒危或严重濒危民间文学进行全面、深入、生动、艺术、科学的开发利用和抢救保护。当然，与此相关的一切工作必须实事求是，不能虚张声势、另立名目，更不能偷梁换柱，用抢救保护濒危或严重濒危民族语言和口头传承民间文学的专项经费搞其他活动或用于其他无关工程。同时，逐步完善切实可行的保护制度和科学化管理系统，不断强化人们的自觉保护意识和责任，并形成社会共识和良好氛围，使濒危民族语言文化保护工作更理想地走上自觉化、制度化、规范化和科学化道路。

任何一个民族的语言和口头传承民间文学，都属于该民族全体成员在千百年的繁衍生息中，用共同的劳动和智慧创造的博大而丰富的思维空间、符号系统、精神文化及其共同的精神财富，它是来源于人民、服务于人民的精神文化产物，也是该民族开发智慧和进行启蒙教育的早期教科书。其中，凝聚着该民族的共同智慧、真善美的感悟、做人的伦理道德、审美价值的判断与标准、美好未来的不弃不舍的期盼、梦想追求的坚定信念，是砥砺人心、鼓舞民心的真实内涵及精神实质。不论对于哪个民族来讲，失去了这一切就等于失去了精神文化家园，就等于失去了先民们经过千百代人的努力创造的丰富多彩、灿烂辉煌的精神文化生活，也就是失去了他们人生的远古文明和早期启蒙教科书。濒危或严重濒危民族语言和口头传承民间文学，一直形影不离地伴随人们从历史走来，走到了今天，应该伴随人们走向更加美好的未来，不断满足人们日益增长的精神文化需求。就像人们的历史记忆中不能没有这些精神文化，在未来的历史记忆中也不应该空缺这些精神文化与文明。毫无疑问，濒危或严重濒危民族语言和口头传承民间文学是我们伟大的中华文化与文明无法割舍的重要组成部分，抢救、保护、传承是我们义不容辞的责任和义务，我们要继承其文明、发展优秀文化、弘扬其先进性，进而为建设中国特色现代化社会主义文化强国发挥强大的生命力、凝聚力和推动力。

第三节 濒危民族语言抢救保护的重要性

我国是一个由多民族相互交融、多文化相互辉映，拥有世人所感叹和倾慕的丰富而博大的民族文化、民族文明、民族精神的国家。21世纪的今天，人们用全新的科学技术、全新的思想理念构筑了全新的生活，相互间的理解和沟通及友好往来日益频繁，我们的祖先用千百年的努力，用千百代人的劳动和智慧创造的优秀、文明而辉煌的文化，对文明古国的民族团结、社会安宁、经济发展、科学技术的进步、建设现代化的社会主义共和国发挥着极其重要的推动作用。

世界在诸多方面走向一体化，一些经济发达国家同周边国家和地区或者发展中国家和地区进行经济交流和合作的同时，将其文化和思想理念向四处传播，而我国各民族早期创造的十分珍贵而优秀的文化与文明，却在以经济为核心的强大外来文化与文明面前显得弱不可击，进而出现逐渐退缩甚至是濒危或严重濒危现象。在那古老文明的土地上，人们用生命代代传承而给予过真善美的享受及无穷无尽的精神快乐的古老文化与文明，一个接一个地不断消失。好在人类已自觉地、强烈而十分紧迫地感受到，逐渐消失着的古老文化、文明的重要性及其存在价值。有了多样性的民族文化，我们才拥有了今天丰富多彩的世界，以及丰富多彩的思维空间。为了保护人类文化生态的多样性和丰富性，我们必须像保护长城和黄河一样，保护我国多样的民族语言和传承文化，否则我们将会在未来的单调而大一统的世界和思维时空中度过漫长的岁月，那将是人类的悲剧。所以，人类的理性告诉了我们，不能再丢失那些少数民族的独特思维、独到表现形式、独具风格的文化与文明，否则，我们将愧对于历史和未来。因此，许多国家和地区，包括那些经济发达的国家，开始追求文化的根与脉、文化的多样性，强调古老传统文化与文明的重要性，力求用最大的努力和代价保护古老的、传统的、优秀的和濒危的文化与文明。

我国丰富多样而各具特色的民族民间文化，越来越多地引起世界的关注和重视。我国现已识别民族就有56个，还有其他未识别民族成分或族群。其中，除了汉族，有55个少数民族，且均有丰富多样、各具特色的民族语言和优秀的传统文化，虽然其中一些已成为严重濒危，可喜可贺的是到21世纪的今天基本上还在被保存。对此我们不得不骄傲地说，这是中华人民共和国成立以来，我国具体实施的先进、优秀、科学的少数民族语言文化保护政策，严格地执行了民族平等、相互尊重、互敬互爱、共同繁荣发展的民族政策带来的好处和产生的结果。

然而，我们也不得不冷静地审视和思考，当今铺天盖地地飞速发展的科学技术和现代文明，给我国少数民族语言文化带来了日益严重的负面影响。特别是那些人口少、没有文字又处于强势语言文化社会环境之中，自身正经历跨越式发展阶段的少数民族语言和优秀传统文化，已出现濒危或严重濒危状态。这一现象已引起国家高层和各级政府以及全国人民的强烈呼吁和空前关注。进而中央明确提出"要下大力气扶持文化遗产和优秀民间艺术的保护"，2003年文化部等部门启动"中国民族民间文化保护工程"，同年中国艺术研究院成立"中国民族民间文化保护工程国家中心"；2004年全国人大常委会将《中华人民共和国民族民间传统文化保护法（草案）》修改为《中华人民共和国非物质文化遗产保护法（草案）》；2005年国务院颁布《关于加强我国非物质文化遗产保护工作的意见》及《关于加强文化遗产保护的通知》，从而为做好民族民间传统文化和民族语言保护工作奠定了法律、政策和理论方面的坚实基础。这使人们更加清楚地认识到濒危民族语言文化抢救保护工作的重要性，以及历史性、现实性和未来性。严格地说，如果我们不主动和自觉地保护好已面临濒危的民族语言和优秀传统文化，那么我们就会不断地失去先民们用生命传承的更多、更珍贵、更加丰富多彩及独具特色的民族语言和文化遗产。毫无疑问，我国的民族民间文化和民族语言的历史性、多样性、丰富性和独特性，一直为世界所瞩目，世界各国渴望我国对人类和世界高度负责的态度和责任，保护好灿烂辉煌的古老文化与文明。

我国历来重视保护和发展不同民族语言和不同民族文化，在中华人民共和国成立初期的20世纪50年代至60年代，国家和各有关政府向不同民族地区派去民族语言、民族文化等不同专业的调研小组、科研考察工作组等，同地方民族语言文化研究人员一起，进行过较为全面的田野调查，甚至对个别民族地区的民族语言文化做过拉网式普查，收集整理了数量十分可观的民族语言文化资料，在民族语言文化的抢救和保护工作方面取得了相当大的阶段性成绩，尤其对于人口较少的民族语言文化抢救保护发挥了很大作用。接着在20世纪70年代末至80年代末的十年里，对不同地区的不同民族语言文化开展了补充性大调查。在此基础上，中国社会科学院和地方社会科学院以及各相关科研院所专家学者通力合作，撰写出版了关于中国民族语言、民族文化、民族历史方面的五种丛书。这使我国民族语言文化保护、整理、研究工作不论在实际调查还是在理论研究等方面都上了一个新台阶，其学术成绩均已公开出版。同时，培养了一批理论性强、有丰富的田野调查实践经验和实际问题分析能力的民族语言文化专家学者，从而逐步形成中国特色的民族语言文化研究理论体系和田野调查理论方法。在此基础上，20世纪90年代以后，国家又拨专项经费，组织一批民族语言文化专家学者，对新发现语言开展了全面调查、整理和抢救性工作，撰写出版了一整套资料性和研究性相结合的学术成果。而且，这些工作陆陆续续延续到现在。

但由于民族语言文化的抢救和整理工作所涉及的方面非常广泛，许多民族又居住在偏远山区、林区和广袤的西部地区、边疆地区，因此需要很大很强的工作力度，需要一定时间和相当数量的人力和相当数额的财力投入，才能够最终全面完成此项具有现实和历史意义的重要工程。不论怎么说，中华人民共和国成立以后的70年间，经过艰苦卓绝的努力，我国民族语言文化抢救保护、搜集整理、分析研究、成果发表系统工程取得了举世瞩目的巨大成就。同时，积累了极其丰厚的实践经验和理论基础，也对其他多民族国家和地区的民族语言文化的抢救保护工作起到表率作用，给人类濒危语言文化的抢救保护工作注入了新的活力和生命力，使人们更加清楚地认识到此项工作的重要意义。这些年，在我国先后多次召开了不同层级、不同地区、不同范围、不同形式和内容的濒危或严重濒危民族语言和口头传承民间文学方面的学术讨论会、经验交流会、成果发布会及相关国际会议。所有这些充分表明，21世纪的世界全方位面向现代化、信息化、数据化、网络化、一体化的特殊又非常时期，我国在保护和弘扬不同民族语言和优秀传统的文化方面做出了具体而富有成效的重要贡献。这不仅充分展示了我国民族语言文化的多样性和丰富性，更为重要的是充分展现了我国优秀而先进的民族政策。尤其是，人类越来越重视语言多样性、文化多样性的今天，我国不同民族的不同语言交流、不同思维方式、不同精神文化和物质文化，越来越强烈地引起世人的关注和兴趣。这使我们更加清楚地认识到，做好少数民族濒危语言文化保护工作的重要使命。特别是，要做好人口较少民族严重濒危语言和优秀传统文化的抢救保护工作，这直接关系到国泰民安、社会稳定、民族团结、民族经济发展的重要内涵。毋庸置疑，此项工作是我国正在实施的文化战略、构建文化强国、提升民族文化软实力、增强各民族思想道德素养和科学文明素质、强化民族文化创造力和发展新型民族文化事业的重要组成部分，也是夯实文化强则中国强的执政理念、繁荣发展我国各民族文化、实现中华民族伟大复兴的必然要求。对于此项工作的这些重要性，我们要有一个全面科学的认识和把握。

众所周知，党的十八大以来，我国进一步强化了民族文化保护与发展工作，中央先后召开一系列十分重要的会议，提出许多新思想新观点新要求，使少数民族优秀传统文化在创造型转化与创新性发展方面更具活力，民族文化自信不断增强，以民族语言为纽带的优秀传统文化已凝聚成强大的精神力量。习近平总书记指出："我们要结合新的时代条件传承和弘扬中华优秀传统文化。"2017年国家还印发了《关于实施中华优秀传统文化传承发展工程的意见》，把传承我国各民族传统优秀文化推上了新的历史高度。其中，就包括神话、传说、民间故事等少数民族民间文学搜集整理出版工程及数字化转化项目。我们必须把民族语言和优秀传统文化的传承发展作为中华民族精神文化家园建设的重要举措，并从国家文化战略资源的高度继承其优秀性、文明性、传统性和代表性，从推动新时代中华民族大家庭文化建设角度创新发展民族语言和优秀传统文化，使之成为打造文化中国、美丽中国、文明和谐的中国，进而实现中国梦的重要组成力量。这就是说，我们在抢救保护我国各民族濒危语言文化的同时，要不断注入新时代的新的生命力和新的活力。习近平总书记多次提出，要创新性发展我国各民族优秀传统文化，要用现代化高科技手段给其注入新的生命力，激活其内在的强大活力、生命力、感染力、感召力和影响力。为此，我们要下大力气，让在图书馆、展览馆、陈列馆、文物馆、博物馆沉睡千年的东巴文、彝文、西夏文、八思巴文等少数民族文字也都活起来、站起来、走起来，使它们借助高科技手段科学高效地融入日益昌盛的民族节庆、民族文艺、民族体育、民族文化重大活动，使它们焕发迷人的文化魅力，丰富民族文化生活、强化民族文化自信，更好地推动少数民族地区新时代全新意义的社会发展和经济建设工作。在这里，还应该指出的是，每届北京国际电影节的民族电影展中，都有少数民族题材的优秀影片。近两届的北京国际电影节还展示了我国少数民族"格萨尔""江格尔""玛纳斯"三大史诗电影海报内容。特别是，用母语制作的三大史诗动画片及动漫影视，对民族语言文化的传播、弘扬少数民族优秀传统文化产生了重要影响，在整个世界引起了强烈反响。这就是说，在建设文化强国的今天，我们必须立足于改革开放和新时代社会主义文化强国建设实践，着眼于世界文化发展前沿，抢救保护、繁荣发展、发扬光大我国各民族语言文化，包括少数民族濒危语言文化。就如习近平总书记在为全面建成小康社会而实施的脱贫攻坚战中所说：实现幸福美好生活，一个都不能少，一个都不能落下。今天我们的文化强国建设，同样兼顾每一个少数民族的优秀传统文化，任何一个民族的优秀传统文化都不能少、都不能落下。那么，我们必须理性地面对今天快速发展的时代、面对未来、面对世界，在享受现代化先进文化的同时，必须认真思考温故知新、古为今用的深刻道理，要以对历史文化与文明负责的态度，让各民族优秀传统文化科学高效理想地融入新时代，与现代化先进文化水乳交融、互相作用、相互照映、融会贯通、共创辉煌。

我们应该科学地认识到，不同民族语言及不同优秀传统文化在不同民族的不同历史进程中，发挥过或继续发挥着凝聚民族整体、振奋民族精神、鼓舞民族进步和发展的巨大作用。我国不同民族的不同语言文字及优秀传统文化，共同建构了中华博大而极其丰富的精神文化世界，在这一灿烂辉煌的精神文化的世界里，你中有我，我中有你，你离不开我，我也离不开你，共同从远古、从历史走到了今天。每一个民族语言文字和优秀传统文化，都是中华文明及博大精神家园不可或缺的组成部分，是维系中华整体民族精神与情感的纽带，是传承中华悠久历史文明的重要内容和形式。保护和弘扬不同民族优秀的传统文化是新时代社会主义强国建设的具体实践，是构建和谐文明美丽中国的有利条件，更是实现伟大的中国梦的重要思想基础。

不论民族大小，任何一种民族语言文化都有其特定内涵和特殊价值。从不同民族语言的不同结构特征、不同词汇内容、不同表现形式，以及不同文化含义，能够了解到不同民族的不同历史、不同生存环境、不同生产方式、不同生活习惯、不同思维模式、不同心理素养、不同宗教信仰。然而，所有这些，恰巧对我们构建多元一体、丰富多彩、琳琅满目的社会主义和谐文明、团结友爱的多民族大家庭，对社会主义物质文明和精神文明建设，有其不可替代的重要意义。不同民族语言和优秀传统文化，往往代表各民族劳动人民同自然界的接触与交流，以及漫长的生产生活实践中积累的真善美的感悟、生命生活及人生的深刻领悟，以及永不放弃地追求等美好未来的思想内涵，它们是激励和鼓舞各族劳动人民不怕艰辛、战胜苦难、砥砺前行、无私奉献、开创美好未来的精神力量。也就是说，这些民族语言和优秀传统文化，来自人民服务于人民，是代表广大人民群众的高尚的思想品德，不断净化和提炼广大人民群众的思想情操，给他们带来无穷无尽地享受美好生活的精神产物。在此基础上，应不断强化民族自信、自尊、自爱、自强、自觉。对于那些没有本民族文字的人口较少民族来讲，本民族语言及优秀传统文化对他们建设家园、创造美好生活发挥着任何十分重要的作用。

然而，在科学技术和现代文明飞速发展的今天，我国诸民族的语言文化，尤其是那些人口较少民族的语言和优秀传统文化面临着无情挑战，我们有责任拿出最大的力气抢救和保护这些人类非物质文化遗产，这对于我们构建和谐团结、安宁幸福、稳定繁荣发展的新时代社会主义民族大家庭意义重大。我们充分尊重不同民族的不同语言文化、不同民族的生活习惯、不同民族的历史文明、不同民族的宗教信仰，才能坚实地立足于现实，用各民族共同的努力建设中国特色社会主义强国，才能够创造有丰厚历史底蕴又有鲜明的时代特征，贯通古今文明、融会各民族优秀文化的文化强国。由此，我们说，抢救保护濒危或严重濒危民族语言和优秀传统文化，是我们强势推进和狠抓落实习近平总书记提出的文化战略思想的重要举措。我国是由 56 个民族组成的文明古国，之所以能够耀眼夺目地屹立于世界的东方，同各民族同胞前赴后继、永不放弃的共同努力奋斗是分不开的，也和各民族优秀传统文化所发挥的特殊精神作用密切相关。我们认为，抢救保护濒危民族语言和优秀传统文化，同传承和弘扬中华优秀传统文化一脉相承。倘若不负责任地失去少数民族的这些濒危或严重濒危的语言文字和优秀传统文化与文明，自然我们的语言文化世界就会变得残缺不全、变得十分单调和贫乏。那么，我们就会愧对历史、愧对未来。抢救保护濒危民族语言和优秀传统文化是历史和未来交给我们的神圣使命，我们必须以对历史和未来负责的态度，从保护我国各民族优秀传统文化和维护各民族文化权益的高度，把此项工作扎实稳妥高效地不断向深度和广度推进。

我国政府明确强调，在新时代社会主义现代化强国的建设中，必须尊重人与自然的和谐友好发展，要不断强化各民族间的团结合作，要以各民族共同繁荣发展为准绳衡量我国社会的变迁与进步。在以人为本的世界里，人的文化素养关系着社会的文明程度，而文化和文明又关系着人的思想道德和生活理念。换句话说，有什么样的文化，就会有什么样的文明和社会，有优秀的文化，就会有先进文明的社会。优秀的文化一旦被愚昧落后的文化取而代之，社会就会倒退并走向毁灭。因此，构建新时代社会主义和谐文明的国家，就是要科学地看待人的生命、价值、作用，要提倡人的正确生命观、价值观和思想道德观。然而，所有这些几乎都和文明走来的历史与我们命脉相承的传统文化密切相关。我们知道，人类的一切文化与文明都来自人的生活与思想，反过来又作用于人的生活和思想，人的进步同文化与文明的发展是相辅相成的产物。那么，对于少数民族自身发展来讲，民族语言和优秀传统文化占有不可忽视的重要地位。每一个民族，无论人口多少，都对母语和优秀传统文化抱有深厚感情，使人们发自内心地感到亲切和自豪，进而成为人们最为坚实的精神寄托与精神家园。

总之，我国的社会发展与经济建设，离不开各民族优秀传统文化，这是我国各民族同胞携起手来、凝聚民心、聚合磅礴之力共建新时代中国特色社会主义的重要组成内容。中国特色社会主义，是各族人民历尽千辛万苦、战胜无数苦难、付出巨大牺牲取得的成就，也是我们共创美好未来的强大民族基因和实践基础。我国优秀而先进的民族政策，是繁荣发展各民族优秀传统文化、构建文化强国的最本质特征和最大制度优势，也是我国各民族同胞坚持中国特色社会主义道路自信、理论自信、制度自信、文化自信的根本前提。尤其是，我国科学技术快速崛起的关键时刻，更应该深刻认识我国诸多民族语言和优秀传统文化面临的无情挑战，并深刻领会抢救保护濒危或严重濒危民族语言和优秀传统文化的重要意义。同时，这也是贯彻落实党的优秀而先进的民族政策，实现习近平总书记提出的各民族共同富裕、共同繁荣发展重要思想的具体体现，也是实现各地、各民族经济、社会、文化协调发展，全面建设小康社会和实现中国梦的重要举措。

第四节 濒危民族语言抢救保护的紧迫性

全新意义的科学技术革命的不断推广，尤其是电视、电脑、手机、iPad、互联网、电子书库的不断普及，使生活在边疆地区、农村牧区、山林草原的少数民族语言和优秀传统文化受到日益严重的影响。人口较少民族的濒危语言和口头传承民间文学更是受到严重冲击，进而一部分民族语言和口头传承民间文学已进入严重濒危状态，面临史无前例的生存危机。在这一现实面前，我们进一步深刻地认识到，抢救保护濒危或严重濒危民族语言和口头传承民间文学的紧迫性。

我们完全可以说，当今我国民族语言和口头传承民间文学的保护工作所面临的严峻形势，除了现代化工业文明及铺天盖地的现代化高科技传媒手段等带来的巨大影响之外，还有我们对于濒危民族语言和口头传承民间文学的自觉保护意识缺乏应有的责任感和危机感。可以说，在一些民族地区，对于母语和优秀传统文化的保护意识，还没有发展成为人们的自觉行为。由此，在过去，少数民族为了更快更好地推动本地区经济发展，更多地考虑科学技术革命带来的经济效益，没有充分估计对于濒危民族语言和口头传承民间文学如何才能够更好地保护、传承和发展广大的实际问题，地方政府也没有将此项工作摆到重要议事日程。特别是，一些民族地区政府部门在发展本地区经济以及部署本地区经济发展规划时，没有充分考虑本民族濒危语言及口头传承民间文学保护方面的工作，更没有采取行之有效的保护措施。其结果是，在经济社会的快速发展及与此相配套的以主流语言为主的广播、电视、电脑、网络、手机、iPad 等现代化高科技生活产品、交流工具、传媒手段的不断普及的情况下，本来处于弱势状态的濒危民族语言和口头传承民间文学受到严重冲击，进而不断加重其濒危程度。甚至，有些民族同胞认为，濒危或严重濒危民族语言和口头传承民间文学，对该地区的社会发展和经济建设没有什么实际作用，由此并不管这些弥足珍贵的非物质文化遗产的保护，更不采取积极而行之有效的抢救性保护措施。这些消极对待本民族濒危语言文化的思想意识，事实上违背了民族地区社会、经济、文化全面发展的科学原理，使少数民族用生命甚至用信仰传承的濒危语言文化的生存空间变得越来越小，濒危现象变得越来越严重，对于它们的抢救保护工作变得越来越紧迫。

其实，科学合理地综合考虑和全面规划社会发展、经济建设、民族文化产业开发利用等方面问题，不仅对于少数民族濒危语言文化的抢救保护产生积极影响，也会进一步促进民族地区经济社会的繁荣发展。这个道理，同习近平总书记提出的"绿水青山就是金山银山"的深刻道理完全一样，民族文化产业的科学合理的开发利用，同样给民族地区经济建设带来金山银山的经济效益。我们应该理性地承认，不同民族的语言文化，包括人口较少民族的濒危或严重濒危语言和口头传承民间文学，均有着十分珍贵的历史价值、社会价值、文化价值和经济价值，它们是人类非物质文化世界中不可缺少的组成内容。美国亚利桑那州州立大学的著名民族语言文化学家杰姆森教授，在兴安岭深处对我国人口较少鄂伦春族严重濒危语言文化进行实地调研时说："鄂伦春语是属于兴安岭的百科全书，是兴安岭最为珍贵的文化宝库。如果丢失了鄂伦春族语言文化，就等于人类丢失了这一非常珍贵的兴安岭的符号系统，兴安岭的语言文化。"我们认为，杰姆森教授说得十分在理，倘若我们不重视鄂伦春族严重濒危的语言文化，不采取行之有效的措施，不能不失时机地搜集整理、抢救保护鄂伦春族用生命和信仰传承的兴安岭的语言文化，那么不只是给我们自己乃至给人类的语言文化都会带来无法弥补的损失，人类将会失去寒温带兴安岭山林地带的自然现象、自然景观、山河湖泊及野生动植物名称，以及与这些名称密切相关的神话传说等口头传承民间文学，人类将永远失去兴安岭有血有肉有生命的美好的历史记忆和宝贵的非物质文化遗产及其精神文化财富。也许后来的人会给兴安岭的所有生命重新命名，但这些语言或名称将会缺乏历史的、民族的、文化的、文学的内涵，也就失去了语言本身有血有肉的生命的活力、感召力、感染力和影响力。同样如此，对于人口较少的赫哲族严重濒危语言和口头传承民间文学，不失时机地下大力气开展全面抢救性搜集整理工作的话，随着懂母语和口头传承民间文学的老人越来越少，最终我们也会完全丢失该民族的语言文化，同时失去我国寒温带地区及三江流域的赫哲族传统渔猎生产生活语言文化。所以，我们非常紧迫地感受到抢救保护这些人口较少民族濒危或严重濒危语言文化的重要性。

　　我国一些少数民族地区的地方政府和相关部门，虽然对于濒危民族语言和口头传承民间文学也开展了必要的保护措施和工作，但由于缺少相关政策法规，缺少专家学者的理论指导和高科技手段，再加上缺少专项保护资金的投入，那些濒危民族语言和口头传承民间文学很难得到更好更全面的抢救和保护。对于那些没有本民族文字的少数民族来说，民族语言和口头传承民间文学的保护更是难上加难。由于没有文字，他们所有的历史文化与文明，包括丰富多彩的民族民间文化，无一例外地用口耳相传的方式代代相传，而且有的因为严重濒危而变得面目全非或完全消失，几乎没有被完好无损地传承下来成为非物质文化遗产。也有的因人而存，传承人在它就在，传承人去世了，它也就消失得无影无踪。众所周知，对于那些人口较少的民族来讲，懂母语和口头传承民间文学的人越来越少，并且绝大多数传承人的年事已高，又没有继承者或后来人。由此说，濒危或严重濒危民族语言和口头传承民间文学的抢救工作变得越来越紧迫。这也是一个具有重要历史意义和现实意义的十分紧迫的任务。我们所说的重要历史意义在于，濒危或严重濒危的少数民族语言文化是辉煌灿烂的中华文化历史及文明历史不可或缺的组成部分。那么，重要的现实意义在于，它们是新时代社会主义文化强国和文明强国建设必不可少的内容。对于这些非物质文化抢救保护的紧迫性是指，当今许多民族语言和口头传承民间文学已进入濒危状态，特别是人口较少民族的语言和口头传承民间文学已严重濒危。然而，更加让我们感到痛心的是，处于严重濒危状态的民族语言和口头传承民间文学，不断被国外相关专家学者或研究机构搜集整理，拿到国外永久保存，这使我国少数民族不能再生的文化资源大量外流。而且，这种现象在个别民族地区表现得十分突出。对此，我们应该秉持对我国各民族历史文化遗产高度负责的态度，从保护我国少数民族优秀传承文化资源以及构建丰富多彩的文化强国的高度，行动起来，共同保护各民族文化资源、文化家园、文化安全。少数民族濒危语言和口头传承民间文学资源的大量流失，对我国丰富多样而极其宝贵的非物质文化的抢救保护工作、中华优秀传统文化安全等都会造成一定负面影响，也会给民族文化产业的发展带来不利因素。

就像世间万事万物都是要产生发展变化一样，作为人类交际工具的语言及其社会不同表现形式和内容的文化现象，伴随人类文明的进程和社会的发展不断产生不同程度的变化。所以说，任何民族的语言文化都不是永恒不变的，它们都是从远古时期不断演变发展到今天。然而，民族语言文化不论产生何种程度的发展演变，其中最为基础的部分不会轻易被完全改变或被其他语言文化取而代之。那些最基础最基本的民族文化是支撑该民族不断开创美好未来的强大精神力量，是该民族最优秀和最具代表性的精神家园，是该民族全体成员在千百年的生产生活中，用共同劳动和智慧创造的伟大精神财富，也是我们有责任而且必须抢救、保护、收集、整理和认真研究的对象。

研究濒危民族语言和口头传承民间文学，就是研究那些民族的过去、现在和未来。其实，濒危语言并不单单属于该民族的交流工具，其中有他们的先民用共同的劳动和智慧创造的优美动听、和谐悦耳、传达心灵、传递信息、沟通想法、交流思想的语音系统；有极其丰富的有血有肉有生命和有历史的符号世界，有他们从历史走来的一个个生命的记忆以及认识世界、解释世界的词语，有他们表达概念、表述思想的词汇系统；有用他们严谨的思维规则，展示语音和词的结合原理、词与词的结合关系、词与句子的结构规律的语法系统。那么，口头传承民间文学里，有他们用母语优美的声音、丰富的词汇、严谨的思维规则讲述的历史文化与文明，有他们的生产生活、有他们的真善美、有他们的思想意识和伦理道德、有他们的宗教信仰、有他们对于美好未来坚定不移追求的信念。也就是说，民族语言要通过口头传承民间文学，表述本民族历史文化与文明。反过来讲，口头传承民间文学要用本民族语言讲述自己的历史文化与文明。从这个意义上讲，濒危或严重濒危的民族语言和口头传承民间文学是相辅相成、相互依靠、共生存同命运的产物。人们常常通过口头传承民间文学来分析该民族语言的语音、词汇和语法原理，也常常利用语言学基础知识和词义学及语义学知识阐释口头传承民间文学。正因为如此，在抢救保护工作中，濒危或严重濒危语言及口头传承民间文学有其同样的重要意义和价值。这也是我们常说的，如果我们失去了濒危或严重濒危的民族语言，就失去了该民族语言优美的声音、丰富的词语、严谨而独特的思维方式和规律。同时，也失去了该民族的口头传承民间文学，失去了该民族口耳相传的历史文化与文明。中华民族之所以屹立于世界民族之林，是因为它有十分丰富的民族语言文化，以及这些民族语言文化孕育的鲜明的民族精神，这一精神属于我国各民族人民，它和各民族人民的历史和未来紧密相连，是符合各民族人民的共同繁荣发展的精神实质和思想理念，以及我国长期稳定可持续发展基本条件和前提。我们必须用发展的眼光看待各民族优秀的传统文化，同时应该清醒地认识到，当今科学技术的发展，不能脱离优秀传统的各民族文化。我们不能机械而感性地认为，民族的和传统的都是落后的，而现代的和非传统的都是进步的，任何一个民族或国家的现代主义思想和现代化的发展，都是根基于他们的历史和传统文化与文明，没有历史文明和传统文明也就没有现代文化与文明，尤其是那些历史悠久而有着丰厚传统文化与文明的发达国家，恰巧是遵循了古往今来、古为今用的科学发展原理，才有了今天的发展和辉煌，否则一切发展和进步都将成为无源之水。

如上所述，我国的民族语言和口头传承民间文学是这些民族从历史走到今天又从今天走向未来的重要条件和因素。我们在今天的发展和现代文明建设中，不能缺少这些优秀而传统的民族文化和文明，也就是说，缺少了这一博大的民族精神，也许会动摇我们民族的思想根基，由此我们或许会遇到伦理道德、思想信念等方面的失衡或危机，结果以西方的思想糟粕为主流的那些精神垃圾会乘虚而入，进而对我们今天的发展产生极大负面影响，甚至会扭曲和阻碍我们社会的进步。而且，在面临诸多优秀民族文化濒危或严重濒危的关键时刻，我们要以对历史和未来负责的态度，对我国的改革开放和新时代社会主义现代化强国建设负责的态度，从净化我们的心灵和我们社会的角度，用唯物辩证法和历史唯物主义的视角科学地认识民族语言文化发展的客观规律和内在活力。同时，更重要的是，我们必须理性地面对和深刻思考，在科学技术突飞猛进、生活日新月异的今天，对濒危民族语言和口头传承民间文学的抢救和保护工作的紧迫性。否则，我们将会失去历史机遇，从而失去这部分弥足珍贵的历史文化与文明。

随着人类发展步伐迈得越来越快，经济全球化也不断加速强势推进，借助这一发展趋势强势语言文化对于周边国家以及发展中国家的渗透日趋突出，其结果是各种各样、丰富多彩的优秀传统文化的生存遇到了空前危机，进而许多民族十分宝贵又有显著特色的语言文化开始走向濒危或严重濒危。这一星球是人类共同幸福生活的家园，不同民族丰富多彩的语言文化，使我们生活的世界变得五彩缤纷、绚丽夺目、充满了无穷无尽的活力。由此，我们人类深刻懂得了文化的多样性和丰富性，我们生存生命生活的重要性和必要性，进而开始理性而客观实在地讨论文化多样性和丰富性人类命题，呼吁人类保护语言文化的多样性和丰富性，让我们生活的世界变得更加美好、更加多彩、更加耀眼夺目。

我国是一个多民族国家，各民族语言和口头传承民间文学非常丰富，并各具特色。保护一切濒危的民族语言和口头传承民间文学，会更好地团结我国各族人民。民族语言以及口头传承民间文学有它特定的现实意义和长远的历史意义。我们在以科学技术为主流的现代生活的追求中，要用新时代科学发展思路看待不同民族语言文化的发展，尤其是那些濒危民族语言和口头传承民间文学不能被遗忘。我们应该无可置疑地相信，所有优秀的民族文化，是来源于人民服务于人民，它们是最能贴近人民生活和思想感情，时刻给人民带来创造的动力和智慧的产物。抢救和保护少数民族的濒危语言和口头传承民间文学是我们义不容辞的责任和义务，也是我们现代化建设中最迫切要做的重要工作之一。最起码，要经过我们这一代人和这个时代的共同的努力，更多地搜集整理、抢救保护我国少数民族濒危或严重濒危民族语言和口头传承民间文学。

第五节　保障濒危民族语言抢救保护工作顺利推进的基本前提

　　民族语言和口头传承民间文学的抢救保护工作的顺利推进和圆满完成，首先要根据国家相关规定，对于抢救保护工作科学设立项目化运作机制，并进行科学论证、阐明工作思路和人员组成、设定工作安排与步骤、交代最终成果形式及经费预算计划，在此基础上，向文化部、国家社科基金、国家民委等部门提交实施项目工程的申请报告。民族地区各有关部门，要高度重视濒危或严重濒危民族语言和口头传承民间文学抢救保护项目工程，一定要把此项工作及项目工程等纳入政府重要议事日程，纳入本地区经济社会协调发展的总体规划。项目工程资金方面，在国家有关部门给予大力支持的前提下，民族地区政府应该紧密结合实际情况设立配套专项经费，制定民族地区行之有效的项目经费管理方法和管理制度，不断强化项目经费的合理科学严格管理。特别是，对于国家下拨的专项资金，要按照国家项目工程专项资金经费管理方法与管理制度严加协助管理和把关，对其实际使用效益按规定期限及时审查审核评估，避免项目专项资金的不必要浪费、挪用或用于重复劳动、用于泡沫成果。同时，也为了扩大项目资金来源渠道，在自愿和不违规违法的前提下，要广泛吸纳社会或企业的资金赞助，从而使此项工作和项目工程获得理想的资金保障。

我们深深地懂得，我国是一个土地辽阔、民族众多的发展中国家，民族语言和口头传承民间文学等的保护和抢救工作，如果没有国家相关部门和民族地区政府的经费投入，没有科研院所和专家学者的参与，没有广大少数民族同胞的支持，就很难按计划顺利推进并圆满完成。为了更好地推动此项工作，在制定项目工程规划时，要认真、全面、系统地考虑不同阶段和不同时期的工作任务和工作内容，但一切工作要从实际情况出发，要循序渐进一步一步扎实有效地逐步实施。对于那些濒危现象十分严重的民族语言和口头传承民间文学的抢救和保护工作，要先计划好。同时，民族地区政府遵循国家有关政策规定，设立濒危民族语言和口头传承民间文学保护工程管理机构或协助管理部门，同时成立领导小组、专家委员会、办公室或调研基地。最好是民族地区政府部门或相关管理部门安排专人负责，充分发挥专家学者和地方科研院所、民间研究机构或学会及其调研基地的作用。民族地区各级文化部门，也要积极配合抢救保护工作及项目工程，做好更加细致入微、扎实有效、入心入脑的宣传思想工作，要从思想上保障少数民族同胞积极踊跃地支持并参与本民族濒危语言和口头传承民间文学抢救保护工作。在开展宣传思想时，要有明确的思路、严密的组织、完整的计划、正确可行的步骤。还要充分利用各种媒体、丰富多样的形式、不同渠道，强有力地开展全面宣传思想活动。在此基础上，积极普及濒危或严重濒危民族语言和口头传承民间文学保护知识，使少数民族群众对该项工作和项目工程有一个清楚的认识，进而培养他们积极参与意识，努力在少数民族地区营造有利于开展工作的人文环境和舆论氛围，促使该项工作群众化、普及化和制度化。也就是说，我们的民族语言和口头传承民间文学的保护和抢救工作，在任何一个环节、任何一个方面都要细致认证、全面系统，还要依靠各级政府、各种社会力量以及广大少数民族群众的热情支持和积极参与。另外，我们还有中华人民共和国成立以来工作实践中积累的工作经验、培养的老中青专家学者队伍以及搜集整理的第一手资料。这些都是我们能够顺利推进和完成此项工作和项目工程的基本保证。我们只要团结合作、共同努力、迎难而上、坚持不懈地努力开展工作，就能够理想地完成这一光荣的历史使命。

说实话，濒危民族语言和口头传承民间文学的保护工作及工程项目的实施会面临许多具体问题和困难。因为，少数民族一般处于大散居小聚居交错杂居的生活格局，加上绝大多数生活在边疆欠发达偏僻山区、农村、牧场地区。尤其是在语言和口头传承民间文学处于濒危或严重濒危状态的人口较少民族地区开展实地调研时，会遇到远离城镇、旅途遥远、交通不便、生活环境十分复杂，甚至没有通电等实际问题及诸多难题。到了调研地，由于处在深山老林深处或偏远牧场深处、未通电且信号不好，好多现代化高科技设备，包括摄影、录制设备很难在两三周内长时间使用。此外，调研工作组食宿也会成为问题，甚至很难得到具体解决或安排。这就是说，到这些民族地区开展濒危或严重濒危民族语言和口头传承民间文学抢救保护工作时，一定要有充分的准备和全面的考虑。否则，由于交通不便路又远，加上没有通电和食宿条件差、蚊虫叮咬等客观因素，调研工作或项目工程很难落到实处，很难按既定计划顺利推进或完成。但我们应该清醒地认识到，此项工作及项目工程是一项非常紧迫而重要的任务和使命，所以要在充分做好各方面准备工作的前提下，战胜面临的一切困难和挑战，不惜一切代价地按计划推动工作，圆满完成项目工程各项任务。

在濒危民族语言和口头传承民间文学的抢救保护工作及项目工程中，一定要把代表性、普遍性、重要性、典型性第一手资料的抢救保护工作，同个别性、独特性、特殊性和非典型性第一手资料的抢救保护工作紧密联系。同时，要将过去搜集整理与抢救保护的第一手资料，与补充搜集整理和抢救保护第一手资料密切结合。特别是要把工作的重中之重放在第一手资料的完整性、全面性和系统性上，不能搞得东一把西一把，不完整、不全面、不系统。在我们看来，该项目工程是一个十分紧迫而艰巨的任务。由此，在开展工作时，特别是选定调研场所并制订抢救保护工作计划的时候，对面对的诸多困难和实际问题要有全面考虑和充分准备。其中会关系到以下内容。
(1) 濒危民族语言和口头传承民间文学调研点选定的问题。也就是说，要用实事求是的科学态度、求真务实的科学思路和客观翔实的科学方案选定调研点。同时，要充分发挥专家的理论指导，科学论证调研点各方面情况，包括濒危民族语言和口头传承民间文学实际保存程度，确保调研点第一手资料搜集整理和抢救保护工作全面全方位开展。（2）人的问题。需要配备一支有很强的专业理论知识或专业化培训、有前期工作经验和实际工作能力、熟练掌握高科技田野调研设备、能够快速适应在复杂环境和艰苦条件下顺利开展工作、有无私奉献精神而综合素质的精干科研团队。（3）设备的问题。要配备好携带方便、轻巧好用、结实耐用、功能齐全且在不同环境和条件下能够无障碍使用的现代化高科技设备。另外，要充分利用最新最先进的高科技手段搜集整理第一手资料，不断提升第一手资料的抢救保护功能作用及其质量。（4）工作方法问题。一切调研和抢救保护工作都要从实际情况出发、因地制宜、认真规划、科学实施。在工作实践中，不断积累各方面经验，要从实践和经验中提炼出切实可行的理论方法。（5）特别是要科学认识，在21世纪的新环境和新条件下，不失时机地加速推进濒危民族语言和口头传承民间文学的抢救保护工作的问题。在开展搜集整理第一手资料及科学有效地推进抢救性保护工作时，一定要充分考虑在调研点开展各项工作时面临的新情况、新问题、新困难。对此我们在思想上、工作方式方法上、学术理论上，都要有深刻认识、准确把握、充分准备。这些问题的科学有效解决，是我们顺利完成濒危民族语言和口头传承民间文学抢救保护工作的基本立足点。

濒危民族语言和口头传承民间文学的保护和抢救工作，要科学协调与融入优秀传统文化的开发利用、发扬光大之民族地区经济社会发展总体规划。也就是说，在开展保护抢救工作的同时，经过不同层面和角度、不同形式和内容的专题研讨会、项目工程讨论会、宣传思想工作会议，深度讨论和阐释其历史价值、社会价值、传统文化价值、抢救保护价值和开发利用的现实意义及优势经济价值。要科学探索它们在新时代社会主义文化强国建设和进程中，具有的不可替代重要地位。应该将这项工作及相关项目工程，看成民族地区文化自信、文化自觉、文化建设、文化创新、文化振兴战略的重要组成部分，要有全面系统整体的规划和部署。尤其是，对于有重大文化价值的濒危民族语言和口头传承民间文学，要下大力气重点抢救保护和开发利用。同时，作为项目工程的一个组成内容，拿出一部分资金资助文化传承人，鼓励他们传承濒危母语和本民族优秀传统文化。在此方面，一些民族地区搞得比较好，他们根据本民族语言、本民族民间传说或神话故事内容，运用形象思维和艺术夸张手法，开发出了动画片，动漫影视，图文并茂及各种生动活泼、引人入胜、精神享受的活态影视作品，进而强有力推动了本地区民族文化产业、民族文化旅游业、民族文化商业，并获得相当可观的社会效益和经济效益。事实证明，我们在开展濒危民族语言和口头传承民间文学抢救保护工作和实施相关项目工程时，必须紧紧抓住我国正在强力推进文化强国战略，要给民族文化，包括濒危语言文化，注入新的强盛的活力和生命力，使优秀传统文化的抢救保护工作及其项目工程，能够向着更加理想的方向发展，获得更加圆满的成果。

文化部和相关部门相当一段时间以来，一直致力于对于具有浓郁民族特色的优秀传统文化、精神文化、非物质文化遗产的重点抢救保护、开发利用工作，并实施了一系列富有成效的重大项目工程，使优秀传统文化得到史无前例的发扬光大，产生极其显著的经济社会效益。现在许多民族地区实施的濒危民族语言和口头传承民间文学抢救保护工作，不只是停留在抢救保护工作方面，同时更为重要的是深入探讨和分析研究如何更好地开发利用、激活其本身具有的强大生命力、感召力和感染力。毫无疑问，这使濒危民族语言文化抢救保护工作和项目工程更有现实意义和长远的历史意义，使抢救保护工作和开发利用工作紧密结合，得到国家对各部门、民族地区地方政府、广大少数民族群众的充分肯定。受其影响，民族地区的民族语言文化开发利用已成为积极推动经济社会发展的重要举措和途径，有的民族地区还出台了建设民族传统文化特区建设战略规划，并从濒危民族语言及口头传承民间文学等非物质文化的抢救保护和开发利用的角度，开展了诸多行之有效的民族文化振兴战略，兴建了不同形式、不同内容、不同氛围、不同规模的民俗文化馆、民族博物馆、民族文化展览馆，以及民族语言文化保护特区，同时强有力地实施了民族语言和民间口头文学传承人的奖励制度。有的地区将民族语言和口头传承民间文学的抢救保护工作，科学有效地纳入本民族地区的电视节目中，开展电视电脑手机网络开讲母语课程、本民族优秀传统文化课程，使母语和优秀传统文化抢救保护工作更有群众性、普及性、实效性和影响力。民族地区地方政府根据文化振兴战略计划，每年还拿出专项经费用于民族语言和优秀民间传承文学的深入挖掘、搜集整理、抢救保护工作。在此基础上，还建立了民族语言和口头传承民间文学资料库，利用现代科技手段保存第一手资料。这些行之有效的保护工作，引起了人们对本民族语言文化的极大兴趣，强化了他们的文化认同和文化自信，以及本民族文化保护的自觉意识，加强了民族团结和民族凝聚力，也对民族语言和口头传承民间文学保护人才的培养，打下较好较理想的社会基础，从而更好地保证了民族语言和口头传承民间文学的保护工作及相关项目工程的顺利推进。所有这些充分说明，我国在濒危或严重濒危民族语言和口头传承民间文学抢救保护各种方面取得的辉煌成绩。这也是功在当代、利在千秋的全民族参与的伟大工程。并且，强有力地说明，我们一定能够圆满完成文化强国战略计划及其任务。

第二章
抢救保护濒危民族语言文化的基本对策

本章着重分析和讨论有关强化濒危语言文字保护立法工作、建立好濒危民族语言文字保护特区，以及在我国正在强有力推动的新时代新农村建设中充分发挥民族优秀传统文化作用等学术问题。同时，阐述对于濒危或严重濒危民族语言的保护思路，以及应采取的行之有效的政策对策。

第一节　要强化濒危语言文字保护立法工作

我们完全可以说自从中国共产党成立以来，就重视各民族平等团结、各民族历史文化的尊重和发展、各民族语言文字的使用和保护。1938年毛泽东在《中国共产党第六届中央委员会扩大的第六次全体会议上的讲话》中就明确指出："尊重各少数民族文化、宗教、习俗……发展用各民族自己语言文字的文化教育。"1949年我国人民政治协商会议通过的《共同纲领》明确规定"各少数民族均有发展其语言、文字，保持或改革其风俗习惯及宗教信仰的自由"。1954年制定的第一部《中华人民共和国宪法》及历次修订的宪法中均有保障使用发展民族语言文字的条款。也就是说，自从建党以来，特别是中华人民共和国成立以来，党和国家领导的重要讲话、党的工作会议、政府重要文件、中央的许多政策规定里，都反复强调对于少数民族语言文字的尊重、保护和发展少数民族语言文字的重要性，进而国家越来越重视少数民族语言文字保护、使用和发展的问题。中华人民共和国刚刚成立，百业待兴和新中国建设的最为困难时期，中央就着手组建少数民族语言文字工作委员会，并拿出相当可观的专项经费，用于派遣专家到不同民族地区调查不同民族语言文字的使用情况。为了更有效、更有力地推动民族语言文字调查研究工作，从1951年至1955年年底，组织民族语言文字专家学者对我国边疆地区民族语言文字做了初步较为全面的调查。在掌握一定数量的第一手资料的基础上，于1955年底在北京召开首届"民族语文科学讨论会"，会上在充分讨论我国民族语言文字保护、使用、发展所面临的一系列重大问题的前提下，制定了"民族语文工作第一个五年规划"。同时，决定在1956年和1957年的两年时间里，对我国民族语言文字使用情况开展全面普查工作，以及科学有效、求真务实地推进少数民族旧文字、落后文字的优化改进改革及根据少数民族意愿创制新文字等工作。那么，从1956年初直到20世纪60年代初，我国民族语言文字专家学者，在极其艰苦的环境和条件下，战胜面临的一切困难和挑战，几乎走遍我国少数民族生活的所有边疆地区和村落，对于我国民族语言文字使用情况做了全面实地调查，搜集整理到数量相当可观的调研资料，并在不同民族地区召开不同形式和内容的工作会议和学术会议，刊发了一系列阶段性科研成果及调研报告。这也是在我国历史上，或者说在人类的文明史上，第一次取得的最为辉煌的民族语言文字调研工作。更为可喜可贺的是，我国第一批民族语言文字专家学者，在边疆民族地区开展实地调研时强有力地宣传了我国优秀而先进的民族政策，为少数民族使用母语和本民族文字打下了政治上、制度上、政策上、思想上的优势基础，使民族语言文字的保护和使用成为社会稳定、民族团结、经济社会稳步发展的重要条件之一。而且，通过这些实实在在的深入人心、深入民众、深入社会的工作实践，为我国少数民族语言文字立法工作积累极其丰富而宝贵的资料，提供了坚实可靠的理论根据和法律依据，进一步有力推动了我国民族语言文字立法工作。

到了1988年，在第七届全国人大常委会通过的《中华人民共和国宪法修正案》等中反复强调，各民族都有使用和发展自己语言文字的自由。1994年国家民委还组建专门委员会，认真总结和梳理中华人民共和国成立以来的少数民族语言文字工作经验，紧密结合改革开放后出现的民族地区经济社会快速发展的新情况，对少数民族语言文字使用现状再一次开展深入调研，并系统搜集整理不同民族地区、不同层级的民族自治地方政策法规。在此基础上，于2006年由国家民委编辑出版了《民族语文政策法规汇编》，这一厚达568页、约有53万字的资料汇编里编入了以下内容：（1）34件法律法规及规章制度的节录部分；（2）50件从中央到地方的有关少数民族语言文字保护使用方面的各类文件；（3）122件与民族语言文字相关的地方法规和规章，包括"自治州自治条例""自治县（旗）自治条例"；（4）76件各级少数民族自治地区出台的与民族语言文字保护使用有关的地方单行条例、变通和补充规定、地方性文件等；（5）马恩列斯及毛泽东有关民族语言方面的精辟论述；（6）国家民委领导及各有关方面领导或负责人在与民族语言文字有关的工作会议上发表的重要讲话内容。其中，除"法律"部分根据法律地位进行排列之外，其他政策文件等主要以发布时间的先后为序。而且，书中对于一些地方性政策文件按有关规定在体例、文字上作了必要删节、修改和补充。毋庸置疑，这本民族语言文字保护、使用、发展方面的政策法规资料的汇编，全面展示了我国建党之初，特别是中华人民共和国成立以后及改革开放以来，在民族语言文字保护、使用、发展方面出台的一系列政策法规。所有这些，充分证明了我国各族人民都有使用和发展本民族语言文字的自由，充分证明了我国各民族在政治、经济、文化方面享有的平等权利，充分证明了我国各民族团结友爱、和平共处、共同幸福生活的政治优势、制度优势、社会优势和法律保障。

我国是一个多民族、多语言、多文字的国家。在一亿多少数民族人口中，除通用汉语文外，少数民族使用的语言种类繁多，包括台湾高山族等使用的南岛语系语言，使我国少数民族文字变得更加丰富多样。伴随人类文明的不断发展变化，我国不同民族间的交往变得更加活跃和频繁。特别是，汉族与各少数民族间的交流不断向深度和广度推进，汉语言文字的使用在少数民族地区变得越来越普及。尽管如此，全国仍有约6000万少数民族人口不同程度地使用本民族语言。而正在使用的30多种民族文字的使用人口正以惊人速度减少，相比之下像蒙、藏、维、哈、朝、壮、彝七种民族文字的使用情况还不错。众所周知，不论对于哪个民族来讲，该民族语言文字的保护、使用、发展，对于少数民族地区社会稳定和长治久安，以及对于经济社会的可持续稳步发展，均发挥着不可忽视的重要作用。从这个意义上讲，我国多民族、多语言、多文字的国情，客观上就决定了少数民族语言文字保护、使用、立法的重要性。

我国民族语言文字在民族聚居区域，具有重要的使用价值和意义区域优势语文的地位，不只是本地区作为主体的少数民族在使用，其他本地区的少数民族或此地的汉族也都在使用，进而产生着非常重要的社会功能，倘若忽略了这一点自然会给本地区经济社会发展带来应有损失或负面影响。这不只是对民族语言文字及其文化的发扬光大发挥作用，也会对民族团结、民族地区经济社会的繁荣发展产生积极作用。从以上的分析讨论的基本情况也可以明确看出，中国共产党的成立及中国共产党领导下的中华人民共和国的成立，包括改革开放和新时代社会主义强国建设，都离不开我国在不同发展时期提出的优秀而先进的民族政策和理论，以及对于少数民族濒危或严重濒危语言文字极其优秀文化的抢救保护工作。有些民族语言虽然有文字，但使用范围变得越来越小。例如，像锡伯文等少数民族文字，在本民族聚居区及母语区的使用范围也都变得越来越窄，其社会文化功能作用也变得越来越低。事实上，对于类似问题，我国先后制定了不少地方性、针对性、可行性政策法规，但由于执行力不强，以及与此配套的相关工作不到位，直接影响到濒危民族语言文字保护、使用和发展问题。换句话说，应与我国优秀而先进的民族政策法规相配套，制定一系列鼓励少数民族同胞和学生们学习母语和本民族文字的地方性或优惠政策规定。例如，国家各有关部门和地方政府共同协商出台，对学习本民族语言文字成绩优秀的中学生上大学时优先照顾、对精通母语和本民族文字掌握得好的大学生招聘使用时优先照顾等优惠政策规定。其实，改革开放初期和在此往后的很长一段时间，我国政府和各有关部门，先后出台保护民族语言文字和鼓励使用民族语言文字的一系列行之有效的政策法规，也对民族语言文字的保护、使用和发展，包括对少数民族濒危语言文字的抢救保护工作产生过十分积极的影响。然而，由于少数民族地区使用母语和学习本民族文字者逐年减少，少数民族同胞本身也不很重视学习使用母语和本民族文字，一定程度上影响了民族语言文字使用优惠政策的进一步具体落实。这使少数民族学习本民族语言文字的人口变得越来越少，民族语言文字的社会使用功能变得越来越低。其实，任何一种民族语言文字，不论使用人口多少，都属于一个完美的思维规则和传递信息的声音系统及其符号世界，也是人的思想情感的表述形式和相互沟通的手段，同样属于特定自然环境、历史条件、社会关系、生产生活活动中人们用共同智慧创造的交际工具。它应该承载该民族世代形成的传统文化与文明，是人们心理认同和民族文化认同的重要标志。不同民族的语言文字都有特定价值和意义。任何一种民族语言文字的丢失，都意味着我们人类丢失了一种完整的思维规则、完美的语音系统和完好的符号世界，丢失了我们人类的一段历史记忆和文明。我们丢失得越多，思维和思想就会变得愈加单调乏味。因此，我们应该拿出更加行之有效的政策法规，为少数民族语言文字，特别是为那些濒危民族语言文字营造更好的生存环境，提供更加充分的发展空间和条件。其实，一个民族生存的先决条件，应该包括物质文化和精神文化两个方面。而且，哪个方面都不得忽略，都是人们在生产生活实践中总结并发扬光大的文化财富。一般来讲，精神文化源于物质文化又作用于物质文化，不断发展物质文化和文明。精神文化关系到人的思想品格、心理素质、伦理道德、审美观念、文学艺术、文化教育、精神面貌、行为准则等诸多方面。少数民族语言文字以及与此相关的民间文学艺术，均属于他们的非物质文化遗产，属于他们强大的精神文化。毋庸置疑，这些精神文化是他们的精神食粮、精神生活、精神家园，是他们物质文化与文明的核心载体。在物质文化达到一定高度的今天，如果忽略了这些精神文化建设，就会给他们的物质文化建设带来一定的负面影响。这些问题，应该引起我们的高度认识和高度重视，在政策法规方面给予更多的保护，强有力地推动我国的文化强国战略。

中华人民共和国成立后，国家把民族语言文字使用方面的平等权利，作为民族平等权利的重要组成内容和标志，进而高度重视民族语言文字的保护、使用和发展问题。就如前面所说，这是《宪法》赋予各民族的基本权利。由此我国各民族在日常生活、生产劳动、通信联系以及社会交往中，母语和本民族文字的使用受到充分尊重，得到法律保障。在我们看来，少数民族使用母语和本民族文字，用他们最为熟悉的语言文字表达思想、接受教育、传递信息、谋职就业，是我国优秀而先进的民族政策的基本思想，也是我国《宪法》赋予各民族的基本人权之一。那么，我国政府为了让少数民族地区在政治、经济、社会、教育、文化等各方面取得全面理想发展，在政策法规层面上保障少数民族语言文字的使用和发展问题，在民族地区实施了民族语言文字教学、播放民族语言电视广播节目、印发民族文字报刊图书等一系列与经济社会建设密切相关的，深入人心、触动心灵、凝聚力量、共建美丽家园的划时代意义的伟大工程。反过来讲，国家和民族地区政府，如果没有出台惠及少数民族经济社会发展的民族语言文字使用政策法规，以及发扬光大少数民族优秀传统文化的一系列政策法规，那么很难充分发挥少数民族的积极性，很难为家乡的建设做出巨大贡献，很难把家乡建设得如此美丽富饶。

实践证明，少数民族语言文字政策法规越实用越受欢迎，越是从少数民族根本利益和实际发展出发越有生命力，少数民族语言文字使用环境变得更加宽松自由，各民族同胞相互学习和使用彼此语言文字的氛围变得更浓更活跃，进而对于各民族共同繁荣发展产生更加积极的影响和更大的能量。例如，于1984年颁布的《中华人民共和国民族区域自治法》第21条中规定："民族自治地方的自治机关在执行职务的时候，依照本民族自治地方自治条例的规定，使用当地通用的一种或者几种语言文字。同时使用几种通用的语言文字执行职务的，可以以实行区域自治的民族的语言文字为主。"与此同时，第49条还规定："民族自治地方的自治机关教育和鼓励各民族的干部互相学习语言文字。汉族干部要学习当地少数民族的语言文字，少数民族干部在学习、使用本民族语言文字的同时，也要学习全国通用的普通话和汉文。民族自治地方的国家工作人员，能够熟练使用两种以上当地通用的语言文字的，予以奖励。"另外，在2019年颁布的《中华人民共和国教育法》第12

条中也明确规定:"民族自治地方以少数民族学生为主的学校及其他教育机构,从实际出发,使用国家通用语言文字和本民族或者当地民族通用的语言文字实施双语教育。国家采取措施,为少数民族学生为主的学校及其他教育机构实施双语教育提供条件和支持。"毫无疑问,所有这些政策法规不仅给少数民族学习母语使用本民族文字提供了政策法律保障,也给他们学习通用语言文字及其他民族语言文字创造了自然和谐、自由轻松的社会氛围。国家和地方政府对于民族地区少数民族同胞和在校生学习本民族语言文字、学习通用语言文字和其他民族语言文字提供了政策法规方面的保障。同时,大力支持少数民族根据自身发展和本地区经济社会发展实际需要,学习掌握本民族语言文字的基础上,通过双语教学教育学习掌握通用语言文字或其他民族语言文字。尤其可贵的是,鼓励和督促在少数民族地区生活、工作、学习的汉族同胞、汉族干部、汉族学生也要自觉学习掌握当地少数民族的语言文字。这使民族地区工作的汉族,包括企业家、经商者、务工人员及其家属和孩子们也都学习掌握了当地的民族语言文字。这种实例在新疆、西藏、内蒙古及南方民族地区都有很多。这就是我国优秀而先进的民族政策法规带来的好处,带来的自然轻松、自由快乐、和睦相处、和平安宁的不同民族语言文字使用环境,以及民族地区政治、经济、文化、教育事业全面稳步健康发展的社会氛围。反过来讲,如果没有我国优秀而先进的民族政策法规来维护和保障,少数民族没有学习、掌握、使用、传承和发展本民族语言文字的权利和自由,也没有学习、掌握、使用通用语言文字和他民族语言文字的权利和自由,不仅会造成不同民族间的各种隔阂和矛盾,进而也会给民族地区的经济社会的发展,乃至民族地区的稳定和长治久安带来许多负面影响和造成严重后果。总之,语言文化多样性的保护,将会给我国政治、经济、文化、教育生活的和谐发展注入强大活力。那么,行之有效而深受各族人民欢迎的优秀而先进的民族语言文字政策法规,是我国语言文化多样性的重要保证和根本保障。

在这里还应该提到的是,民族语言文字工作不仅是一项政策法规性很强的工作,且有高度的复杂性和敏感性。这和我国少数民族几乎都生活在边疆地区，以及许多属跨境民族有关。据统计，我国现有 30 个跨境民族，几乎都是同根同族及使用同一个语言文字的跨境民族。我国改革开放和"一带一路"建设，使这些跨境民族间的交往交流变得更加频繁，这为边疆民族地区经济社会发展注入了一定活力和积极影响。不过，也给民族地区文化安全带来一些不利因素。一些境外学术机构或组织，以抢救保护少数民族语言文字及传统文化为借口，在边疆民族地区建立工作站、调研点、工作基地，进而不断深入边疆民族地区，开展广泛深入的实地调研，全面搜集整理我国濒危或严重濒危民族语言文字及文化资料。与此同时，对我国民族语言文字政策法规、双语教育及民族权利等敏感问题做各方面调查，从而对我国民族语言文字工作造成不安全因素，不利于我国的文化建设与文化安全，对民族地区的社会稳定和民族团结也有潜在的消极影响，甚至给少数民族国家认同、民族认同、思想认同以及文化认同带来负面影响。对此，我们必须站在少数民族语言文字及传统文化安全，以及保护少数民族地区社会、经济、文化、教育安全，维护边疆地区社会稳定和民族团结，保护国家安全和文化安全的角度，进一步强化边疆少数民族语言文字及传统文化依法保护工作。

保护少数民族语言文字，对于弘扬民族文化、提高民族自信心都很重要。所以我们必须在边疆民族地区不断强化民族语言文字及传统文化，特别是对于濒危或严重濒危民族语言文字及传统文化的抢救保护工作，建立健全相关管理机构，对民族语文的推行、使用、教学、规范化、标准化、信息化等重大现实问题进行及时有效的统一管理和全面指导，根据实际情况及经济社会发展需要不断完善少数民族语言文字政策法规。例如，对于一些没有文字民族语言使用的所谓新创文字、新创文字符号系统，在没有进行科学论证、获得有关部门的验证、政府部门的批准，以及缺乏专门的法律以保证其社会上使用的情况下随意试行或推行。甚至一种民族语言，使用好几种所谓创新文字或新文字或新的文字符号系统，由此出现同一个地区同一个民族并用多种文字或文字符号系统的现象。其结果是，对民族语言文字的保护、使用传承和发展造成一定负面影响。对此现象应该立法统一管理。总之，少数民族语言文字的立法，对于准确定位民族语文工作的性质和作用，进一步明确民族语文工作的重要性、长期性和复杂性，确定民族语文工作的发展方向产生决定性作用。同时，对健全民族语文管理机构，保证少数民族语言文字工作的稳定性和连续性，使其在健全的法制轨道上健康运行，具有十分重要的现实意义和长远的工作效益。我们认为，在此基础上，应该进一步强化新时代少数民族语言文字指令性立法规划，以及强有力地推动我国民族语言文字新的历史条件下的立法工作，不断强化我国濒危或严重濒危民族语言文字的依法抢救保护工作力度。

为了更好、更科学、更理想地推动新时代民族语言文字抢救保护立法工作，要坚定不移地贯彻落实《中华人民共和国宪法》《中华人民共和国民族区域自治法》《中华人民共和国教育法》中规定的有关民族语言文字保护、使用和发展方面的法律条款及政策法规。还要坚定不移地落实党中央国务院颁发的一系列民族区域自治法规，同时在工作实践中严格执行民族自治地方一系列自治条例。在此基础上，紧密结合新时期民族语文工作重点，与时俱进地不断完善和加强民族语言文字抢救保护法制建设，不断依法提升提高民族语言文字的规范化、标准化和信息化管理工作，要不断健全与民族语言文字教育、新闻、广播、影视、出版和古籍整理工作相关的法律体系。从而给我国民族语言文字保护、使用、传承和发展工作提供强有力的法律保障。

第二节　要建好濒危民族语言文字保护特区

随着现代文明的快速崛起，现代化生活的不断普及，我国许多民族语言文字及其优秀传统文化进入了濒危或严重濒危状态。众所周知，我国有史以来就是一个由多民族、多语种、多文字、多种民族文化构成的，语言文化资源极其丰富的国家。特别是，中华人民共和国成立以来，党和政府下大力气保护和发展各民族语言文化，同时出台了一系列切实可行、行之有效的少数民族语言文字及其优秀传统文化的保护、使用、传承和发展的政策法规，进而对我国丰富多样、各放异彩的民族文化的抢救保护、发扬光大发挥了极其重要的作用。我国不同民族的不同语言文字承载着各自的历史、文化和文明，因而被认为是一个个活着的历史、活着的文化、活着的文明，进而被誉为人类一个个活的化石和一个个百科知识的宝库。在漫长的历史进程中，我国各民族语言文化相互接触、相互影响、相互渗透和交融，从而构筑了一个更加富美、绚丽、辉煌、和谐而理想的东方语言文化共同体。在我国除了汉族之外，有55个少数民族及其下属的诸多分支。而且，每一个少数民族都有本民族语言及其诸多方言土语，甚至一些方言土语间的差别很大而难以用彼此熟悉的母语相互交流。很有意思的是，一些少数民族使用两种或两种以上母语。例如，裕固族使用东部裕固语和西部裕固语两种语言，怒族使用怒苏语、柔若语、阿侬语，珞巴族使用博噶尔语、苏龙语、义都语、崩如语等，景颇族除了使用景颇语外还使用载瓦语、浪速语、波拉语、勒期语等。由中国社会科学院民族研究所和国家民族事务委员会文化宣传司主编的《中国少数民族语言使用情况》一书里提到："少数民族中一部分人和汉族中的一部分人使用的语言尚未最后确定。因此说我国民族语言的使用情况是很复杂的，少数民族语言有多少种目前还没有公认的说法。根据一般的看法，少数民族语言有80种以上。"由孙宏开等主编于2007年作为"十五"国家重点图书出版规划项目出版的《中国的语言》一书里包括汉语在内收入了129种民族语言。书中还提到："这些民族语言是民族语言工作者陆续调查研究后确认的。其中的五分之三已在20世纪80年代成稿，先后在《中国语文》《民族语文》上作为'语言概况'陆续被发表。约五分之一的语言资料，已在国内外的著作、文集或论文中被公布。"然而，一部分独立性很强而很有特点的少数民族语言，却被归类为使用人口多的某一民族语言里，被认定为某一民族语言的方言。刚刚提到的《中国的语言》这本书里，将那些曾被忽略或认为方言的语言全部剥离出来，并从独立性民族语言角度对其语音、词汇、语法做了全面分析。其实，在民族语言识别及其民族识别方面，还有很多工作需要深入扎实地去做，我们不能只是以语言方面出现的各种差异或区别性特征，作为民族语言区别或民族识别的前提条件，除此之外还应该充分考虑语言使用者的历史文化及其遗传基因和体质人类学等诸多方面的因素。

如前所说，我国人口较少民族主要生活在偏远民族地区，他们的母语直到 20 世纪 80 年代后期都被保存得比较理想和完美，这一切得益于中华人民共和国成立以来依据不同少数民族和不同地区的发展需要具体制定、颁布、实施的一系列优秀而先进的民族政策法规。其中包括，中华人民共和国民族区域自治实施纲要、实施民族区域自治法若干规定，以及自治区、自治州、自治县（旗）等民族自治地区学习使用发展民族语文的若干规定、民族自治地区语言文字工作条例、民族自治地区教育条例、民族自治地区义务教育实施办法等。所有这些，对少数民族语言文字的保护和发展营造了十分理想的政治环境、社会环境、生活环境。同时，在政策和资金方面得到根本保障。这使我国人口较少民族语言保护、使用、传承、发展工作，以及他们的民族文字的创制与改进工作等按部就班地顺利实施。毫无疑问，这使我国人口较少民族在民族语言文字使用上具有了强大活力，获得强大生命力，得到空前的繁荣发展。

20 世纪末，对于我国少数民族语言使用情况进行的调查资料表明，少数民族语言使用人口共有 6828 万，占少数民族总人口的 53%，占全国总人口的 5% 左右。其中，（1）使用人口在 1000 万左右的少数民族语有壮语；（2）使用人口在 500 万—1000 万的少数民族语有藏语、维吾尔语、彝语、苗语等；（3）使用人口在 100 万—500 万的少数民族语有蒙古语、朝鲜语、哈萨克语、布依语、侗语、哈尼语、白语、傣语、黎语、勉语等；（4）使用人口在 50 万—100 万的少数民族语有傈僳语、拉祜语、临高语等；（5）使用人口在 10 万—50 万的少数民族语有布努语、水语、佤语、纳西语、土家语、羌语、仫佬语、载瓦语等；（6）使用人口在 5 万—10 万的少数民族语有东乡语、达斡尔语、土族语、柯尔克孜语、布朗语、撒拉语、普米语、嘉戎语等；（7）使用人口在 1 万—5 万的少数民族语有锡伯语、鄂温克语、塔吉克语、保安语、俄罗斯语、毛南语、景颇语、阿昌语、基诺语、德昂语、怒苏语、独龙语等；（8）使用人口在 5000—1 万的少数民族语有西部裕固语、鄂伦春语、乌孜别克语、仡佬语、京语、仓洛门巴语、毕苏语、回辉语等；（9）使用人口在 1000—5000 的少数民族语有东部裕固语、塔塔尔语、错那门巴语、崩尼—博嘎尔语、柔若语、图佤语、克木语等；（10）使用人口不到1000的少数民族语有畲语、义都语、阿侬语、康家语、格曼登语、赫哲语、满语等。然而，随着少数民族地区经济社会的迅速发展，人口在十万以下的民族语言文字的使用出现不同程度的濒危现象，甚至是人口只有几万或万人以下的民族语言的使用进入濒危或严重濒危状态。

民族语言文字中所蕴藏的特定思维规则、表现形式、语音和符号系统，以及丰富的历史文化内涵，是传承不同民族不同历史、文化、文明的产物。然而，伴随历史的变迁和人类文明的进程，曾经在人类文明史上做出过伟大贡献、创制过辉煌篇章的一些民族语言文字已消失得无影无踪，从而人类失去了不少弥足珍贵的历史记忆和远古文化与文明，结果我们人类自身至今很难完全说清漫长的历史进程中，先民们究竟使用过多少种语言文字，创造过多少个文化与文明。特别是，当今铺天盖地兴起的网络信息革命，在以电视电脑手机iPad为主流的语言文字交流无处不在的特殊时代，我们生存的世界在诸多方面，包括语言文字的使用都自觉而不自觉地加快了一体化进程。这使少数民族千百年来用生命和信仰传承的母语和本民族文字开始面对无可回避又无法回避的历史性挑战和选择，它们何去何从已成为人类共同关注的重大而现实的命题。在我国，人口较少民族为先例，已有诸多民族语言文字进入或趋于濒危或严重濒危状态。毫无疑问，那些进入濒危而面向衰亡的民族语言文字，告示我们这不只是该语言文字使用者所面临的生存挑战，也是人类丰富多彩的语言文化及其精神文化世界面对的重大挑战。

20世纪80年代以后，在市场经济大潮和现代信息技术革命的冲击下，人口较少民族语言文字的使用状况发生了很大变化。也就是说，民族语言文字在教育、新闻、出版、影视以及社会活动中的使用开始逐年减少，相反，社会主流语言文字或通用语言文字汉语言文字的使用变得越来越普遍。根据我们的实地调研，我国丰富多彩的少数民族语言文字世界中绝大部分语言文字已进入濒危或严重濒危状态。特别是，人口较少民族语言文字，普遍出现濒危或严重濒危现象。所有这些，更加显示出少数民族语言文字保护工作的必要性和紧迫性，也体现出了少数民族语言文字工作面临的重要性和艰巨性，从而引起国家和各有关职能部门的极大关注和重视。而且，我国还设立了"非物质文化遗产保护专项资金"及"非物质文化遗产保护专项资金管理办法"（2012年），先后多次开展濒危民族语言文字实地调研，以及原始语言资料的收集整理、分析研究工作，还启动了"中国少数民族濒危语言文字数据库""建立少数民族'双语'环境建设示范区"等少数民族语言文化保护发展重大工程。然而，从实际情况看，所有这些工作确实产生了一定效益，也取得了一定阶段性成绩，不过未能从根本上改变少数民族语言文字使用人口不断减少、少数民族语言文字不断走向濒危或严重濒危的基本现状。有关少数民族濒危语言文字抢救保护方面的宣传工作，以及该项工作重要性的宣传教育，虽然也受到广大少数民族同胞的拥护和称赞，但未能改变少数民族母语使用和保护意识日趋淡漠的走势。其结果是，不学母语和不说母语的少数民族青少年日益增多，从而直接影响了民族语言文字的使用、传承和发展，少数民族语言文字濒危现象不断扩大和变得严重。在这种现实面前，我们要进一步加大人力和资金方面的投入力度，并采取行之有效的科学措施，给那些处于弱势状态的少数民族语言文字注入实实在在的活力，循序渐进而有计划、有步骤、有成效地扩大其使用范围，如此，少数民族的濒危语言文字才有可能得到有效保护。更为重要的是，我们要紧密结合国家和民族地区各有关政策法规，不失时机地建立健全民族语言文字保护区，在保护区内开展不同内容和形式的宣传教育活动，包括讲授不同层级的民族语课，播放民族语会话内容、民族语动画动漫节目、民族语神话传说故事等来吸引大家的学习兴趣。通过民族语言保护区的各种形式、丰富多样的宣传活动，以及民族语言文字教学、使用、传承活动不断加强少数民族濒危语言文字的保护，增强少数民族语言文字使用的活力，延缓少数民族语言文字衰亡的速度，不仅可以满足少数民族对本民族语言文字使用的基本需求，从而使不同民族语言文字在更加稳定、和谐的社会关系中相互促进、共同发展，为民族地区经济社会、科学技术的繁荣发展营造良好环境。我们深深地懂得，民族语言的多样性是我国民族文化多样性的根本保障，也是最直接而最理想的体现。通过民族语言保护区进一步提升和完善，包括濒危语言在内的少数民族语言文字的保护政策与措施，将直接关系到向全世界和全人类展示我国优秀而先进的民族政策的大事。从这个角度来讲，民族语言保护区建设，对于民族语言文字保护工程有其不可忽视而十分重要的政治意义，以及长期而可持续稳步发展的社会价值。

改革开放以后，特别是进入 21 世纪以来，我国各民族间的交往日益扩大，少数民族中自觉学习汉语文和使用汉语文的人数不断增加。尽管如此，在边疆地区人口较少民族聚居的山林草原或村落，民族语言文字仍然在一定范围内使用，同样发挥着相当重要的作用。与此同时，就如前面所说，母语使用人口或本民族文字使用者日趋减少，像鄂伦春语、赫哲语、东部裕固语、塔塔尔语、图佤语、满语、畲语、土家语、仡佬语、错那门巴语、仓洛门巴语、京语、毕苏语、回辉语、崩尼－博嘎尔语、柔若语、克木语、义都语、阿侬语、康家语等民族语言只在极少数人口及个别人群或在老年人当中被使用，由此自然而然地进入濒危状态或严重濒危状态。同时，像鄂温克语、锡伯语、达斡尔语、东乡语、保安语、撒拉语、乌孜别克语、柯尔克孜、塔吉克语、布朗语、普米语、嘉戎语、毛南语、景颇语、阿昌语、基诺语、德昂语、怒苏语、独龙语等少数民族语言及其民族文字的社会功能日益减弱，甚至有的已开始进入濒危或严重濒危阶段。其结果是，我国濒危少数民族语言文字的数量不断增加。我们知道，民族语言文字的濒危和消亡就像世间物种的濒危和灭绝一样极其可怕，一种少数民族语言文字濒危和消亡，其中积存和蕴藏的人类文化和文明现象也将随之消失，进而给人类自身带来不可弥补而无可挽回的损失。毫无疑问，这使人类曾经有过的极其丰富而绚丽多彩的语言世界、词汇宝藏、思维功能、语法形式、表现手段逐渐走向单一、枯涩和乏味，进而对人类的大脑、智慧和发展与创造性劳动都带来意想不到的负面影响。

我国濒危少数民族语言文字的保护和抢救及调查研究工作，现已成为世界文化多样性研究的重要组成部分，丰富多彩的少数民族语言文字是我国极其宝贵的文化财富和政治经济社会财富。然而，一些处于特定自然环境、特定地域结构、特定社会空间、特定生产生活条件下的偏远边疆地区使用人口较少的民族语言，还未在语音、词汇、语法、方言土语等方面开展全面系统深入调查研究，就已成为濒危或严重濒危语言。所以说，对这些面临濒危民族语言文字进行抢救性记录和保存，是我们责无旁贷的历史使命，也是一项刻不容缓的重要任务。在过去的时间里，陆陆续续实施过一些专题性、局部性、针对性课题研究，也做过一些词汇方面的搜集整理，但由于调研者不懂这些民族语言，作为调研对象的民族语言又处于濒危状态，发音合作人或协助调研者的积极性又未能充分调动起来，加上一些项目是专题性或针对性课题，所以很难深入扎实全面进行抢救性调查研究。在这种情况下，在各有关部门的共同努力下，抓紧时间对这些濒危民族语言设立保护区，邀请少数民族参与具体的设计、规划和实施，并对保护区进行科学有效、求真务实、长期性管理。这项保护工程的具体实施和顺利推进，对濒危或走向严重濒危的民族语言文字的有效保护，对我国少数民族语言文化的资源的保护及其语言文化多样性均会产生积极影响。尤其是，对实施习近平总书记提出的文化强国战略具有极其重要的现实意义和长远的文化战略意义。不同民族语言文字是不同自然环境、不同历史文化、不同社会背景、不同生产活动、不同生活条件下，由不同思维模式、不同语音和符号系统构成的交际工具。其中，有该民族人民共同创造的完整完美的思维世界、语音系统和词汇系统，有他们的历史文化知识，对于这些濒危民族语言文字的科学保护和开发利用，将给我们迅速崛起的祖国带来政治、社会、经济、文化等方面的诸多好处，对深入研究我国各民族历史文化和你中有我、我中有你的命运共同体的丰富内涵，深入阐述我国优秀而先进的民族政策法规，更好更加理想地深入推进民族工作、促进和发展民族团结、构建和谐文明而进步的社会主义文化强国均有极强的现实的和深远的历史意义。

　　语言是一种文化现象，语言多样化是文化多样性的主要标志和最好体现。无论使用人口多少，一种民族语言就是一个极其丰富的民族文化资源，多种民族语言盘根交错而枝叶繁茂地生长于我们生存的国土上，这是我国各民族人民在漫长的历史进程中，用共同的劳动与智慧创造的博大而灿烂辉煌的文化财富。保护濒危民族语言文字及文化，不仅是我国政府一直以来高度重视、狠抓落实的一项重要工作，也已成为整个人类的共识。如前所说，语言是人类最重要的遗产,任何一种语言的消亡都是人类的重大损失。语言生态与生物生态有同样的存在价值,语言多样性的保护与生物性的保护同样重要,语言多样性和文化多样性及生物多样性是我们人类生存的必要前提。人类的生存不能没有空气,空气不能没有氧气,氧气不能没有生物中的植被,植被种类越多越茂盛,提供的氧气就会越多,空气中的营养成分就越发丰富。那么,不同的语言对人类大脑开发和拓展人类的思维空间,对人类认识世界和解释世界,均会提供及其丰富的知识源泉和智慧营养。然而,人类以科学技术作为手段走向大一统的今天,许多使用人口较少民族语言文字走向濒危或严重濒危。尽管如此,人口较少的民族语言或者说使用人口较少民族语言或文字,还以一定的生命力生存于我们这个星球。据统计,全世界96%的语言只有3%的人口在使用,说明只有人口较少的民族在使用数量十分可观的民族或族群语言,这是一个可贺可喜的事情。不过,一些语言学家预言,到21世纪末人类将会失去90%的语言。为了保护更多濒危或严重濒危民族语言,为了更有效推进世界语言文化多样性工作,联合国教科文组织设定每年的2月21日为"国际母语日"(2000年)。随后,在21世纪初,联合国教科文组织还先后通过了《世界文化多样性宣言》(2001)及附件《行动计划要点》《保护非物质文化遗产公约》(2003)、《语言活力与语言濒危》(2003)、《保护和促进文化表现形式多样性公约》(2005)、《少数民族保护框架公约》(2007)等一系列决议案,其中都明确提出保护濒危或严重濒危民族语言文字和传统文化的必要性、重要性和紧迫性。进而在世界各地,使用人口少的濒危语言区域设立语言保护区,同时进一步完善和强化了过去设立的濒危语言保护区的工作职能。因为,当今的人类越来越清醒地认识到,多种语言文化生态对于人类社会存在的重要意义。而且,联合国教科文组织还组织20多个国家的语言学家,到我国民族地区实地调查、记录、搜集、整理、研究濒危少数民族语言。甚至,出资举办濒危民族语言文字保护快训班和短训班等。这些工作的具体落实,自然给我国濒危民族语言文字的抢救和保护注入了一定活力。同时,我们也理性地认识到,我国弥足珍贵的少数民族濒危语言文字资料源源不断地流向国外。这就需要我国相关专家学者和各有关部门齐心协力，不失时机地保护和抢救、搜集和整理少数民族濒危语言文字，并进一步强化立法保护我国少数民族濒危语言文字宝贵资源的工作。在此方面的工作中，濒危民族语言文化保护区的设立占据相当重要地位，保护区的设立不仅能够进一步展示我国优秀而先进的民族政策，还能够进一步科学有效地推动法治化管理。当然，更为重要的是，民族语言文化保护区，对于濒危或严重濒危民族语言的保护发挥重要作用，民族语言是民族文化和民族认同的重要标志，是维系民族文化及民族认同的重要因素和条件之一，一个民族失去了自己的语言，就意味着失去了自己特有的思维方式和表现形式，以及失去了母语语音系统和符号系统，失去了本民族的历史文化与文明。正因为如此，少数民族对于母语都怀有特殊情感和认同。为了更好地维护民族文化和民族认同，构建高度和谐、文明而科学发展的社会主义文化强国，我们应该高度重视与时俱进、繁荣发展的民族语言文化保护区建设工作，将少数民族濒危语言文字的抢救和保护作为一项长期的重要战略任务来落实。

第三节　要在新时代新农村建设中充分发挥民族优秀传统文化作用

我国是一个多民族相互交融、多文化相互辉映，拥有世人所感叹而倾慕的丰富又博大的民族文化、民族风格、民族精神的国家。21世纪的今天，人们用全新的科学技术、全新的思想理念构建全新的生活，人类越来越走向和平、幸福，相互间的理解、沟通和友好往来日益频繁的美好岁月，从国家层面提出民族地区经济社会建设的战略目标，以及民族地区脱贫攻坚战和建设小康社会的战略任务，要把少数民族生活的边疆地区和农村牧区建设成文明进步而繁荣发展的幸福家园。而且，强调在脱贫攻坚战中必须融入科学发展观念和文化战略思想，一切要从少数民族可持续长期健康发展的实际出发，要实事求是，因地制宜，这样才能把少数民族边疆地区建设得更有特色、更有生命力、更加美好。我们知道，在我国边疆地区，特别是在那些边远农村牧区生活的少数民族，都不同程度地保存着人们用千百代人的努力、千万年的劳动和智慧共同创造的优秀而辉煌的文化，所有这些古老文明和优秀的传统文化，一直为边疆地区民族和谐、社会安宁、经济发展、科学技术的进步，以及新时代社会主义民族大家庭建设，中华文明建设和文化强国战略的具体实施，发挥着极其重要的推动作用。

随着我国少数民族边疆地区经济社会建设的不断快速推进，尤其是与经济社会建设相配套的民族文化建设的全面展开，越来越多地吸引了人们的兴趣和关注。我国少数民族均有自己的语言文化，有的民族还有本民族文字。像独龙、门巴、鄂伦春这样的人口不到1万的民族，甚至人口还不到5000的珞巴、赫哲这样的少数民族，至今还一定程度地保存着自己的民族语言和优秀传统文化，并把这一切活生生地奉献给了21世纪。我们不得不骄傲地说，这些都是中华人民共和国成立以来实施的民族平等、相互尊重、互敬互爱、共同繁荣发展的民族政策带来的好处。所有这些文化财富，无一例外地成为本地区文化建设，乃至经济社会建设重要组成部分。但是，在我国强有力推动新农村建设、民族地区城镇化进程，以及新时代社会主义现代化建设中，少数民族生活的边疆地区农村牧区在诸多方面逐步走向一体化。根据中央的相关指示精神，经济发达的内陆地区，同经济欠发达的少数民族边疆地区开展多层面、多角度、多种形式的经济合作的同时，把内陆地区的城镇文化和生活理念逐渐传播到民族地区的广大农村牧区，结果少数民族早期创造的十分宝贵而优秀的农村牧区文化和文明，却在以经济为核心的强大的现代化新农村牧区建设面前显得十分脆弱，进而面临不同程度的危机，甚至人口较少民族的优秀传承文化和文明已进入濒危状态。例如，在广西百色地区少数民族生活的古老文明的乡村，少数民族用生命生活和信仰传承的传统文化逐渐消失，取而代之的是现代化色彩很浓的全新意义的新乡村。

经过国家和各有关部门深入人心的思想教育，特别是文化强国战略及振兴少数民族优秀传统文化，打造民族地区经济社会文化全面繁荣发展战略思想的感召下，少数民族同胞已自觉而强烈地意识到，濒危而逐渐消失的边疆农村牧区古老文明和优秀传承文化的重要性。同时，他们也充分认识到，在今天新时代社会主义新农村新牧区建设中，民族优秀传统占有的特殊政治、经济、社会地位，以及在本地区经济社会建设中发挥的重要作用。毫无疑问，正因为有了多样性的文化，我们才拥有了今天丰富多彩的世界和丰富多彩的思维空间。例如，像广西百色地区风景秀丽和自然环境丰美的广大农村，生活着壮、瑶、彝、仫佬、毛南等20多个少数民族，他们生活在美丽、古朴、传统、幽静的乡村里：（1）保存有远古的文明历史及人类早期稻田文化内涵，还有瓦氏阵法景区、敢壮山布洛陀遗址、定模洞人遗址、那来洞人遗址、洞靖乡凉洞岩，有风光秀丽的那音水库、雷圩惠洞水库、百东河水库景区、坡洪新屯瀑布群、春晓岩风景区、田阳香芒旅游景点；（2）保留着闻名遐迩的舞狮、春牛舞、板鞋舞、采茶戏、唐皇调、山歌对唱、敢壮山布洛陀祭祀歌、敢壮山布洛陀传说故事、壮族民族器乐、绣球艺术与游戏、水上抢鸭和抢花炮以及龙舟赛等娱乐、百色旧石器文化、珠江流域的那文化、铜鼓文化、远古图腾信仰、青蛙图腾、布洛陀经诗、壮族麽经等；（3）保留着农历三月初八布洛陀祭祀节、二月二节、三月三节、五月五节、六月六节、土地公节、牛魂节、仙水节、鬼节、庆丰节、送灶神节等传统节日；（4）保留着以黑为美，黑头巾、黑衣服、黑裤子、黑褶裙、黑布鞋、从头到脚都是黑的黑衣壮独特文化内容和形式；（5）还有保存于大石山深处村寨的古朴民俗，远古礼仪和饮食习俗，服饰装束，山歌舞蹈，宗教信仰，以及不用一钉一铆、古朴、大方、美观、坚固、朴实无华而古老的橄榄式房屋等；（6）传承着吃腊肉、酸肉、五色糯米饭，黑粽、玉米酒等独有乡土风味的民族饮食内容等。所有这些，风格独特、独具匠心、色彩斑斓的民族语言文字、宅院、衣食、刺绣、壮锦、扎染、节庆、戏剧、娱乐、崖壁画、石刻、族谱、陶瓷器、木竹器、宗教信仰、礼仪、墓葬，均有浓郁而独到的、历史的、地域的、民族的丰厚文化与文明内涵。这些民族文化的搜集整理、开发利用、发扬光大，将给该民族地区经济社会建设注入强有力的活力和生命力。除此之外，少数民族生活的辽阔边疆的广大农村牧区，人民用生命和信仰保存保留下来的各有特色的古老文明和传统文化，我们必须理性而科学地认识并好好保护，保护好我们人类自己的文化生态的多样性和丰富性，我们应该像保护长城和黄河一样，保护好为人类社会的进步和文明的发展发挥作用的一切古老而优秀的文化和文明。也就是说，对少数民族生活的边疆农村牧区进行现代建设时，一定要保护好他们独特而弥足珍贵的文化和文明。否则，我们人类将会在未来的单调而大一统的世界和思维时空中，度过漫长的历史岁月，那将是人类无可回避、无法挽救的悲剧。所以，人类的理性告诉我们，不能再丢失那些先民远古的记忆、那些用千百代人的辛勤劳动和智慧创造的宝贵而优秀的文化和文明。毋庸置疑，我们一旦丢失了少数民族农村牧区依然保存完好的一切优秀传统文化和古老文明，再重新找回或者说去复制那些失去的文化和文明是难以实现的事情，甚至可以说根本就不可能让已经失去的少数民族优秀传统文化和古老文明重新回到我们中间。因此，许多发达地区或城镇，包括那些经济实力极强的乡村，在新时代新农村现代化建设中，不仅追求现代文化与文明，也追求古老传统的本地区本民族优秀文化与文明，追求的就是文化的多样性，强调现代文化与文明同优秀传统文化与古老文明交相辉映、相互交融的重要性，力求用最大的努力和代价将优秀的传统文化和古老文明科学地融入当今的现代文化与文明，为少数民族经济社会的建设和繁荣发展发挥更强大的生命力。这也是我国新时代社会主义新农村新牧区建设强有力地实施文化强国战略思想的重要举措。换句话说，我国少数民族地区新时代社会主义新农村新牧区建设，离不开以全新的科学技术为核心的现代文化与文明，也离不开优秀传统文化与古老文明。这是我国边疆少数民族地区经济社会建设和发展的两个方面，也是不可忽视重要的发展道理和发展举措。

然而，我们也不得不冷静地审视和思考，在当今的新时代新农村新牧区建设和少数民族地区的现代化进程中，一些地区过分地追求以科学技术为核心的现代文化与文明，认为本地区本民族优秀传统文化已经过时或不适应现代化生活而忽略，甚至根本就没有纳入现代化新农村新牧区建设中，结果对本地区本民族优秀传统文化和古老文明的保护、传承造成一定消极因素和负面影响。特别是，那些人口少、经济又不太发达、自身正经历跨越式发展阶段的少数民族农村牧区，受当下经济社会快速发展及以科学技术为核心的现代化文化与文明的强烈冲击，他们的古老而优秀的传承文化与文明逐渐很快走向濒危或严重濒危。这一现象的出现，引起了国家高层和各有关部门的高度重视，进而出台一系列保护、传承和弘扬少数民族优秀传统文化的政策法规，强烈呼吁将少数民族优秀传统文化的抢救保护、挖掘整理、发扬光大等工作科学融入文化强国战略，强有力推动民族地区经济、社会、文化建设。习近平总书记在他的文化强国战略思想中多次提到少数民族优秀传统文化占有的重要地位，包括挖掘整理，抢救保护，发扬光大少数民族"格萨尔""江格尔""玛纳斯"三大史诗中的战胜一切艰难险阻追求美好生活的信念和意志的重要意义。此外，中央在新农村新牧区建设中，反复多次明确提出"在新农村建设中一定要保护好民族特色和地方特色"，并将民族民间优秀传统文化的抢救和保护列入新时代新农村新牧区建设的行动纲领。

在边疆少数民族地区，搞经济社会必须把本地区本民族文化建设融入其中，要把经济社会文化建设放在同等重要位置。当今，经济社会建设走向一体化，以现代科学技术为核心的现代文化四处延伸、无处不在的特殊时期，我们更加深刻而清楚地认识到，少数民族濒危的语言、优秀传统文化、古老文明的抢救保护、挖掘整理、发扬光大的紧迫性和重要性，以及该项工作本身所具有的历史性、现实性和未来性。严格意义上讲，如果我们在当今的经济社会建设和边疆农村牧区的现代化进程中，不主动自觉地保护已面临濒危的优秀传统文化和古老文明，那么我们就会不断地失去先民们一代又一代传承而来的更多的优秀传统文化、更加丰富多彩而各具特色少数民族文化遗产。事实上，远离大都市或繁华城镇，生活在遥远的边疆地区或偏僻的山林、农村、牧区或戈壁、沙丘地带的少数民族，却较完好地保存着他们从远古传承下来的优秀传统文化和古老文明。他们的这些历史文化和文明，具有很强的生命力和生存力，并有很强的独特性、多样性、丰富性和历史性，有其独到的文化价值、经济价值和社会价值。而且，涉及物质文化和精神文化的方方面面，是他们在特定自然环境、地理位置、地域范围、生产生活条件下，用共同的劳动和智慧创造的生存方式、生活理念、生命哲学。也是他们一代又一代传承下来的生产生活知识，是在特定自然环境下认识自然、解释自然和与自然界打交道的思维规则和思想原理。从这个意义上讲，他们的物质文化和精神文化，是该地区该民族弥足宝贵的文化财富，是支撑他们物质生活和精神生活的重要力量。我们必须充分而科学地认识，这些本土化的本地区本民族文化所积淀的深厚历史底蕴，以及所包含的特定价值和深远意义，紧密结合该地区该民族经济社会发展原理，因地制宜地不断开发利用和发扬光大。这对保护该地区该民族优秀传统文化与文明、建设新时代少数民族地区新农村建设，以及我国文化强国战略思想的具体实施均会发挥重要的推动作用。

中华人民共和国成立以来，在新中国建设历程中，党和政府一直把保护、传承、弘扬少数民族优秀传统文化和古老文明作为其中不可忽视的重要组成部分，并将其科学地融入我国经济社会建设的宏伟蓝图之中。在 20 世纪 50 年代至 60 年代，党和政府就在民族地区开展了民族传承文化大调查，甚至对个别民族地区开展过拉网式调查，收集整理了数量可观的传统文化第一手资料，出台过保护少数民族优秀传承文化的一系列政策法规，为我国各民族优秀传统文化的抢救保护做出了相当突出的成绩，进而对保护、传承、弘扬少数民族优秀传承文化发挥了十分积极的作用。接着在 20 世纪 70 年代末至 80 年代末的十年里，对包括少数民族乡村在内的优秀传承文化保存现状做过补充调查。在此基础上，搜集整理、分析研究、撰写出版了少数民族语言文字、优秀传承文化及古老文明等方面的大量书籍和丛书。这使我国少数民族生活的广大农村牧区的优秀传统文化的保护工作取得辉煌成绩。20 世纪 90 年代以后，国家又拨专项资金，组织民族历史文化专家学者，对边疆地区和偏远山村的少数民族传统文化开展再一次的全面、系统的实地调查研究，同样出版了以资料性和研究性相结合的民族历史文化、风俗习惯、宗教信仰等方面的书籍。该项工程一直延续到 21 世纪初，已取得了令人鼓舞的学术成果。例如，近些年，广西百色地区以布洛陀文化和瓦氏夫人文化等为核心，开展了本土非物质文化的全面挖掘、抢救、整理工作，收集到布洛陀经诗 31 本、故事 76 个、音乐录音带 122 盒、舞蹈素材 8 个、反映布洛陀文化的文艺作品 35 个等。其中就包括，壮族歌剧《土官妇》、壮族民间器乐

《布洛陀圣乐》以及壮族舞蹈《劈火》《踩花灯》《培花》《瓦氏出征》《酿》《竹筒曲》《过坎》，壮族歌曲《神秘的敢壮山》《敢壮放歌》等，还搜集整理出版了2300首被称为百科全书的"壮族嘹歌"歌曲等。另外，《壮族布洛陀口传史诗》还被立为国家非物质文化遗产项目，进一步拓展了我国少数民族"史诗"研究事业。此外，像《壮族敢壮山歌圩文化》和《壮族舞狮文化》等，被立为省级非物质文化遗产项目等。还有，百色地区每年举行以敢壮山旅游文化为中心的大型文化复兴活动，从而不断提高百色地区少数民族优秀传统文化和古老文明的知名度，以及它们的历史地位和经济社会地位。甚至是，一些少数民族乡村紧密结合新时代新农村建设，兴建了具有浓郁民族传统文化特色的文化乡村、文化广场、文化公园、文化博物馆、文化陈列馆、文化体育馆、文化文艺队、文化夜校、文化一条街、文化家庭、文化传承人等。所有这些，对百色地区濒危民族语言文字、优秀传统文化、古老文明的抢救性保护、挖掘整理、发扬光大发挥了重要作用。由此，一些乡村被上级部门评为少数民族民俗风情旅游示范点或农村文化旅游示范点等。从而，很大程度上推动了少数民族农村的语言文化保护工作，为少数民族乡村文化建设注入了强盛活力。

但由于民族语言和优秀传统文化的抢救保护工作涉及面非常广泛，许多民族又居住在边疆农村牧区或偏远山区、林区，所以在过去的工作中遇到诸多问题，在具体落实相关工作任务时也遇到不少麻烦和困难。但由于党和政府的强有力的支持，以及在人力和财力方面的持之以恒的大力投入，加上地方政府的积极参与和合作，少数民族地区乡村文化建设逐步迈入健康发展轨道，对本地区经济社会建设发挥了积极推动作用，也为世界性和世纪性的少数民族优秀传承文化保护这一伟大工程增添了浓墨重彩。不论怎么说，经过近70年艰苦卓绝的努力，我国少数民族广大农村牧区开展的优秀传统文化和古老文明的抢救保护、搜集整理、发扬光大工作已取得巨大成就。同时，为新时代社会主义新农村新牧区建设，以及将把我国建设成高度发达、高度文明的社会主义文化强国，积累了丰富的实践经验和丰厚的理论基础。特别是，南方民族在弘扬本民族优秀传统文化、打造本民族优秀传统文化品牌、建设传统文化与文明同现代文化与文明科学和谐融为一体的美丽乡村等方面取得的辉煌成绩，给其他正在进行新时代新农村新牧区建设的少数民族起到了表率作用，并给他们的本地区本民族文化建设注入了新的活力。

就如前面所说，少数民族相对集中生活的边疆山区、林区、牧区、农区及海岸和江河流域是我国民族传统文化保存最好的地方。一般来讲，少数民族生活的那些偏僻乡村的自然环境都相当优美，生存条件比较优厚，社会又相对稳定安宁，生活都比较富裕。但是，都远离繁华的现代化大都市或城镇，交通处于十分不便的状态，现代化生活设施设备不十分理想。虽然，对不少边疆少数民族乡村实施了现代化改造，使其生产生活中注入了许多现代化内涵，交通状况也得到一定程度的改善，同时少数民族语言的保护及优秀传统文化和古老文明的保护工作做得也不错，可是这项工程几乎只做到少数民族较为聚居的乡村，对于那些只有十几户或几十户人家的小村落或自然村还没有完全实施现代化改造。说实话，就是在这些人口不到百人或几十人的小村落有其浓郁的民族风味、民族风情、民族风俗习惯，民族语言也保持得较完整。这些地方也成为新时代社会主义新农村建设、小康社会建设的难点或难啃的硬骨头。所以，国家和地方政府下大力气，拿出一定人力和财力攻艰克难，计划将新时代现代化建设辐射到每一个偏僻村落，把一些少数民族村落整体搬迁到现代化生产生活设施设备完善、交通又十分方便的乡村或乡镇。不过，个别地区在这一划时代意义的新时代社会主义新农村新牧区建设中，出现了对少数民族语言文字使用及其优秀传统文化和古老文明的保护、传承、发扬光大等方面考虑不周全的现象。我们在强有力地推动振兴少数民族偏僻村落战略及可持续发展计划的时候，不仅要有大的方针政策和战略思想，也要充分考虑到少数民族自身发展所得物质文化与精神文化，根据不同地区不同民族实际发展情况要因地制宜、分类施策。也就是说，我们必须科学规划布局边疆偏远少数民族地区现代化建设和新农村振兴战略，要把生态文明建设和可持续发展放在首要位置，不能盲目而短期地蜂拥式发展，不能过分强调现代化建设而破坏少数民族地区生态环境和生存环境及优秀传统文化和风俗习惯，要堵住昙花一现式现象的出现。不论是在边疆偏远村落实施新时代新农村建设，还是将他们整体搬迁到现代化生产生活设施设备完善的乡村或乡镇，都要全面保障住房条件、垃圾处理、生活环境、生态环境、公共服务、医疗卫生、学校教育、就业养老等方面的实际需求。同时，要提供丰富多彩而有浓重民族风格的精神文化活动场所，满足他们日益增长的精神文化追求。在此基础上，还要充分发挥我国优秀而先进的民族政策法规，拿出专项资金深度开发利用少数民族本土化、本地化、本名族化的优秀传统文化，注入强盛的现代化、市场化、产业化、规模化、企业化内涵及营销理念，提高少数民族乡村振兴的内在动力，进而强有力地推动与少数民族优秀传统文化及生产生活融为一体的新时代现代化新农村建设。这也是实施本地区少数民族人力资源有效开发，提高少数民族地区经济发展水平，着力解决发展不平衡问题，推动少数民族全面发展和社会全面进步的根本问题。换句话说，在少数民族生活的边疆偏远村落，实施新时代现代化新农村建设中，要紧密结合少数民族优秀传统文化及其传统的生产生活，不断深度开发与少数民族优秀传统文化及传统生产生活密切相关的新兴企业和产业。这些举措，对于少数民族优秀传统文化和古老文明的保护、传承和发扬光大，以及少数民族人口素质的提高，少数民族的文化自信、文化自觉、文化自强都会产生积极影响和作用。反过来讲，在少数民族地区实施农村振兴战略、实施新时代新农村现代化建设时，一定要把少数民族语言和优秀传统文化古老文明的保护放在重要位置，因为这既是民族民间文化保护和抢救工程的重要组成部分，也是我国文化强国战略重要内涵。我们要充分发挥改革开放和新时代社会主义现代化强国建设、文化强国建设实践中获取的丰富经验，充分发挥优秀而先进的民族政策法规的精神实质和丰富内涵，着眼于各民族优秀而先进的文化与古老文明繁荣发展的美好未来，着眼于世界文化发展的前沿，不断发扬我国各民族优秀传统文化和各放异彩的古老文明。我国少数民族生活的广大农村牧区面对今天、面对未来、面对世界，追求新时代全新意义的现代化发展和积极吸纳当今人类的一切先进文化与文明的同时，还必须理性地面对我们的历史、面对本民族优秀传统的文化和古老的文明，使它们和谐、融洽、合理、科学地紧密结合，相互照映，共创灿烂辉煌。

总之，建设新时代少数民族现代化高度文明的社会主义新农村新牧区，以及实施我国文化强国战略思想，都离不开少数民族的优秀传统文化和古老文明，这是我国小康社会建设、实现中国梦的不可或缺的重要组成部分。尤其是，少数民族乡村日新月异地快速发展的今天，我们更应该懂得抢救和保护濒危或严重濒危的优秀传统文化和古老文明的必要性和重要性。同时，应该清醒地认识到，抢救和保护少数民族濒危或严重濒危优秀传统文化及其古老文明，也是贯彻落实党的优秀而先进的民族政策法规具体体现，也是实现少数民族边疆偏远农村牧区经济、社会、文化协调可持续发展，全面建设新时代社会主义新农村新牧区的重要举措，是构建和谐社会和具体实施文化强国战略的重要内涵。特别是，对于那些人口较少民族的语言和优秀传统文化，在新时代社会主义新农村新牧区建设中是重点保护的对象。我们相信，在国家和各有关部门、民族地区各级政府的积极努力下，少数民族濒危或严重濒危的独具风格的语言文字、优秀而丰富多彩的传统文化、古老而灿烂耀眼的文明，能够科学地融入新时代社会主义新农村新牧区建设，从而借助现代化建设有利时机充分发挥新的活力和新的生命力，为我国文化强国战略的具体实施做出新的贡献。

第四节　濒危民族语言保护思路与对策

我国少数民族语言的使用情况，目前大致分为三个层面：第一个层面是在中国共产党全国代表大会、全国人民代表大会、政协全国委员会会议等党和国家的重要活动中都必须使用的蒙、藏、维、哈、朝、彝、壮等民族的语言；第二个层面是主要在自治区、自治州、自治县（旗）各级民族自治地区的政治、经济、文化、学术活动中使用的民族语言；第三个层面是在人们的日常生产生活中使用的民族语言。当然，对于严重濒危的民族语言来讲，只有至今能说母语的极少数人在使用。显而易见，我国使用人口极少、使用范围极其有限的严重濒危民族语言的社会使用功能正在日益减弱。伴随我国少数民族地区经济社会的快速发展，高科技信息、网络、媒体语言的不断普及，少数民族濒危或严重濒危语言还会不断增多。这不只是我国的人口少数民族面临的问题，也是全世界所有人口较少民族或族群共同面临的问题。处于这一特殊历史发展阶段的我们，必须站在全人类的角度以及人类命运共同体的高度科学认识，人类语言和语言资源的不断减少，给人类的思维空间、思维资源、思维模式，包括人的思想世界、开发智慧带来的不可弥补的严重损失。如同前面所说，人类丢失一种民族语言，就等同于丢失了一种文化，失去了一种特定自然环境、地域范围、地理位置、社会条件、生产生活活动中创造的一种文明、一种独特的思维方式及声音和符号系统。那么，人类对世界的认识就会变得不完整不完美，人类的大脑深处就会出现一个个空白与黑洞，久而久之人类的大脑就会成为没有强大而有生命力的记忆，没有丰富的语言资源和思维空间的产物。所以，我们一定要从长远着想，用最大的努力共同保护濒危或严重濒危的民族语言。

我们认为，保护濒危或严重濒危民族语言有以下几点重要意义。

一是，我国濒危或严重濒危民族语言的保护工作，已成为世界非物质文化保护的重要内容，也成为保护世界文化多样性的重要组成部分。我国丰富多样的民族语言是探索和科学阐释人类思维空间、思维世界、思维方式、思维资源，以及探索和追溯人类历史文明的起源、发展规律、未来走向的极其宝贵的财富。尤其是那些使用人口少、具有特殊的历史文化与文明价值民族语言的保护，人类对于未知世界的深度接触、了解和科学探索具有很强的学术价值。更能够体现出不同时期具体落实"科学发展观"、构建"和谐社会"的重要内容。

二是，我国濒危语言或严重濒危语言的保护工作，已成为世界濒危或严重濒危语言保护工作的一种范例。中华人民共和国成立以来，国家和政府为了保护少数民族语言，特别是为了保护人口较少民族濒危或严重濒危语言，以及保护使用人口较少民族的濒危或严重濒危语言，做了大量深受少数民族同胞欢迎的艰苦卓绝的努力和工作。同时，为了保护、传承、发展少数民族语言出台了一系列的政策法规，采取了一系列行之有效的重要措施。真正意义上实现了民族平等与民族团结，以及各民族之间互爱互敬互尊互助，共建幸福美丽的家园，共同繁荣发展的美好心愿。毫无疑问，所有这些充分展现出了我国优秀而先进的民族政策，也是对外宣传我国民族政策法规的优秀性、先进性、科学性的重要内涵。

三是，语言作为具有代表性的一种文化现象，它的多样性和丰富性代表并体现出我国少数民族文化的多样性和丰富性，也代表并体现出一个国家和政府的执政理念、执政能力、执政水平，也毫无怀疑地展示出这个国家的文明程度。不同的少数民族语言代表的是不同的民族的历史文化与文明，以及不同的思维方式、不同的声音系统和大脑中储存的符号系统。在人类生存的星球上，民族语言越多我们的文化世界越丰富，文化资源就会变得越丰厚，多种民族语言并存是我们今天人类的福音。也就是说，民族语言越多，我们的思维空间变得越加广阔，思维方式变得越发丰富多样，大脑变得越发活跃、聪明和智慧。这也是联合国教科文组织以及世界各国越来越重视濒危或严重濒危语言保护工作的根本宗旨。联合国教科文组织这些年先后公示和颁布了一系列包括民族语言在内的人类非物质文化遗产国际公约、决议案、政策法规，呼吁全人类负起责任，拿出实际行动和举措保护濒危或严重濒危民族语言。因为，语言与其他文化遗产不同，是不可复制、不可再生的文化遗产。特别是20世纪80年代以后，保护濒危或严重濒危民族语言已经成为国际性热门话题。联合国教科文组织还把1993年称为抢救濒危语言年。中华人民共和国成立以来，我国政府一直把保护民族语言作为执政纲领的一个重要组成部分，并做了大量的调查研究、搜集整理、抢救保护工作，还办过不同类型、不同规模、不同层级的民族语文培训班。我国各民族都有使用和发展自己语言的自由，这不仅是我国宪法赋予少数民族使用母语的权利，同时充分体现出了保障少数民族经济社会发展和基本人权的制度优越。毋庸置疑，这使我国民族语言保护政策法规，更加适应少数民族使用母语的权利与需求，使我国少数民族在语言文字的使用、风俗习惯的传承、宗教信仰活动，以及政治生活和推动本民族经济社会发展等诸多方面都享有了平等权利。

四是，对于濒危或严重濒危语言的抢救保护工作，不仅能够充分体现出国家和各有关部门，包括社会各界对少数民族语言的尊重和重视及其关心与关爱，也对这些语言的生存、使用、传承和发展提供了各方面的有利条件和因素，优化了这些语言的社会环境。还可以充分利用濒危或严重濒危语言抢救保护工作实践，培养少数民族语言田野调查、语言资料的搜集整理和分析研究人员，以及本民族的语言保护工作者和母语传承人。让他们自觉、主动、积极地参与到本民族濒危或严重濒危语言抢救保护工作中，开展更加全面、系统、扎实、细致、有效的母语调研，开展更加深入人心、更有广泛和实际意义的母语保护，以及如何更好地维护少数民族语言权利等方面的宣传教育工作。毫无疑问，这也是增强少数民族濒危语言活力，延缓少数民族严重濒危语言消亡速度，维系少数民族母语情感、母语认同、母语需求、母语使用权利的最好表现。保护少数民族濒危或严重濒危语言，也是保护用不同民族语言和谐构成的语言社会、语言生活的有力措施。此项工作，对民族团结和维护国家稳定，以及向全世界展示在国际人权斗争中争取到主动地位有重要影响。

　　五是，语言多样性的保护同文化多性保护紧密相关。任何一种语言是该民族取之不尽的文化宝库和文化宝藏，保护好一个民族的语言，就等于保护了我们取之不尽的文化源泉和文化资源。语言是文化的载体，它承载并传递一切文化信息、文化要素、文化内涵、文明历史，就像汉语言文字承载并传递五千年的文化与文明一样，不同民族语言同样承载着不同民族不同历史岁月的不同文化与文明。同时，不同民族语言是维系人们本民族文化认同和民族认同的核心内容，进而无可怀疑地成为人们民族文化认同和民族认同重要标志。一个民族真正意义上完全失去了本民族语言，某种意义上讲就意味着失去了本民族古老文明与远古的"精神家园"。正因为如此，各少数民族对本民族语言都有特殊情怀与情感，进而成为维护民族文化认同和民族认同的核心要义之一。尤其是，对于那些没有文字的民族而言，对于那些语言面临濒危或严重濒危的民族而言，母语显得何等重要和珍贵，因为其中承载着该民族优秀的文化与文明，承载着悠久的历史。在我们实施文化强国战略的今天，保护濒危或严重濒危民族语言更加体现出它的重要意义。

六是，我国濒危语言或严重濒危语言的保护工作，对维护我国丰富多样的语言社会、语言生活、语言交流有十分重要的现实意义和长远的历史意义。中华人民共和国成立以来，国家和政府从我国民族众多及民族语言多样性实际情况出发，制定了一系列行之有效的民族语言使用、传承、保护、发展的政策法规，并在民族自治地区强有力地全面贯彻落实，从而维护了少数民族语言使用、传承、发展的权利，增强了少数民族语言的活力和生命力，一定程度上缓解了少数民族语言濒危或严重濒危的状况，创造出了一个各民族语言平等使用的和谐、文明、团结、幸福的社会主义大家庭。与此同时，我们也理性地看到，以国际通用语言文字和国内通用语言文字为代表的高科技现代化产品不断普及，世界经济一体化进程不断加速的今天，民族语言的使用和传承、保护和发展面临着史无前例的挑战，这使濒危或严重濒危民族语言的保护工作显得更加重要。为此，我们必须秉持对历史负责、对未来负责的态度，进一步强化保护工作，并作为我国非物质文化遗产保护工作的不可忽视的重要内容，不失时机地推动各方面的工作，不断提升抢救保护工作的实际效益，建立健全少数民族濒危语言或严重濒危语言数据库、设立少数濒危或严重濒危民族语言保护特区。所有这些，对我国濒危或严重濒危民族语言的保护具有重要意义。

七是，保护少数濒危或严重濒危语言，一定要从宣传教育工作抓起，不断强化少数民族对母语的自觉保护意识，重视本民族语言的使用、传承和发展问题。同时，要深入扎实地开展濒危或严重濒危民族语言的抢救保护、搜集整理工作。要避免此项工作不求实效、流于形式，而且从少数民族孩童的母语教育抓起，改变在孩子们中母语教育的萎缩现象。其实，改革开放以后，在民族地区实施的濒危语言保护工作中，也启动了母语小学教学教育计划，受到了少数民族群众的欢迎和赞扬，同时产生了一定实质性效益，使少数民族让孩子们学习传承母语的愿望落到实处。更加可贵的是，孩童时期的母语教育及在小学的启蒙教育中安排或设定的母语教育，对于开发学生们的大脑和思维空间及智慧世界产生了积极影响，也为孩子们用双语接受文化知识教育，乃至接受多语教育和学习掌握国家通用语言文字创造了诸多便利条件和好处。毫无疑问，用孩子们最为熟悉的声音和语言进行启蒙教育，使他们不仅感到熟悉和亲切，更感受到学习的快活和兴趣，进而能够深度激发开发他们的大脑和智慧世界。在此基础上，进一步进行双语或多语教育，使他们更能够接受新的语言知识。

八是，众所周知，民族语言的保护，特别是少数民族濒危或严重濒危语言的抢救性保护，直接关系到我国民族语言政策法规，关系到民族团结和国家安全的大局。同时，关系到少数民族文化自信、文化自觉、文化自强，关系到维护少数民族语言权利的问题。同样，关系到振兴少数民族文化产业事业，以及少数民族地区经济社会的繁荣发展等重大问题。所以，我们必须进一步强势推进民族语言文字保护工作，尤其是进一步强化濒危或严重濒危语言的抢救保护工作，使此项工作能够更好更理想地落到实处，从而使我国各民族语言在更加和谐、文明、稳定、团结的生活环境中，为我国新时代社会主义文化强国建设做出更大更辉煌的贡献，同时为语言多样性的人类美好未来发挥积极推动作用。

第三章

东北人口较少民族濒危语言文化的保护与传承

  我国东北有史以来就是多民族相互交融、多种民族文化相互辉映，拥有悠久、丰富而博大的历史文明的肥沃土地。从地理位置及其地理范围来讲，南部和西南部通过渤海、黄海及日本海分别与山东半岛、朝鲜半岛和日本列岛相望，东则沿黑龙江和乌苏里江同俄罗斯远东地区相接，西边越过大兴安岭与蒙古草原接壤，西南越过燕山山脉与华北平原北部广袤地区相连。其行政辖区包括辽宁省、吉林省和黑龙江省及内蒙古自治区东部地区。但是，历史上的东北地区要比现在大得多，可以延续到东北亚诸多地区，包括俄罗斯西伯利亚和远东地区。在东北广阔而肥沃的土地上，生活过东胡、山戎、乌桓、鲜卑、柔然、契丹、室韦、濊貊、索离、扶余、高句丽、肃慎、挹娄、勿吉、靺鞨、女真、突厥、蒙古、满族等诸多民族和族群。后来，随着我国东北历史文化与文明的不断，历史上的那些民族或族群使用的语言分别发展演变为现在的汉、蒙、满、锡伯、朝鲜、达斡尔、鄂温克、鄂伦春、赫哲等东北诸民族语言。除此之外，还有塔吉克、俄罗斯等民族及它们使用的语言等。事实上，东北地区的原住民，比我们在上面提出的那些民族或族群多得多。其中一部分民族或族群，在早期的迁徙活动中，或受特定历史时期重大战争或战役的需要，整体迁移到我国南方或其他地区。他们在历史上使用的语言，也不只局限于我们现在所掌握的那些民族语言，或许要比现在东北各民族使用的语言多得多。不论怎么说，我国东北地区是人类早期文明的摇篮，有着极其复杂、多样、丰富、厚重的不同民族历史文化与语言文字。所以，我们说，东北地区有史以来就是一个多民族语言相互交流、多民族文化相互交融、多民族历史与文明相互渗透的和谐美丽的土地。

人类走入21世纪，东北各族人民用全新的思想理念投入新时代经济社会建设。并经过不屈不挠不懈的努力，把这片富饶的土地建设得越来越美好、越来越幸福。而且，不同民族间的接触、沟通、交往变得日益深入、广泛和频繁。特别是，受现代化科学技术革命的强有力影响，以及国内外通用语言文字的不断推广和不同程度的影响，东北各民族用共同劳动和智慧创造的优秀传统文化和文明，包括他们使用的语言文字受到不同程度的影响和冲击，进而出现不同程度的濒危现象，甚至一些民族语言文化已出现严重濒危状态。好在，人们自觉而强烈地感受到，对东北少数民族濒危或严重濒危语言文化抢救保护的必要性和重要价值。在这一特定历史时期，以及经济社会快速发展的现实面前，东北少数民族在国家和各有关部门强有力的支持和帮助下，对濒危语言和优秀传统文化的抢救保护工作采取了一系列行之有效的举措，进而对更好更理想地保护本地区多民族、多语言、多文字及丰富多样的文化现状发挥了重要作用。

根据2000年人口普查资料，东北的少数民族人口有满族7915190、朝鲜族1796786、锡伯族147660、蒙古族1323493、回族715030、达斡尔族127180、鄂温克族29102、鄂伦春族7527、俄罗斯族5499、赫哲族4236、柯尔克孜族1678等。东北少数民族中，满族是在我国东北属于人口最多的少数民族，人口数量达到800万以上，但满族语言文化已进入严重濒危状态，满语使用者不到10人，进而成为严重濒危语言；人口不到一万、没有本民族文字、语言文化处于严重濒危的有鄂伦春语和赫哲语；人口较少而语言文化处于濒危状态的有达斡尔族和鄂温克族。在下面，作为讨论对象，我们分别分析濒危的达斡尔语和鄂温克语，以及严重濒危的满语、鄂伦春语及赫哲语。在这里应该进行说明的是：朝鲜语言文字使用人口还保持在150万以上，该民族语言文字及其传统文化不属于濒危，所以在下面的分析中不涉及朝鲜语言文字；东北虽然有一定人口的回族，但现在的回族没有本民族语言文字，他们都通用汉语和汉文。因此，在东北少数民族濒危语言文字的讨论也不涉及回族使用的语言文字。在东北生活的俄罗斯人和柯尔克孜人虽然也属于我国人口较少民族范畴，可是国外有俄罗斯和吉尔吉斯斯坦共和国，在各自国家俄罗斯语言文字和吉尔吉斯语言文字均作为通用语广泛使用。那么，从严格意义上讲，不能把这两种语言划为濒危或严重濒危语言范畴。其实，像鄂温克族、鄂伦春族、赫哲族在俄罗斯西伯利亚及远东地区也有不少，但他们的语言文化也都处于濒危或严重濒危状态。还有，东北的原住民锡伯族，在东北已经失去了母语和本民族语言的使用功能，都改用了汉语言文字。只有在清代乾隆年间西迁至新疆伊犁地区的锡伯族至今使用本民族语言文字，对此我们在另一章展开全面分析。也就是说，在这里我们着重讨论，语言文化处于严重濒危语言状态的东北原住民达斡尔语、鄂温克语、鄂伦春语、赫哲语、满语的基本情况。

第一节 濒危的达斡尔语

达斡尔（DAGUR）语属阿尔泰语系蒙古语族语言。使用该民族语言的人，基本上生活在我国东北，主要在内蒙古自治区[①]呼伦贝尔市和黑龙江省齐齐哈尔及其附近沿嫩江支流一带地区。不过，除了东北之外，也有一小部分达斡尔族在清代同鄂温克族戍边到了新疆的塔城，但那里的达斡尔族人口不多。绝对多数还是生活在东北，内蒙古呼伦贝尔市还有莫力达瓦达斡尔族自治旗，这也是我国唯一的达斡尔族旗（县）。该旗成立于1958年，位于内蒙古呼伦贝尔市东南部，地处大兴安岭东麓中段、嫩江西岸，东与黑龙江省嫩江县和讷河县隔江相望，西南与阿荣旗、黑龙江省甘南县为邻，北和西北与鄂伦春自治旗相连。全旗南北长120公里，东西平均宽约70公里，总面积为13800平方公里，占呼伦贝尔盟总面积的5.51%。辖区内有10个乡镇220个行政村，有达斡尔、鄂温克、鄂伦春、汉、蒙

---

① "内蒙古自治区"以下简称"内蒙古"。

古、满、朝鲜、回等 17 个民族的约 23 万人口。其中，作为主体民族的达斡尔族有 3 万多人口，占总人口的 13％左右。该旗土壤肥沃，是东北温寒带地区理想农田基地，正因为农业和第三产业比较发达，所以外来人口占比相当高。汉族占全旗总人口的 85％左右，并聚居于该旗的尼尔基镇及其博荣、汉古尔河、兴仁、兴隆、太平、宝山、乌尔科、扎如木台、卧罗河、坤密尔提、西瓦尔图、塔温敖宝、登特科、额尔和、红彦等乡镇。因达斡尔族优秀传统文化的挖掘整理工作有一定成效，包括民间歌舞、体育运动、服饰、饮食等传统文化开发利用得比较好，加上人文景观独具特色和旅游资源丰富，有风情独特的中国达斡尔民族园、达斡尔民族博物馆、历史悠久的金界壕、风景秀丽的莫力达瓦山及萨满山，还素有"大豆之乡""曲棍球之乡""歌舞之乡"美誉等因素，每年吸引数以万计的游客到此旅游观光。

我国早期历史书籍及文献资料里，对于达斡尔这一族称有过"达斡尔""达呼尔""打虎儿""达瑚里""打虎力""达呼里""达古力""达乌里""达乌尔"等诸多汉字转写形式。在 1953 年，按照达斡尔族共同心愿，把 DAGUR 这一民族称谓用汉字统一为"达斡尔"，同时把该民族使用的语言确定为"达斡尔语"。就如前面所叙述的，东北达斡尔族有将近 13 万人，其中使用或懂母语的约有 78000 人，约占总人口的 68％。此外，在东北与达斡尔族长期共同生活的汉、蒙古、满、鄂温克、鄂伦春等民族，以及朝鲜和回族中也有一些懂达斡尔语的人。如此一来，在东北使用达斡尔语的人口达到 10 万左右。达斡尔族有语言，没有本民族文字。所以，适龄儿童从幼儿时期学汉语文，达斡尔族小学生也是从小学一年级开始，通过汉语文学习掌握文化知识。不过，也有一小部分达斡尔族幼儿或小学生从蒙语幼儿园或上蒙语文教学的小学，学蒙语文和文化知识。

达斡尔语作为阿尔泰语系蒙古语族的语言，加上受蒙古语影响较大，还在清代受一定程度的满语影响，因此在该语言的早期词汇里借入相当数量的蒙古语借词和满语借词。根据调研，达斡尔语分布特哈与齐齐哈尔两大方言，以及分海拉尔与新疆两个小方言。（1）布特哈方言主要分布在内蒙古呼伦贝尔市莫旗、鄂温克族自治旗①和黑龙江省爱辉、嫩江、讷河、甘南等县；（2）齐齐哈尔方言主要分布在黑龙江省齐齐哈尔市、龙江县、富裕县和内蒙古呼伦贝尔市布特哈旗、阿荣旗等地；（3）海拉尔方言主要分布在海拉尔市区及周边的鄂温克旗等地；（4）新疆方言分布在新疆塔城市附近，但该方言区的达斡尔语同内蒙古莫旗达斡尔语较为相近。众所周知，新疆达斡尔族是清代乾隆年间从黑龙江分两批戍边来到伊犁地区，现已成为新疆13个世居民族之一，有6600余人口。从这一实际情况看，达斡尔族在居住上有大散居小聚居特点，并较为集中地生活在一个个自然村落，进而对于达斡尔语的使用带来一定便利，也为该民族语的保护、使用、传承营造了一定程度的特定语用环境。

　　达斡尔族不管处于聚居还是散居状态，几乎不同程度地掌握和使用本民族语言，而且，在他们生活区域内几乎与汉语一同作为通用语被使用。其中，母语使用最好、使用率最高的是达斡尔族中老年人，相比之下达斡尔族青少年的母语功能在不同程度地出现退化现象，这跟他们从小上汉语文学校，通过汉语文学习文化知识有关。正因为如此，达斡尔族青少年几乎无一例外地懂汉语，可以不同程度地用汉语交流。相比之下，在城镇或乡生活的青少年汉语水平都很高，包括幼儿也都会说汉语。达斡尔族的中年人也都掌握汉语，能够用十分流利的汉语进行交流。另外，达斡尔族老年人也都不同程度地使用汉语。这种现象在农区达斡尔族中比较突出，他们同汉族接触的机会多，说汉语的场面和社会语言环境也多，所以男女老少不同程度地懂汉语或用汉语进行交流。与此相反，生活在深山老林的达斡尔族自然屯的达斡尔族，以及生活在草原牧区达斡尔族聚居村的达斡尔族，虽然也接触相邻而居的汉族或蒙古族及鄂温克族语言而受到不同程度的影响，并掌握了这些民族的一些语言，但更多的时候还是使用母语，只是受上学的孩子们的影响及其广播电视中的汉语言影响偶尔说些汉语，更多的时候用母语交流。应该肯定的是这些达斡尔族聚居的自然屯或小村里的人都会说母语，且都说得不

---

　　① "鄂温克族自治旗"以下简称"鄂温克旗"。

错。不只是这些村屯的达斡尔族都会说母语，就是在这里生活的汉、蒙、鄂温克族等民族也都会说达斡尔语。嫁到这些村屯汉族或其他民族的妇女或到这里娶达斡尔族媳妇生活的汉族丈夫也都会说达斡尔语。用他们的话说，不懂达斡尔语根本就没有办法和他们进行深度交流，也很难实实在在地融入他们的特定语言社会及其生产生活。因为，在这些自然屯或小村里聚居的达斡尔族的绝大多数人，已不同程度地掌握汉语等民族语言，但他们在日常交流中更喜欢使用母语。不过，也有一些老人男性或年纪较大的妇女，略懂或根本不懂汉语，同他们只能用达斡尔语进行交流。在这里还应该提出的是，在20世纪50年代至80年代初，达斡尔族聚居的草原牧区，尤其是在内蒙古呼伦贝尔海拉尔周边地区生活的蒙古族和鄂温克族等民族，将达斡尔语作为一种较为重要的交流工具在日常生产生活中较广泛地使用过。到后来，被汉语或蒙古语取而代之。即使生活在草原牧区深处的达斡尔族村屯的人们，也逐渐不同程度地学会了母语之外的蒙古语、汉语、鄂温克语等民族语言。尽管如此，他们的汉语水平都不是很高，却具有很强的母语及蒙古语和鄂温克语会话能力，有的中老年人会说一口流利的蒙古语和鄂温克语。他们的孩子多数到近处的蒙语文授课学校，通过蒙语文学习掌握从小学到高中的文化知识。近些年，这一受教育现象产生了一定的内在变化。也就是说，达斡尔族聚居的村屯的人们把孩子们送到城镇里用汉语文授课的学校，通过汉语文学习掌握文化知识的实例越来越多，像过去送到蒙语文授课学校的越来越少。对此家长们的回答是，未来孩子们的发展需要更多的汉语文知识和外语知识，为此必须从小打牢汉语文和外语方面的基础知识。毫无疑问，家长们的这些思想意识，很大程度上鼓励孩子们从幼儿或小学时期，学习掌握汉语文知识或外语知识，反过来忽略了让孩子们学说母语。其结果是，这些在城镇住宿读汉语文学校的达斡尔族学生，没过几年就把母语忘得差不多，就是寒暑假回到母语环境下的自然屯或小村子里，也和父母说汉语而很少使用母语。小学生或中学生母语使用功能的逐年退化，以及汉语使用功能的不断强化，也很大程度上直接或间接影响家里人及其村屯里的人使用母语的语言环境。在这种情况下，还出现了达斡尔语和汉语混合使用的现象，甚至出现达蒙汉等多种民族语言混合使用的极其复杂的语言交流现象。这里所说的混合语，并不是指说母语就说母语或说汉语就全说汉语，更不是与不同民族的同胞交流时根据交流对象换用不同语言的现象，而是使用以达斡尔语、汉语、蒙古语及鄂温克语共同混合构成的一种极其复杂的混合语的语言交流形式。很显然，这种混合语，有的是由两个根本不相关的语言构成，有的是由三种或四种语言混合构成。有的混合语由完全不同的语系语言构成，所以语法现象比较混乱或者说根本不规范。当然，更多的时候，混合语的语法现象要遵从达斡尔语的语法原理。尽管混合语掺入的语言较多，语法现象也很不规范，但彼此还是能够达到交流的目的。这种语言交流形式的出现，同语言交流者所掌握的不同民族语言，以及所处的多民族语言交流环境，还有同他们的母语所经历的发展变化及其变迁等均有十分密切的内在联系。

比较而言，生活在汉族人口居多的内蒙古农区的达斡尔族，以及黑龙江省的达斡尔族受汉语影响较大，他们中的男女老少几乎都掌握汉语，日常生活中使用汉语的概率也比较高。像生活在达斡尔族散居区或者是生活在乡镇或城里的达斡尔族，无论在家庭还是在社会上汉语的使用率达到47%—56%，也就是说一半说母语一半说汉语。甚至一些达斡尔族家庭，受上学读书的孩子、汉族家庭成员、汉语播放的广播电视节目及电脑手机等诸多方面的直接影响，已经基本放弃了使用母语而完全用上了汉语。如果家里有老人，他们可以用简单不过的母语同老人交流，或者使用达汉混合语。由于老人们也不同程度地掌握汉语，所以孩子们用母语交流遇到障碍时，他们也使用汉语。在这些地方生活的中年人说汉语的机会较多，青少年几乎都使用汉语，很少使用本民族语言，有些青少年已丧失达斡尔语会话能力。

达斡尔族里参加工作的人们，除了草原牧区的乡镇或县城工作的人使用蒙古文或者是蒙古文和汉文并用之外，其他地区的达斡尔族，包括城镇、农区、林区的聚居区或散居区的达斡尔族，在工作中无一例外地使用汉文，不只是各级传达的各种文件材料和会议资料都使用汉文，而且他们向上级部门汇报的各种材料和报告也都用汉文撰写。从这个角度来讲，汉语文几乎是达斡尔族日常工作及行政业务工作中使用的唯一语言文字。我们在调研中发现，就是在草原牧区工作的达斡尔族也将过去使用的蒙古语言文字逐渐改为汉语言文字。换句话说，他们在工作中使用的汉语言文字的概率变得越来越高。与此相关，在达斡尔族聚居的乡村广播里说达斡尔语的概率有所减少的同时，达斡尔族生活区的电视节目与达斡尔族语言及传统文化密切相关的节目内容也不断减少。所有这些，自然而然对达斡尔族母语的使用产生了一定负面影响，使本来就进入濒危的达斡尔语的使用变得越来越少。过去，达斡尔族无论在街面还是在市场或各种社会活动中见了面都说母语，现在达斡尔语的这种社会交流功能也在不断减弱，包括中老年人在内使用汉语的场合变得越来越多。

在这里顺便简单说一说新疆伊犁地区的达斡尔族母语使用情况。在新疆生活已有二百多年历史的达斡尔族，主要居住于伊犁塔城城北的阿希尔、阿布都拉、查夏等乡，由于他们长期与哈萨克族和锡伯族杂居在一起，在生活劳动工作各方面均建立了极其复杂而深层次的密切联系，所以这里的达斡尔族都会说哈萨克语，甚至有些青少年或儿童只懂哈萨克语而不懂母语，其中，也有的掌握锡伯语和维吾尔语等民族语。不过，他们的汉语水平都不高，老年人或妇女及少年儿童中也有不懂汉语的人。他们对于作为母语的达斡尔语掌握得并不理想，几乎只有中老年之间使用母语，青少年很少说达斡尔语，他们更多的时候使用哈萨克语或汉语。上学的孩子们主要通过哈萨克语文或汉语文学习掌握文化知识。他们的家长或参加工作的人们，在工作中也都使用哈萨克文或汉文，工作中使用的语言也基本上是哈萨克语或汉语，很少使用达斡尔语。而且，在新疆的达斡尔族里，汉语言文字的使用范围不断扩大，汉语言文字的使用率也不断提高。

从整体上讲，达斡尔语从中华人民共和国成立到20世纪60年代中后期，得到了很好的保护、使用、传承和发展，达斡尔族母语使用率达到100%，加上相邻民族也不同程度地使用达斡尔语，使该语言的发展处于最好最理想时期。从20世纪60年代中后期开始，随着我国进入非正常发展历史阶段，达斡尔语的使用受到空前干扰和影响，从学校教学到各机关单位的工作中一律都使用汉语文，所有的广播、收音机、电视节目、报刊书本全部使用汉语言文字。汉语言文字的使用，在当时的历史条件下成为一种政治任务。其结果是，东北人口较少民族的达斡尔语的使用人口开始明显减少。到20世纪70年代末，也就是说到改革开放时，达斡尔语已经成为濒危语言，使用率从100%减到70%左右。改革开放的到来，给濒危的达斡尔语注入了新的活力和生命力，几乎达斡尔族生活的所有地区都兴起了学习母语的热潮，加上国家启动的一连串行之有效的少数民族濒危语言文字抢救保护工程，以及人口较少民族濒危语言文化抢救保护工作，使达斡尔族对于母语的抢救保护、推广使用、发扬光大等工作更有了起色和动力。例如，（1）达斡尔族聚居的乡村有了母语广播内容；（2）县级电视台的节目里，有了达斡尔语基础教育课程内容、达斡尔语故事讲座、达斡尔语新闻内容；（3）乡村学校里恢复了用达斡尔语进行辅助性教学等双语教学制度，保护达斡尔语及优秀传统文化的宣传内容和相关工作的报道；（4）成立了不同层级和不同学科类型的民间学术团体或研究会，先后召开了数十次富有成效的学术讨论，从不同角度、不同层面、不同理论方法，共同分析研究达斡尔族濒危语言和优秀传统文化的抢救保护工作，提出了许多极其宝贵的建设性意见和建议；（5）前后撰写并编辑出版了《达斡尔语话语材料》《达斡尔语读本》《达斡尔语会话本》《达斡尔语会话》《达斡尔语366句会话句》《拉丁文达斡尔语》《达斡尔语视频讲座》《达斡尔语教材》《达斡尔语音系实验研究》《达斡尔语简志》《达斡尔语概论》《达斡尔语词汇》《达斡尔语对照词汇》《达斡尔语分类词汇集》《达斡尔语词典》《达斡尔语图解词典》《达斡尔语和蒙古语》《达斡尔语汉语对照词汇》《达汉小词典》《汉达词典》，以及《中国达斡尔族民间故事选集》《达斡尔族民间故事选集》《达斡尔族英雄叙事》《达斡尔族风情》《莫旗卷》《达斡尔族历史文献资料集》等不同版本的诸多达斡尔语会话资料、会话句、教材、词汇集、词典及民间故事集，还有同亲属语言间的比较研究的成果和词汇比较，都对濒危达斡尔语的抢救保护、开发利用、推广使用产生了极其重要的影响和推动作用；（6）20世纪80年代以后，在达斡尔族生活区域，先后分期分批分级开办的达斡尔语会话训练班、学习班、短期班、速成班、培训班、强化班，对达斡尔语的学习使用发挥了不可忽视的积极推动作用;(7)地方各有关部门及各种民间学术团体或研究会主办的达斡尔族各种学术活动、文化宣传活动、文艺节目活动、母语会话活动及其母语水平考试活动等,在很大程度上激发了达斡尔族的文化自觉、文化自信、文化自强;(8)改革开放以后,从国家层面到自治区、再从自治区层面到地方政府,启动了一系列有关抢救保护达斡尔语及优秀传统文化的重大项目、专题性研究课题、一般性项目、阶段性研究课题等。从而对达斡尔族濒危语言文化的抢救保护、搜集整理、开发利用、发扬光大等产生了重要影响。

总而言之,改革开放以后的40多年里,通过以上提出的行之有效的工作,达斡尔族濒危语言文化的抢救保护工作取得相当了不起的成绩,该民族语言使用率从70%左右提升到80%以上。许多濒危或严重濒危的优秀传统文化得到很好地挖掘整理和发扬光大,并为达斡尔族地区经济社会建设,尤其是中央提出的文化战略思想的具体落实发挥了强有力的推动作用。然而,我们也不得不冷静地审视和思考,当今飞速发展的科学技术和现代化革命,为人口较少的达斡尔族语言及优秀传统文化带来的越来越多的影响。同时,应该充分考虑,让人口较少民族濒危语言及优秀传统文化,如何更加科学而有效地融入文化强国战略,从而获得新的活力和新的生命力,与时俱进地不断发挥新的作用等问题。在此方面,我们已经积累了相当丰厚的实践经验和基础理论知识,也对其他多民族国家和地区的民族语言文化的抢救与保护工作起到了表率作用。可以说,21世纪的今天,我国在全面实施现代化强国战略和文化强国战略的关键时期,我们应该从更高层面、更长远的视野、更加成熟的思想理论科学认识和阐释,我国各民族语言文化,包括人口较少民族的濒危语言及优秀传统文化的重要价值和意义。特别是,人类追求文化多样性的今天,我国人口较少民族的濒危语言及优秀传统文化具有的不同声音结构、符号系统、语法关系、交流方式、思维功能,以及其中包含的不同精神文化和物质文化,越来越多、越来越强烈地引起世人的关注和兴趣。正因为如此,我们应该更加努力地做好人口较少民族濒危语言及优秀传统文化的抢救保护工作。

第二节　濒危的鄂温克语

鄂温克族（EWNKE）是东北原住民，是东北古老的民族，在历史上整个东北，包括俄罗斯的西伯利亚和远东地区都是其先民的活动场所。鄂温克族是一个跨境民族，除了在我国东北的内蒙古呼伦贝尔大草原、大森林和广阔农村，以及黑龙江省的山林农村生活之外，在俄罗斯西伯利亚和远东地区、蒙古国及日本北海道的网走地区也有鄂温克族。国内的鄂温克族用汉语转写为"鄂温克"，俄罗斯西伯利亚和远东地区的鄂温克族用汉语转写为"埃文基""埃文"等，日本北海道网走地区的鄂温克人根据部族姓氏称谓写成"乌依勒塔人"，蒙古国的鄂温克人依据牧养驯鹿产业特点写成"查嘎坦"[①] 等不同。我国境内的鄂温克族在历史上还分别称为"索伦"[②]、"通古斯"[③]、"雅库特"[④] 等。1957年，把"索伦""通古斯""雅库特"等统称为"鄂温克"。

鄂温克语属于阿尔泰语系满通古斯语族北语支。我国境内的鄂温克族有32000人左右，主要生活在内蒙古呼伦贝尔鄂温克族自治旗[⑤]，以及陈巴尔虎旗、根河市、阿荣旗、莫旗、扎兰屯市等市县镇乡。另外，在黑龙江省的齐齐哈尔和黑河地区以及新疆伊犁地区也有一部分鄂温克族生活。鄂温克族

[①]　"查嘎坦"（chagatan > chaatan）是指"牧养驯鹿的人们"。

[②]　"索伦"（solon）是满语，指"顶天立柱"之意。在清代初期清军打江山时，由鄂温克族官兵组成的兵团勇猛善战，立下赫赫战绩。由此，清朝政府就将鄂温克族兵团称为"索伦营"，同时把"索伦营"的鄂温克族均称为"索伦人"或"索伦鄂温克人"，这就是鄂温克族"索伦"之称的来历。后来，因各大战役中鄂温克官兵死伤惨重，清朝政府给索伦营增补了来自东北的达斡尔族、鄂伦春族、巴尔虎蒙古人官兵。

[③]　"通古斯"（tungus）是鄂温克语，表示"清澈透明"之意。当时被称为"通古斯"的鄂温克人，由于历史上生活在西伯利亚"通古斯河"（清澈透明的河）岸边而得名。所以，俄罗斯人和突厥人就把"通古斯河"岸边的鄂温克人叫"通古斯人"或"通古斯鄂温克人"等，意思是说"生活在清澈透明的河岸的人"。

[④]　"雅库特"是突厥语，指"宝石"之意。"雅库特"是突厥人对于生活盛产宝石的"雅库特河"岸边生活的鄂温克人的他称。把这部分鄂温克人就叫"雅库特人"或"雅库特鄂温克人"。

[⑤]　"鄂温克族自治旗"下面简称"鄂温克旗"。"鄂温克"（EWNKE）是该民族的自称，意为"下来者"，应译为"从山林走向草原的人们"。

主要从事畜牧业和农业生产，生活在鄂温克旗、陈巴尔虎旗和根河市的鄂温克族经营牧场和畜牧业生产。其中，根河市林区的鄂温克族经营的是山林里自然牧养驯鹿畜牧业生产活动。不过，鄂温克旗也有一部分鄂温克族搞农业生产，种植温寒带地区的粮食作物。与此相关，生活在呼伦贝尔农区的鄂温克族，以及黑龙江省的鄂温克族基本上从事农业生产，经营农田，种植农作物。我国境内的鄂温克族没有本民族文字，但俄罗斯的鄂温克族有文字。鄂温克语是我国东北人口较少民族使用的濒危语言，也是鄂温克族使用的主要交流工具。鄂温克族里使用母语的人口占70%以上，同鄂温克族长期居住在一起的达斡尔族、鄂伦春族、巴尔虎蒙古人、沃鲁特蒙古人、布利亚特蒙古人及汉族，也都不同程度地掌握和使用鄂温克语。也就是说，鄂温克语是该民族生活区的较为重要的一种交流工具。不过，鄂温克族所生活的语言社会、语言使用环境的不同，几乎不同程度地掌握汉语、蒙古语、达斡尔语、鄂伦春语等民族语言。具体来讲，在牧区经营牧场，进行畜牧业生产的鄂温克族基本上懂蒙古语、达斡尔语和鄂伦春语，也不同程度地掌握汉语。生活在农区和林区的鄂温克族几乎都会说汉语，多数人还会说达斡尔语，只有一小部分人懂鄂伦春语和蒙古语。

东北的鄂温克族早年通过满语文学习掌握文化知识，从20世纪20年代中后期到40年代前期的近20年时间里鄂温克族还学过日语。所以，他们中80岁以上的老人中懂满语和日语的人有不少，至今还可以用满语或日语进行简单交流。与此同时，鄂温克族老年人也都不同程度地懂达斡尔语、蒙古语和汉语。不过，也有懂汉语而不懂蒙古语，或者懂蒙古语而不懂汉语及达斡尔语的老人。具体讲，居住在内蒙古呼伦贝尔地区的鄂温克族老人，几乎无一例外地懂本民族语，日常生活中他们之间基本上用母语交流，但如上面所说他们也不同程度地掌握其他民族语言。生活在鄂温克旗和陈巴尔虎旗纯牧区、从事传统意义上的畜牧业生产的鄂温克族老人均精通母语，不论他们之间还是和孩子们交流主要讲本民族语。另外，他们几乎都懂蒙古语，尤其是能够熟练掌握巴尔虎蒙古语、沃鲁特蒙古语及布里亚特蒙古语，也有不少老人懂蒙文、满文、日文。而且，有53%左右的老人会说达斡尔语和鄂伦春语。牧区的这些老人里，懂或会说汉语的人比较少，只占28%左右。他们跟蒙古人可以用蒙古语进行无障碍交流，遇到懂鄂温克语的蒙古族老人他们也使用母语，或者使用鄂温克语和蒙古语的混合语。懂达斡尔语和鄂伦春语的鄂温克族老人，同达斡尔人或鄂伦春人交流时使用达斡尔语或鄂伦春语的情况较多，更多的时候使用鄂温克语和达斡尔语，或者使用鄂温克语跟鄂伦春语混合而成的语言。同汉族用汉语交流的情况比较少见，无非从某一工作岗位上退下来的老同志，会用汉语进行交流。从这个角度来讲，牧区的鄂温克族老人用汉语同汉族交流或会话显得十分困难，一般需要孩子们做翻译。然而，与此相反的是，生活在城镇或农区及林区的鄂温克族老人，除了母语之外都不同程度地掌握达斡尔语、鄂伦春语及汉语，也有约17%的老人懂或略懂蒙古语。这些地区的鄂温克族老人相互之间虽然使用母语，不过也有用达斡尔语或汉语的现象。因为，他们中的80%以上懂达斡尔语和汉语，有20%的鄂温克族老人略懂或不懂达斡尔语及汉语。特别是在山林里自然牧养驯鹿的鄂温克老人，几乎都不懂达斡尔语，懂汉语的也没有几位，更不懂蒙古语。但他们会俄语，可以用俄语进行交流。在这种现实面前，山林里牧养驯鹿的鄂温克老人，几乎都用母语交流，并让懂汉语、蒙古语、达斡尔语、鄂伦春语的孩子们帮助翻译。在内蒙古呼伦贝尔和黑龙江省的农村农区生活的鄂温克族老人，由于长年与达斡尔族共同生活劳动，有90%以上的人熟练掌握达斡尔语，71%的老人懂或一定程度地掌握汉语。这种情况下，农区的鄂温克族老人同达斡尔族或汉族用他们的语言交流的现象较多。当然，在这些民族语言使用功能方面较差的鄂温克族老人，跟达斡尔族或汉族交流时让孩子们当翻译或使用混合语。在这里，还有必要指出的是，鄂温克族60—70岁的绝大多数老人，由于从小受汉语文或蒙语文学校教育的影响，基本上能掌握汉语言文字或蒙语言文字。相比之下，这一年龄段的鄂温克族老人读蒙语文的比读汉语文的要多。因此，他们在日常生活中更多地使用蒙语文，只有农区或林区的这一年龄段的鄂温克族使用汉语文。即使是上蒙语文学校、读蒙语文的鄂温克族老年人，在他们的小学及中学课程安排里均有汉语文课程内容，所以他们也都有一定程度的汉语文水平，同不同民族进行会话交流时，可以选择性使用不同民族语言。现在的鄂温克族里，随着老年人的不断减少，该民族母语使用人口也越来越少。

  鄂温克族中年人基本上接受过从小学到中学的正规教育，甚至接受过大学、研究生、留学生教育。而且，受教育的方式及途径，除了在国外留学的人员之外，在国内主要是上蒙语文学校或汉语文学校，通过蒙语文教学和汉语文教学，学习掌握了不同学年和不同门类的课程内容及文化知识。鄂温克族中年人中，从小上汉语文授课的学校、用汉语文学习文化知识的人占多数。相对而言，在牧区生活工作的这一年龄段的鄂温克族里，起初上蒙语文授课的学校的人多一些，后来有的改为到汉语文授课的学校读书。这种现象的出现，同我国改革开放以后鄂温克族地区经济社会的快速发展，汉语言文字的使用变得越来越广、越来越重要有关。那时的家长希望孩子们掌握更多的汉语言文字知识，在未来的生活与工作中得到更好的发挥。同时，牧区生活的鄂温克族中年人都懂母语并可以用母语进行十分理想的交流。他们还熟练掌握蒙古语和汉语，也有不少人精通达斡尔语或一定程度地会说鄂伦春语等。也就是说，牧区的中年鄂温克族之间基本上用母语交流，懂鄂温克语的其他民族同胞也喜欢使用鄂温克语，有时也使用鄂温克语和其他民族语言混合而成的语言。他们跟不懂鄂温克语的汉、蒙古、达斡尔等民族，也常常会用汉语、蒙古语、达斡尔语会话交流。他们跟鄂温克族老人都使用母语，和鄂温克族青少年尽量说母语，但和说母语不通或不懂母语的鄂温克族青少年，要用汉语或蒙古语进行交流。然而，在呼伦贝尔农区及林区或在黑龙江省生活的鄂温克族中年人，几乎无一例外地都从小学到中学或大学，通过汉语文教育学习掌握了不同时期的文化知识。所以，也都精通汉语，反过来不同程度地影响了对于母语的记忆和使用，在这些地区的鄂温克族中年人中，精通母语的人不到30%，一些人只会说简单几句或进行简单交流。他们和老人尽量说母语或使用鄂汉及鄂达混合语，有时干脆用汉语交流。该语区鄂温克族中年人之间，更多的时候使用本民族语同其他民族语言的混合语，以及使用达斡尔语或者汉语，用母语交流的现象变得越来越少，常常是起初说几句简单母语，然后就用汉语或达斡尔语交流。近些年，连说达斡尔语的场合也都变得少了，取而代之的是几乎都说汉语。他们在工作中使用的语言文字，或在各种会议、公共场合、市场集市上用的语言多数是汉语，偶尔使用母语或达斡尔语。这些地区的鄂温克族中年人，几乎都不懂蒙古语，日常生活和工作中也不使用蒙古语，同蒙古族主要用汉语交流。特别是在林区牧养驯鹿的鄂温克族中年人，使用母语的概率变得越来越低，一些人只能说几句母语，更多的时候使用汉语。由此可以看出，除了牧区的鄂温克族中年人，其他地区的鄂温克族中年人的母语使用功能在不断弱化，汉语化现象变得越来越严重。

　　鄂温克族青少年使用母语的概率更低，不论是牧区还是农区或林区，他们的母语知识水平变得越来越低。相比之下，牧区的鄂温克族青少年比农区和林区的鄂温克族青少年要好一些。也就是说，在牧区约有35%的鄂温克族青少年会母语。在农区和林区，会母语的青少年都不到9%，尤其是黑龙江省农区的鄂温克族青少年，基本上不会说母语，而且不会说达斡尔语和蒙古语等民族语，他们在家或在学校及其社会上都使用汉语。毋庸置疑，这跟他们从幼儿时期开始，直到小学、中学、大学，都在汉语文授课的学校读书，并通过汉语文学习掌握的文化知识有关。牧区的鄂温克族青少年中，有上蒙语文授课的学校学蒙语文的学生。但即使是上蒙语文学校，也都是蒙汉双语教学，学生们掌握蒙语文的同时，也会一定程度上掌握汉语文知识，进而成为蒙汉精通的鄂温克族青少年。有的青少年，由于父母都是鄂温克族，家里还有鄂温克族老人，家庭用语又是鄂温克语，因此也会说一口流利的母语，在家里同父母和老人经常用母语交流。但是这种情况并不太多，只有在纯牧区从事畜牧业生产的鄂温克族村屯才会见到。不过，牧区鄂温克村屯的青少年也会说蒙古语，还具备一定的汉语交流水平。对此他们解释说：一是在学校学蒙语文的同时也学汉语文，二是受汉语电视节目的影响，三是受手机微信电脑中使用的汉语之影响，四是社会上跟说汉语的同学朋友相互交流中受到的影响，等等。

　　在这里还应该指出的是，在鄂温克旗的广播电视节目里，也播放鄂温克语新闻、鄂温克语访谈内容、鄂温克语文艺节目、鄂温克语民间故事等；鄂温克旗乌兰牧骑的文艺演出节目里，也有鄂温克语民歌、鄂温克语歌舞、鄂温克语诗歌等；鄂温克旗图书资料馆内，也有鄂温克语简编教材、鄂温克语读本、鄂温克语会话资料、鄂温克语民间故事、鄂温克语词典，以及鄂温克族历史文献及文化资料等；鄂温克研究会每年还举办鄂温克语会话比赛、鄂温克语诗歌比赛、鄂温克族历史文化知识竞赛、鄂温克语能力测试、鄂温克语基础词汇测试等活动；鄂温克族聚居区的乡政府或村委会，用蒙古文或汉文传达完文件精神以后，也鼓励鄂温克族用母语进行发言或讨论；在旗县政府工作的鄂温克族干部职工之间尽量使用母语。所有这些，对鄂温克语的保护、使用、传承发挥了一定的积极作用。除了鄂温克旗，陈巴尔虎旗鄂温克苏木乡政府的鄂温克族干部职工及鄂温克族村村委会的鄂温克族，用蒙语文传达完文件精神，也经常用母语进行会议发言或讨论。当然，也有说蒙古语或鄂蒙混合语的现象。然而，很少用汉语发言。与此相反的是，农区或林区的鄂温克族乡村，开会时都用汉语文传达文件精神，会上的发言和讨论都使用汉语。偶尔会有年纪大一点的中年人或老年人用简单不过的母语进行发言的情况，也有人会说一两句达斡尔语。除此之外，几乎都用汉语讲话或会议交流。特别是，黑龙江地区的鄂温克族乡村，基本上使用汉语。在鄂温克族较为集中的乡村广播站，有时也说鄂温克语，赶上鄂温克族传统节日或喜庆活动时，乡村广播站会播放一些鄂温克族节目。其他时间里，或者说在平常的日子里，乡村广播站基本上播放汉语节目或蒙古语节目，只是偶尔播放些鄂温克语民歌或鄂温克语演出的节目内容等。

总而言之，鄂温克语濒危现象越来越严重，其主要原因是：（1）鄂温克族地区经济社会、科学技术的快速发展；（2）以汉语言文字为主的广播、电视、电脑、网络、手机的不断普及；（3）大的工矿企业的不断兴建，以及企业职工的大量涌入；（4）内陆地区的汉族移民的不断迁入；（5）鄂温克族同汉族建立的婚姻家庭越来越多，使作为家庭用语的鄂温克语被淡化和受冲击；（6）鄂温克族家长和孩子们越来越重视汉语文学习，孩子们到汉语文授课学校的人数逐年增多；（7）机关单位及乡村工作的鄂温克族干部职工越来越重视汉语文水平的提高，会议文件资料中越来越多地使用汉语言文字；

(8) 鄂温克族聚居区或散居区内，汉语的使用成为一种时尚和一种共识。毫无疑问，以上提到的这些因素，给已进入濒危状态的鄂温克语带来更多负面影响，使它的濒危现象变得更加严重。

就在这种现实面前，为了脚踏实地、求真务实地落实中央提出的文化强国战略思想，严格遵循文化振兴战略部署及宏伟规划，在国家和自治区各有关部门的大力支持，以及地方各级政府的具体指导和带领下，启动并实施了鄂温克族濒危语言及其优秀传统文化抢救保护一系列工程。特别是，针对我国改革开放的不断深入推进、新时代全新意义的现代化高科技产品的不断推广、鄂温克族地区经济社会的快速发展，给鄂温克族已进入濒危状态的语言及优秀传统文化带来了日益严重的冲击和影响，组织各有关方面的专家学者以及科研团队、研究机构的负责人，共同讨论如何更好地挖掘整理、抢救保护、使用并发展鄂温克族濒危语言及优秀传统文化等方面的学术问题。在此基础上，就如前面的分析中所提到的那样，做了不少行之有效的工作，包括在广播电视节目及文艺演出节目中进一步强化鄂温克语内容，以及在本民族文化节日节庆活动中鼓励本民族同胞使用母语，等等。另外，还采取了以下措施。（1）各级政府紧密结合文化振兴战略，先后启动"瑟宾节""敖包节""驯鹿节""冰雪节""太阳花""彩虹艺术""鄂温克歌舞""萨满文化"等为核心的弘扬鄂温克族优秀传统文化活动，打造鄂温克族文化品牌。（2）充分利用鄂温克语聚居区或散居区广播喇叭、电视节目、手机微信广泛宣传，鄂温克族濒危语言和优秀传统文化抢救保护的重要性和紧迫性。（3）区市县乡鄂温克研究会广泛开展不同层级、不同形式、不同内容的学术活动、学术交流、学术讨论。组织相关专家学者和民间人士，挖掘整理和抢救保护本民族濒危语言和优秀传统文化。（4）充分利用现代各种媒体，包括网络微信手机开讲基础鄂温克语课程，讲授鄂温克语会话内容，播放鄂温克语喜闻乐见的新闻报道，播放鄂温克语民间故事、鄂温克语民歌、鄂温克族传统歌舞，等等。（5）启动了"鄂温克族濒危语言文化抢救性研究""鄂温克族节日文化研究""鄂温克族'太阳花'文化抢救保护""鄂温克族濒危语言词汇搜集整理""鄂温克族方言土语资料搜集整理""鄂温克族会话资料搜集整理""通古斯鄂温克历史文化抢救性研究""鄂温克族驯鹿文化抢救性研究""鄂温克族萨满文化搜集整理和分析研究""鄂温克族历史文献资料搜集整理""鄂温克族历史人物海兰察研究"等国家、省部级、地方政府资助或支持的一系列重大重要课题研究，进而取得十分理想的学术成绩。(6) 在以上振兴鄂温克族优秀传统文化工作及课题研究的基础上，先后出版了《鄂温克语》《基础鄂温克语》《鄂温克语366句会话句》《鄂温克语谚语》《鄂温克族谚语谜语集》《鄂温克语词汇》《鄂温克基本词汇》《鄂温克族历史词语》《鄂温克地名考》《鄂温克语词典》《初级鄂温克语教程》《鄂温克语教程》《索伦鄂温克语词汇》《索伦鄂温克语会话》《索伦语基本列文集》《敖鲁古雅鄂温克语会话》《敖鲁古雅鄂温克语读本》《敖鲁古雅鄂温克语研究》《通古斯鄂温克语会话》《通古斯鄂温克语研究》《杜拉尔鄂温克语会话》《杜拉尔鄂温克语词汇》《杜拉尔鄂温克语研究》《讷河鄂温克语基本词汇》《阿荣鄂温克语》《得力其尔鄂温克语》《鄂温克语方言词汇》《鄂温克语三方言基础语比较》《鄂温克语简志》《鄂温克语研究》《鄂温克语参考语法》《鄂温克语语音形态论与名词形态论》《鄂温克语动词形态论》《中国鄂温克族》《鄂温克人》《鄂温克族精神文化》《鄂温克族物质文化》《鄂温克族教育文化》《鄂温克族狩猎文化》《鄂温克族桦树皮文化》《鄂温克族瑟宾节保护全录》《鄂温克族传统社会与文化》《黑龙江流域鄂温克族文化影像图集》《敖鲁古雅鄂温克族文化》《驯鹿鄂温克人文化研究》《敖鲁古雅鄂温克人》《鄂温克苏木的鄂温克人》《鄂温克语民间故事》《鄂温克语民间故事选》《鄂温克族民间文学研究》《鄂温克族神话研究》《鄂温克语民歌歌词（国际音标撰写）》《鄂温克民间艺术研究》《索伦长歌》《鹿鸣兴安岭》《鄂温克族萨满文化》《鄂温克族宗教信仰文化》《鄂温克族社会历史》《鄂温克族社会历史文化》《鄂温克族起源》《鄂温克族百年实录》《鄂温克卷》等有关鄂温克族濒危语言及优秀传统文化挖掘整理、抢救保护、分析研究的诸多科研成果。毋庸置疑，以上这些工作及其取得的成绩，对处于濒危状态的鄂温克族语言文化的抢救保护发挥了强大的推动作用。

第三节　濒危的鄂伦春语

鄂伦春族（OROQIAN—ORQIAN）也是我国东北的原住民。"鄂伦春"是该民族的自称，是在鄂伦春语名词 OROON "驯鹿"后面接缀从名词派生名词的构词词缀-QIAN "人""者"构成的名词 OROON QIAN > ORON QIAN > OROQIAN—ORQIAN "鄂伦春"，主要表示"牧鹿人"或"牧养驯鹿的人"之意。对于"鄂伦春"一词在史书上有过"俄尔吞""俄罗春""俄伦春""敖伦春"等汉字转写法。毫无疑问，这些都是 OROQIAN—ORQIAN "鄂伦春"一词的不同转写法。中华人民共和国成立后，将该民族族称定为"鄂伦春"之转写形式。鄂伦春族也是一个跨境民族，除我国境内的鄂伦春族之外，俄罗斯的西伯利亚和远东地区也有一定数量的鄂伦春人[①]生活，在俄罗斯的鄂伦春人还是经营山林中自然牧养驯鹿的传统生产活动。我国境内的鄂伦春族主要生活在1951年10月1日成立的鄂伦春自治旗[②]，而且，主要聚居在鄂伦春旗的阿里河和诺敏等两个镇，以及托扎敏、甘奎、古里3个乡。鄂伦春旗隶属于内蒙古呼伦贝尔市。另外，呼伦贝尔市辖区的扎兰屯市鄂伦春民族乡，以及黑龙江省黑河下辖的爱辉县与逊克县，大兴安岭地区的呼玛县和塔河县等地也有一定数量的鄂伦春人生活。据初步统计，我国东北的鄂伦春族有7500多人。鄂伦春族生活区域内，还有相当人口的汉族、蒙古族、朝鲜族、满族、回族、达斡尔族和鄂温克族等民族。尤其是，鄂伦春旗铁路沿线的甘河、大杨树、克一河、吉文、阿里河5个乡镇主要居住有汉族、蒙古族、满族、回族等民族，在诺敏镇达斡尔族居多。然而，这些地区主要用汉语进行交流。鄂伦春旗位于呼伦贝尔市东北部及大兴安岭东南坡，北以黑龙江省大兴安岭辖区的呼玛县伊勒呼里山脉为界，东边隔嫩江与黑龙江省的嫩江县相望，南面与呼伦贝尔市的莫旗以及阿荣旗接壤，西与呼伦贝尔市的

[①] 俄罗斯西伯利亚和远东地区生活的"鄂伦春人"也叫 oroonqian > oronqian > oroqian，用汉字一般转写为"奥罗奇""奥鲁其""埃文"等。

[②] "鄂伦春自治旗"以下均称"鄂伦春旗"。

额尔古纳左旗和牙克石市毗邻。也就是说，无论是生活在内蒙古呼伦贝尔地区的鄂伦春族，还是居住于黑龙江省黑河或大兴安岭地区的鄂伦春族，无一例外地生活在大、小兴安岭的山林地带。由于他们长期同汉族共同生活，所以受汉语言文化的影响比较大，汉语化或汉化现象比较突出。

鄂伦春族有本民族语言，没有本民族文字，所以适龄儿童都要通过汉语文学习掌握文化知识。也就是说，不论是呼伦贝尔地区的鄂伦春族还是黑龙江省的鄂伦春族，几乎无一例外地从幼儿时期，乃至上了小学和中学，都要上使用汉语和学习汉语拼音字母的幼儿园，以及汉语文授课的小学和中学，接受用汉语文教学的文化知识教育。这使本来就濒危现象日趋严重的鄂伦春语，很快进入严重濒危状态。

鄂伦春族，在中华人民共和国成立初期人人都会说母语，母语是他们的主要日常交流工具，老人和小孩包括中青年人都会说母语。在当时，只有一些上过学、读过书、接受过汉语言文字教育的鄂伦春中青年人会说汉语或蒙古语。而且，鄂伦春族普遍使用母语的现象一直延续到20世纪60年代中后期。在此之前，鄂伦春族男女老少在家庭、社会、商场及其他公共场所，甚至在工作单位里，都无一例外地使用母语。不只是鄂伦春族本民族同胞之间使用母语，甚至跟生活在鄂伦春地区并懂鄂伦春语的鄂温克族、达斡尔族、蒙古族和汉族也都会用鄂伦春语交流。从而，鄂伦春语成为该民族生活区的通用语之一。那时，鄂伦春地区有用蒙语文或汉语文授课的两种教学类型的小学。在内蒙古呼伦贝尔辖区内的鄂伦春族基本上读蒙语文学校，通过蒙语文学习文化知识。而黑龙江省的鄂伦春族主要上汉语文授课的小学，用汉语文学习文化知识。不过，在那时，不论蒙语文学校的老师中，还是汉语文学校的教员里，除了有精通母语的鄂伦春族教员之外，其他民族的老师们也都不同程度地掌握鄂伦春语，当孩子们听不懂讲课内容时老师们就用鄂伦春语进行解释。鄂伦春族学生之间都说母语，鄂伦春族学生跟其他区民族的同学之间使用鄂伦春语的时候多，不过也有使用蒙古语、达斡尔语或偶尔说两句汉语的现象。不同民族的学生各自之间，使用各自民族语的现象较多，像蒙古族和达斡尔族或汉族学生同本民族的同学间，经常用彼此熟悉的母语进行交流，他们在家里跟父母使用本民族语，在社会上跟本民族同胞也基本上使用母语。一直到20世纪60年代中后期，在鄂伦春族旗政府或其他行政部门工作的鄂伦春族干部职工，或在鄂伦春族聚居的乡镇政府工作的鄂伦春族干部职工，在工作中基本上使用汉语言文字，很少使用蒙文资料或文件，但他们用汉语文传达学习材料或文件精神之后，讨论时多数情况下用母语发言或进行讨论，汉语功底好或用汉语文读过书的鄂伦春族干部职工也有用汉语发言的时候。总之，直到20世纪60年代中后期，鄂伦春语的使用始终保持在十分理想的状态，虽然后来鄂伦春族生活区域内兴建诸多林场，来一批又一批汉族伐木工及其家属，由此鄂伦春族生活区说汉语的人越来越多，使鄂伦春族说汉语的机会越来越多，他们的汉语会话和交流能力不断得到提高，但也没有影响或动摇鄂伦春族使用母语，鄂伦春语还是作为本民族的一种重要交流工具使用于他们的日常生活与生产活动中。

在20世纪60年代中后期到20世纪70年代后期的十年里，受当时社会动乱及非正常发展的直接影响，鄂伦春语的使用和传承不仅没有受到保护，反过来鄂伦春语使用环境变得十分复杂和困难，进而鄂伦春语的使用受到极大的负面影响。其主要原因是，外来移民的不断迁入，以及林场职工、林业工人及其家属的大量增加，使鄂伦春族地区汉语使用人口迅速增多，汉语使用范围也变得越来越广，汉语使用率快速得到提升。与此同时，鄂伦春旗政府和各机关单位里，包括乡镇政府部门中，来了许多只懂汉语而不懂鄂伦春语或其他少数民族语言的干部和工作人员，他们在各种会议、传达文件、学习讨论时都要求鄂伦春族干部职工说汉语，用汉语发言和进行会议讨论。此外，学校里教学使用的全部是汉语文，加上从小学到中学的不同班级内汉族学生变得越来越多，由此直接影响了鄂伦春语在小学生和中学生中的使用。当然，也影响了鄂伦春族学生间的母语交流。加上鄂伦春人生活的社会环境里，在汉语几乎成为通用语言的情况下，孩子们也很快掌握了汉语，结果说母语的时候变得越来越少，甚至他们回到家里同父母或老年人也说汉语。当时，还出现的一种现象是，冲破鄂伦春族传统意识，他们的年轻人同汉族人谈情说爱、建立婚姻关系的现象变得越来越多，自然成为他们解决婚姻问题的一个较好途径和选择。这种现象的出现，虽然解决了人口较少民族鄂伦春青年男女面临的婚姻家庭问题，但同时他们的母语作为家庭用语开始受到冲击。因为不论嫁给鄂伦春青年的汉族媳妇，还是娶了鄂伦春妻子的汉族青年，绝大多数不会说鄂伦春语，或只懂简单的几句鄂伦春语，根本无法支撑夫妻间经常用鄂伦春语交流，或者长时间使用鄂伦春语。这种情况下，类似跨民族婚姻家庭的用语自然而然地变成汉语，夫妻间日常生活中都用汉语交流，后来有了孩子之后也无一例外地同父母说汉语。家里有老人的，女儿或儿子同老人尽量使用母语，但女婿或儿媳妇同公公婆婆或岳父母都说汉语，听起来很费劲或根本听不懂的时候，就让儿女们用母语进行解说或说明。久而久之，受作为家庭用语的汉语长期影响，特别是在同上学的孙子孙女们进行语言交流的迫切驱动和愿望下，老年人也学会了家庭用的简单汉语。那一特殊年代，在旗政府或各有关行政部门工作的鄂伦春族干部职工，包括在乡镇政府工作的鄂伦春族干部职工，日常工作、会议传达、学习讨论、相互交流时，基本上使用汉语言文字。只是偶尔，在特殊的语言环境里，他们才使用母语。而且，在他们生活区内播放的广播节目，包括各种宣传报道、会议通知、劳动工作安排、歌舞节目也都变成汉语。特别是黑龙江地区的鄂伦春族，在十年的时间里，他们的母语汉语化现象更为严重，青少年几乎都失去了母语交流功能，只有极个别父母都是鄂伦春人的家庭孩子勉强保留了一些母语口语。此外，他们的中老年人也不同程度地掌握了汉语，参加工作的中青年鄂伦春族基本上精通汉语言文字，反过来对母语变得比较陌生或会话能力明显减退。其结果是，从村屯到乡镇，鄂伦春语成为只在个别而特殊社会语言环境里鄂伦春族老年人间使用，以及一些本民族家庭成员间的家里使用的语言。其他情况下，他们都使用汉语。

我国改革开放之后，鄂伦春族濒危语言及优秀传统文化的抢救保护，成为地方政府和全体鄂伦春族同胞的一项十分重要的新的历史使命和工作任务。为了恢复即将失去的母语，抢救保护即将丢失的优秀传统文化与文明，在鄂伦春旗政府以及各有关部门的大力支持和各有关方面积极配合和协助，以及内蒙古及黑龙江鄂伦春研究会和全体鄂伦春同胞的共同努力下，鄂伦春族严重濒危语言及优秀传统文化的抢救保护工作取得了一定阶段性成果。主要体现在以下几个方面。(1) 鄂伦春族恢复了各种会议上本民族同胞之间用母语交流的工作氛围。(2) 鄂伦春族聚居的乡镇或村屯广播里开始播放鄂伦春语节目、鄂伦春语民歌、鄂伦春语节庆活动内容，用鄂伦春语通报相关事宜或工作安排及生产活动等内容。(3) 鄂伦春旗电视节目里也有了鄂伦春语新闻报道、鄂伦春语访谈、鄂伦春语民歌及歌舞表演、鄂伦春族传统文化及节庆活动的母语解说、鄂伦春语风土人情、鄂伦春族非遗传承人母语交流等内容。(4) 区、市、旗、乡鄂伦春研究会及相关民间组织，先后主办一系列富有成效的学术讨论会、学术活动、学术交流、学术专题报告，很大程度上提升了鄂伦春严重濒危语言和优秀传统文化工作的学术质量及学术内涵。尤其是在不同层级的讨论会上，鄂伦春族专家学者或参会人员用母语发言，在鄂伦春族中产生了相当强的积极的影响和作用。(5) 各级政府牵头举办的鄂伦春族优秀传统文化节庆活动，包括节庆活动中的鄂伦春语交流氛围、鄂伦春语会话节目、鄂伦春语口语比赛、鄂伦春语演讲比赛、鄂伦春语水平考试，以及鄂伦春族优秀传统文化的传承活动、鄂伦春族射箭比赛、用母语讲授鄂伦春族优秀传统文化、手把手地教孩子们学做鄂伦春族桦树皮及草木艺术品及传统生活用具活动、鄂伦春语民间故事的讲述活动、鄂伦春语丰富多彩的传统歌舞表演及文艺演出、鄂伦春族篝火晚会等，都对于鄂伦春语严重濒危语言和优秀传统文化的抢救、保护、使用、传承产生了极其重要的推动作用。(6) 通过这些行之有效的活动，不仅强有力地宣传了鄂伦春族严重濒危语言及优秀传统文化抢救保护工作的重要性和紧迫性，同时推选出一系列国家级、省部级、旗县级的鄂伦春族非遗保护项目，并培养和造就出一批十分出色且具有代表性的鄂伦春族非遗传承人。其中，就包括鄂伦春族国家级非遗项目摩苏昆长篇民间故事、赞达仁民歌、桦皮船精美制品、古伦木沓节、狍皮制作技艺等6项，省部级非遗项目34项，市级非遗项目9项，旗县级非遗项目12项，等等。还包括省部级非遗传承人5名、旗县级非遗传承人36名等。他们所传承的鄂伦春族优秀传统文化涉及音乐、曲艺、歌舞、舞蹈及手工技艺、民俗文化、口承文学、萨满文化等领域。他们不仅熟悉或能熟练掌握这些本民族的优秀传统文化,并肩负起了将这些弥足珍贵的优秀传统文化与文明的传授给后人的重要历史使命。进而,对本民族非遗保护传承各种方面发挥着越来越大的作用。(7)在国家和各有关部门的大力支持下,自从改革开放以后先后启动了"鄂伦春语严重濒危语言抢救保护""鄂伦春语非遗研究""鄂伦春族民间故事研究""鄂伦春族神话研究""内蒙古严重濒危鄂伦春语词汇搜集整理""黑龙江严重濒危鄂伦春语词汇搜集整理""鄂伦春语口语资料搜集整理""鄂伦春语口语语法资料搜集整理""鄂伦春语语音研究""鄂伦春语声学分析""鄂伦春语濒危现象研究""鄂伦春民间音乐、舞蹈、说唱艺术""鄂伦春族民俗文化研究""鄂伦春族传统节庆文化研究""鄂伦春族传统风俗习惯及礼仪研究""鄂伦春族传统手工艺技能及传承研究""鄂伦春族桦树皮文化研究""鄂伦春族兽皮制作技艺资料收集整理"等一系列国家级、省部级、地方市县级和个人选题项目,从而对鄂伦春族严重濒危语言和优秀传统文化的挖掘探索、搜集整理、抢救保护、传承使用、分析研究等方面发挥了不可忽视的重要作用。

改革开放以后,鄂伦春地区经济社会发生了历史性的巨大变化,科学教育文化事业取得了鼓舞人心的辉煌成绩。特别是,对于鄂伦春族严重濒危语言和优秀传统文化的挖掘整理、抢救保护工作进行得十分顺利,进而为该民族语言文化注入了一定活力。就如前面所说,在过去的40年里,为了挽救严重濒危的鄂伦春语及其优秀传统文化,确实开展了实实在在而有一定成效的大量工作,召开了数十次与此相关的工作会议和学术会议,启动了一系列课题研究项目。在此基础上先后出版了《鄂伦春语》《简明鄂伦春语读本》《简明汉语鄂伦春语读本》《鄂伦春语汉语对照读本》《鄂伦春语366句会话句》《鄂伦春语基本词汇》《鄂伦春语释译》《鄂伦春语简志》《鄂伦春语研究》《楠木鄂伦春语研究》《中国鄂伦春语方言研究》《鄂伦春民间故事》《鄂伦春族民间故事》《鄂伦春族民间故事"英雄格帕欠"》《鄂伦春民间文学》《鄂伦春民间文学选》《鄂伦春族民间故事集》《鄂伦春民间故事集成》

《鄂伦春族民间文学研究》《鄂伦春族神话研究》《鄂伦春族最后的传说》《山神脚下》《鄂伦春族审美文化研究》《鄂伦春原生态文化研究》《鄂伦春族桦树皮文化》《鄂伦春族风俗概览》《鄂伦春族风情录》《鄂伦春族服饰》《鄂伦春人》《鄂伦春族》《大兴安岭鄂伦春》《大兴安岭之王使马鄂伦春》《黑龙江鄂伦春族》《黑龙江鄂伦春研究》《鄂伦春手记》《鄂伦春族口述家族史》《绰尔河流域的鄂伦春人》《新生鄂伦春族乡志》《白银纳鄂伦春族乡志》《鄂伦春族游猎文化》《鄂伦春族游猎、定居、发展》《狩猎民族与发展——鄂伦春族社会调查研究》《鄂伦春族生存发展问题研究》《鄂伦春族百年实录》《鄂伦春卷》等科研成果。这些成果的出版，对鄂伦春族严重濒危语言和优秀传统文化的挖掘整理、抢救保护、永久保存，以及继续发扬光大等方面产生了重要影响和作用。尤其是，我国正在强力实施文化强国战略，提倡弘扬各民族优秀传统文化，在为建设强大的社会主义国家和实现中国梦而努力奋斗的关键时刻，鄂伦春族在严重濒危语言文化抢救保护方面取得的这些成果，为该民族的文化自信、文化自觉、文化自强注入了强大活力，也对本地区的文化建设、文化振兴事业，以及经济社会的快速发展均产生了现实而深远的影响。

第四节　严重濒危的赫哲语

　　赫哲（HEZHE）族是我国东北原住民，赫哲族使用语言就叫赫哲语，赫哲族也是一个跨境民族，除了在我国境内的赫哲族之外，在俄罗斯的西伯利亚和远东地区也有一定人口的赫哲族，但俄罗斯的赫哲族叫那乃人或那乃族。我国境内的赫哲族有语言没有文字，俄罗斯的赫哲族（那乃人）不仅有语言还有本民族文字，赫哲语属于阿尔泰语系满通古斯语族。赫哲族先民在先秦时归属于东北的肃慎族群，后汉、魏、晋时属挹娄部族，北魏时隶属于勿吉部，唐代属黑水靺鞨，隋朝时属黑水部，辽代时属阿里部、金代属兀底改或乌第赫，元代称兀者或叫兀者野人，明代初期叫野人女真或称赫哲喀喇、清代时称为黑斤或赫哲，民国时就叫作赫哲人。赫哲族在不同朝代、不同历史时期，虽然有过不同称谓或叫法，隶属过不同部族，但他们坚持认为本民族在历史上的称谓就是 NANAI "那乃"。赫哲语里 NANAI "那乃"一词是由 NA "那"和 NAI "乃"两个名词组合而成。其中，赫哲语里 NA "那"表示"地"，NAI "乃"则表示"人"。不难看出，由名词 NA "地"和 NAI "人"构成的合成词 NANAI "那乃"这一民族称谓，主要表示"陆地人"或"陆地上的人"的意思。这一说法，恐怕同他们的先民早年在海上从事渔业生产，并在海岸边的陆地生活的历史有关。后来，其中的一部分人迁移到我国东北的黑龙江、松花江和乌苏里江三江流域，但同样在江面上经营渔业生产。从这个意义上讲，赫哲族是我国东北温寒带地区古老而传统的渔业民族，他们不仅创造了三江流域的渔业文明，而且一直以来传承、发展、守护着这一独特独到独具一格的渔业文化与文明。他们的生活、传统文化与文明、语言交流和丰富的词语都离不开渔业生产活动。现在的赫哲族主要生活在黑龙江省佳木斯市的同江市街津口赫哲族乡和八岔赫哲族乡及双鸭山市饶河县四排子赫哲族乡，和佳木斯市敖其镇敖其赫哲族村、抚远县抓吉镇抓吉赫哲族村等乡村，东北赫哲族据不完全统计约有 5000 人。

赫哲族的先民似乎从 18 世纪初开始就生活在三江流域，主要在温寒带江域从事渔业生产活动，住的是江岸的土草房，穿的是鱼皮衣，吃的是各种江鱼肉，喝的也是各种味道的江鱼汤，主要交通工具就是江面用的鱼皮船，日常交流中使用话语内容或词语基本上跟渔业生产生活有关。正因为如此，在赫哲语里有相当丰富、系统、完整的三江流域渔业生产生活词汇。从这一点上我们完全可以说，赫哲语是我国寒温带地区三江流域渔业生产生活方面的百科全书。进而创造、发展和传承了我国东北寒温带地区三江流域的渔业生产、渔业文化、渔业文明、渔业历史。中华人民共和国成立后，我国在民族地区不折不扣强有力实施的优秀而先进的民族政策法规，使人口极少的赫哲族[①]在各方面得到特别照顾和扶持，包括母语使用及优秀传统文化的保护

---

① 1950 年该地区的赫哲族人口为 94 人，1958 年赫哲族人口是 133 人，而这年汉族人口增加到 222 人。

等方面均得到各级政府的特别关心、照顾和支持。也就是说，从中华人民共和国成立初期一直到20世纪50年代末，赫哲族使用母语的现象几乎保持在95%左右。由于这时已经出现同汉族建立婚姻关系的组织家庭，从而某种程度上影响了赫哲族母语的使用。不过，在中华人民共和国成立以后的十余年里，也有从内陆地区或附近乡村移民到赫哲族生活区的一些汉族或完全汉语化了的满族。然而，他们在同赫哲族朝夕相处的亲密接触，以及日常的会话交流、共同的生产生活实践中，很快都不同程度地掌握了赫哲语。同时，我们不得不承认，这些移民的到来，以及他们带来的语言，包括他们之间的母语交流或他们同赫哲族的汉语交流，反过来也影响了赫哲族使用母语的社会语言环境。到了20世纪60年代中后期，赫哲族地区的外来移民人口有了更大幅度的增加，这使汉语的使用面得到进一步扩大，汉语的使用率也得到进一步提升。还有，于1950年在该地区建的小学，实行的是全部课程用汉语文授课的教学制度，所以赫哲族学童从一年级开始学习使用汉语汉文，由此也一定程度上影响了赫哲族小学生们的母语学习和使用。由于赫哲族生活区人口不断增加，上级政府于1953成立的赫哲族行政村①基础上，于1963年新成立了第一个赫哲族民族乡，也就是现在所说的街津口赫哲族乡。这时，该乡人口总数达到3400多人，其中赫哲族人口有489人，只占总人口的14%，其他都是汉族人口或使用汉语的满族和朝鲜族人口。尽管此时的赫哲语已经成为濒危语言，但到20世纪60年代中后期，赫哲族母语的使用率还是保持在50%左右。

20世纪60年代中后期到20世纪70年代末的十几年里，受极左政治思想及社会动乱的直接影响，赫哲族生活的乡村同样受到很大冲击。一是汉族移民人口不断涌入，汉语言交流很快就成为该地区的通用语言。赫哲族不论

---

① 在当时就叫"街津口村"，事实上就是"赫哲族行政村"，也是"街津口赫哲族乡"的前身。也就是说，中华人民共和国成立后，于1953年成立了"街津口村"，1956年并村划乡时划归同江乡（公社）管辖，1959年改为抚远县辖区，1963年建立了街津口赫哲族乡，1966年重新划归同江县，1984年改为街津口赫哲族乡。该乡是我国唯一的赫哲族较为集中、赫哲族人口也属最多的赫哲族民族乡。

在工作单位还是在社会上，绝大多数情况下变成使用汉语。二是越来越多的汉族和赫哲族青年之间建立了婚姻关系、成立了家庭，进而这些家庭的日常用语很快都变成了汉语。三是在赫哲族地区的小学和中学无一例外地全部用汉语文讲课，老师们和学生们之间、同学和同学之间，包括赫哲族同学跟其他民族的同学之间，也都变成用汉语交流。四是由于从事渔业生产者不断增加，三江流域的赫哲族渔业生产出现不景气状况，甚至由于过度捕鱼和严重破坏江水鱼类繁殖期及幼苗的生长期，三江鱼类资源严重出现匮乏，渔业产业产量不断减少，进而从事渔业生产的许多赫哲族几乎达到破产的地步。在这种现实面前，许多赫哲族人不得不放弃传统渔业生产，开始同汉族农民合伙经营农业生产或养殖业生产活动。其结果是，赫哲族同汉族之间的接触及交往交流变得更加频繁和密切，他们在日常生产生活中几乎都用汉语交流。后来，除了赫哲族中老年人之间说母语之外，他们和孩子们或者赫哲族的孩子们之间也变成用汉语交流。而且，赫哲族的生产方式、生产内容、生产活动逐渐由传统意义上的渔业转为农业，农业生产成为赫哲族的主要产业，渔业和养殖业成为他们的副属性产业。换句话说，在这一极其特殊的十年里，赫哲族的婚姻关系、家庭结构、社会环境、学校教育、生产方式等产生了很大变化，使赫哲族的母语使用受到很大影响，他们中越来越多的人开始使用汉语言文字，使用本民族语言的人变得越来越少。再加上赫哲族和汉族间出现的越来越悬殊的人口差距，以及赫哲语使用人口与汉语使用人口间的悬殊差距，这从客观上说明了赫哲语使用所面临的困局，以及赫哲语所处的极其复杂而不利的社会语言环境。在这种现实面前，本来就人口很少的赫哲族的母语使用人口变得更少，几乎只有中老年人或家庭母语环境较好的青少年会说赫哲语，约有76%的赫哲族对于本民族语十分陌生，乃至到了失去母语使用功能的地步。很显然，这时的赫哲语已经全范围出现严重濒危现象。

改革开放之后，也就是从20世纪70年代末开始，我国拨乱反正回归正常发展的历史阶段，使赫哲族同全国各族人民一道开始了全新意义的新的发展历程。特别是强有力地实施了我国优秀而先进的民族政策法规，以及对于人口较少民族一系列优惠政策。与此同时，对于已处于严重濒危的赫哲族语言文化采取了行之有效的抢救保护措施。更为重要的是，紧密结合我国边疆乡村现代化新农村建设及小康社会建设，为了更好地推动文化强国战略，不断挖掘赫哲族优秀传统中包含的历史的、文化的、文明的价值，同当下的新时代社会主义文化与文明科学融合，进而为本地区本民族经济社会建设做出了令人鼓舞的突出贡献，也一定程度上缓解了赫哲族语言文化的严重濒危现象。改革开放之后的40多年中，赫哲族地区在严重濒危语言及优秀传统文化抢救保护工作取得的成绩，主要体现在以下几个方面。（1）按照中央的指示精神不折不扣地狠抓落实党的优秀而先进的民族政策法规，以及对于人口较少民族特殊扶持政策，使赫哲族重新享受到了各方面的优惠待遇，包括上学读书、就业创业、生产生活、住房待遇、医疗待遇、养老待遇等诸多方面的特殊政策和照顾。受其影响，过去由于怕受歧视而将民族成分改为汉族的赫哲族，又将自己的民族成分改了过来，过上了有自尊又体面的生活。（2）上级各有关部门和乡镇大力宣传赫哲族严重濒危语言文化抢救保护、使用传承、开发利用的重要性，以及对于本地区本民族经济社会建设和文化建设的重要意义，使赫哲族对于本民族语言及其文化有了更高层面、更加深刻、更为完整的认识，进而更加强化了他们的文化自觉、更加坚定了文化自信、更加提升了文化自强。（3）在地方政府的积极带动和引领下，赫哲族同胞齐心协力，共同努力抓紧时间恢复传统的渔业生产的同时，义无反顾地积极投身于本民族优秀传统文化的挖掘整理、抢救保护、发扬光大等一系列重大工程。比如，其中就包括创新性开发的三江各种鱼类产品、三江鱼类特色饮食服务业、风格各异而缝制独特的鱼皮衣物和服饰、制作精美而各具特色的鱼皮艺术品和鱼骨艺术品、制作各种各样的鱼皮生活用品、赫哲族萨满文化鱼皮用品等该民族传统文化开发利用。在此基础上，打造出赫哲族优秀传统文化产业园、产业基地、赫哲族文化村、赫哲族文化博物馆、赫哲族鱼皮艺术馆等。这些独具特色的赫哲族文化产品产业的不断开发，强有力地推动了赫哲族优秀传统文化品牌战略，给赫哲族严重濒危的优秀传统文化的抢救保护工作注入了相当强的活力和生命力，也取得了相当理想的阶段性工作成绩。同时，有计划、有步骤、有成效地推动了本地区第三产业，解决了赫哲族相当数量的中青年劳动力的就业和工作问题。(4) 以弘扬赫哲族优秀传统文化建设为主题,以赫哲族优秀传统文化产品的商业化与市场化开发为前提,开展的赫哲族优秀传统文化的抢救保护工作,很大程度上带动了本地区其他相关产业的繁荣发展。其中就包括,对以赫哲族三江流域自然景观和美丽渔民乡村观光旅游为主题的旅游产业、开办赫哲族渔民饮食住宿等传统文化为特色的旅店宾馆、赫哲族地方特色及三江流域渔业产品为主的商业服务业、温寒带黑土地农副产品的市场化开发,以及有浓厚地方特色的畜牧业产品和养殖业产品的商品化运营等,一系列相关产业发展都产生了相当积极影响和推动作用。(5) 在各有关方面的共同努力下,先后举办了一系列不同规模、不同范围、不同形式和内容的赫哲族优秀传统文化抢救保护、开发利用方便的短期班、培训班、专题班和学习班。这项工作的循序渐进地有计划有思路地推动,很大程度上提高了广大赫哲族民众的参与性与积极性,使该民族优秀传统文化的抢救保护工作更加具有群众性和普遍性及生命力。甚至出现不少以个人名义开办的赫哲族优秀传统文化服饰店、食品店、艺术品店、传统生活用具用品店、文化艺术展厅、微型展览馆、小型博物馆等。由此也推出了赫哲族优秀传统文化国家级、省部级和地方的优秀传统文化传承人等。(6) 为了抢救保护严重濒危的赫哲语,在地方政府和民间社团组织、民间团队及研究会的共同努力下,编辑刊印赫哲语初级教材和会话读本,培养了一些年轻的赫哲语口语教学人才。在此基础上,在赫哲族聚居区先后开办了多期赫哲语短期培训班和学习班,主要教初级赫哲语和赫哲语会话课程。参加这些班的学员除了赫哲族之外,还有汉、满、朝鲜等民族的赫哲语爱好者。与此同时,在街津口中心校等赫哲族学生较为集中学习的乡一级小学或初中,还开办了赫哲语及其赫哲族传统文化课程,其课程内容包括小学赫哲族语、初中赫哲族语、赫哲语会话、赫哲族民歌、赫哲族优秀传统文化、赫哲族传统体育文化、赫哲族历史文化、赫哲族传统文化特产及市场价值等。教员们讲课时使用自编教材《小学赫哲族语言》《初中赫哲族语言》《赫哲族传统体育活动内容课程》《赫哲族历史课程》《赫哲族地区特产介绍课程》《赫哲族民歌课程》《赫哲族文化课程》等。教学时,主要分成小学班和初中班两个班来上课，每周每个班上一次赫哲语课及赫哲族文化课。由于赫哲族小学生和初中生都精通汉语而不懂母语，所以为了赫哲语教学方便，教员们还用汉字标写赫哲语的发音形式。有时，校方还请老人教授赫哲族语言文化课程。所有这些，对于赫哲族青少年学习掌握严重濒危的母语产生了一定的积极影响。（7）在地方政府和赫哲族研究会的共同努力下，自从改革开放之后，主办了一系列振兴赫哲族严重濒危语言文化学术交流会、学术研讨会、专题性学术会议的学术活动。通过这些学术交流活动，对赫哲族严重濒危语言文化抢救保护工作献计献策，提出诸多极其珍贵又可行的对策建议，从而很大程度上提升了该民族严重濒危语言文化抢救保护工作的学术理论价值和意义。赫哲族研究会还不定期内部印刷《赫哲族研究通讯》，主要刊发本研究会专家学者有关赫哲族历史文化、经济社会、风俗习惯、文学艺术、宗教信仰、语言文字使用及其学会活动内容等。另外，地方政府和赫哲族研究会还先后举办了赫哲族传统文化节庆活动，开展了以赫哲族传统文化为中心的季节性旅游活动。在这些活动中，还安排用赫哲语编排的民间歌舞节目、文艺团体赫哲语文艺演出、赫哲族鱼皮传统服饰表演、赫哲族鱼皮传统生产生活用具展示、赫哲族鱼皮传统艺术品展览，以及用赫哲语讲述本民族"伊玛堪"长篇民间故事、赫哲语会话比赛、赫哲族母语演讲比赛、赫哲族传统射箭比赛等，跟赫哲族严重濒危语言文化抢救保护工作密切相关的节庆旅游活动内容。而且，活动现场还有用赫哲语播放的节目内容。毋庸置疑，这些活动强力推动了赫哲族地区文化振兴战略，给赫哲族严重濒危语言文化注入了新的活力和生命力。（8）在改革开放后的这几十年，从国家层面到各级政府和各有关部门，包括赫哲族生活的地方政府在内，先后启动了"赫哲族濒危语言调查研究""赫哲族语言语音研究""赫哲族濒危语言词汇调查""赫哲族传统文化特殊词语搜集整理""赫哲语渔猎词语调查和分析""赫哲语口语调查研究""赫哲族语言语法研究""赫哲语方言调查""赫哲语方言比较研究""赫哲濒危语言调查研究""赫哲语会话资料搜集整理""赫哲口语资料搜集整理""赫哲族民间故事搜集整理""赫哲族民间长篇故事'伊玛堪'搜集整理""赫哲族'乌日贡'传统文化调查研究""赫哲族传说故事'特伦固'调查研究""赫哲族调查研究""赫哲族社会现状调查研究""赫哲族社会历史调查""赫哲族历史文献资料搜集整理""赫哲族社会发展研究""赫哲族经济社会发展调查""赫哲族萨满文化研究调查研究""赫哲族萨满文化遗存调查""赫哲族原始宗教研究""赫哲族传统渔猎文化调查研究""赫哲族渔业文明研究""赫哲族传统鱼皮文化调查研究""赫哲族弓箭文化调查研究""赫哲族民歌调查""赫哲族长调民歌搜集整理"等一系列科研项目。这些项目的启动、实施、完成，对赫哲族严重濒危语言文化的挖掘整理和抢救保护工作有重要的现实意义和长远的学术价值。（9）改革开放之后，伴随赫哲族严重濒危语言文化抢救保护工程的顺利实施，以及振兴赫哲族优秀传统文化及打造优秀传统文化品牌工作的顺利推进，尤其是以上提到的众多项目的具体顺利完成，先后出版了数量可观的调研报告、调查资料、搜集整理书本、研究著作、词汇集和词典等学术成果。其中就包括《赫哲语》《赫哲语读本》《赫哲语366句会话句》《小学赫哲族语言》《初中赫哲族语言》《赫哲语简志》《赫哲语词汇》《简明赫哲语词典》《赫哲族民间故事搜集》《伊玛堪与赫哲人田野调查》《赫哲族伊玛堪选》《伊玛堪论集》《中国绝唱伊玛堪》《赫哲族文学》《赫哲族民歌课程》《赫哲族文化课程》《赫哲族乌日贡》《赫哲族特伦固》《赫哲族萨满文化遗存调查》《赫哲族传统体育活动内容课程》《赫哲族地区特产介绍课程》《赫哲族》《中国赫哲族》《赫哲族研究》《黑龙江同江街津口赫哲乡调查》《赫哲族简史》《赫哲族社会历史调查》《赫哲族历史课程》《馆藏赫哲族文献资料》等有关赫哲族历史、优秀传统文化、文学艺术、语音词汇语法、赫哲语教学等方面的诸多科研成果。这些成果的出版，对赫哲族濒危语言文化的抢救性挖掘整理、分析研究、永久保存都有重要学术价值和意义。

对于严重濒危的赫哲族语言文化抢救保护工作虽然扎实稳妥地向前推进，并取得了一定阶段性较理想的成绩，但还是未能够从根本上改变赫哲语严重濒危现象，只是一定程度上缓解了该现象的发展速度。也就是说，在赫哲族地区经济社会快速崛起，以及以主流语言为主题的电视电脑、手机微信、网络社会不断普及，汉语言文字的使用面越来越广、使用率越来越高，其结果是现在真正意义上懂本民族语的赫哲族不到十名，还有一部分将母语同汉语混合使用的中老年，以及只会说简单会话内容或能简单听懂母语而不会说母语的赫哲族等。尤其是，青少年以下的赫哲族基本上失去了母语交流功能，他们不论在任何语言使用环境和条件下都无一例外地使用汉语。总之，我们的调研资料显示出以下内容。（1）现在的赫哲族中100%懂汉语。（2）赫哲族孩童从幼儿园起就学习汉语汉文。（3）赫哲族适龄儿童都到汉语文教学的学校，通过汉语文学习文化知识。在学校里每周一次的赫哲语，对赫哲族青少年学习母语没有太大的促进作用，基本上边学边忘，到高中毕业时都忘得差不多了。（4）赫哲族青少年在家庭、学校和社会上都用汉语进行交流。（5）赫哲族中35岁以下的人本民族语言使用能力都很低，基本上处于不懂母语状态，他们根本不能够用民族语进行交流。（6）35岁至45岁之间的赫哲族中，约有4%的人能够略微听懂本民族语言，约有3%的人能够简单用母语说一两句话。但他们在日常用语中，无一例外地使用汉语，且均有了较强的汉语言文字使用水平。反过来讲，他们同家人或老人们几乎都使用汉语。（7）赫哲族55岁至60岁之间的群体中，约有6%的人能够略微听懂本民族语言，约有4%的人能简单说两句本民族语。但他们的日常用语同样是汉语。略懂本民族语者之间或同会本民族语的老人，有时用最简单不过的本民族语言进行简短交流。（8）赫哲族60岁以上的老人中根本不会本民族语的人约占57%；略懂本民族语者占23%；懂本民族语者占14%；比较熟练地掌握本民族语者占6%。他们之间的主要交流工具还是汉语，但懂本民族语的赫哲族老人之间，尤其是在没有其他民族同胞的前提下，完全用本民族语进行交流。有时和其他民族同胞交流时，为了不让对方听懂有些内容，赫哲族老人之间也说几句简单的赫哲语。不过，赫哲老人几乎都会说汉语，可以用汉语进行无障碍交流。（9）赫哲族均使用汉文。（10）赫哲族都阅读汉文报纸书刊及学习文件，看汉语电视节目，听汉语广播节目。（11）赫哲族基本上用汉语文写作。（12）赫哲语已成为严重濒危语言。

以上所说，赫哲语从中华人民共和国成立初期到20世纪60年代中后期，虽然使用得还算可以，然而已经进入濒危前期；从20世纪60年代中后期到 20 世纪 70 年代末，赫哲语从濒危语言退化为严重濒危语言；改革开放以后，一定程度上缓解了赫哲语严重濒危现象的继续发展，现在只有十几位老人懂或略懂本民族语。我们认为，赫哲语成为严重濒危的主要原因是：（1）赫哲族人口非常少；（2）汉族等使用汉语的外来人口的数量不断增多；（3）赫哲族同汉族建立婚姻家庭现象的不断增多；（4）孩子们从幼儿园到大学均用汉语文读书；（5）在社会、单位、学校、市场、公共场所都使用汉语文；（6）电视广播、电脑手机、网络微信都使用汉语言文字等。不过，改革开放以后，赫哲族严重濒危的优秀传统文化，却得到很好的挖掘整理、传承使用和发扬光大，并借助文化强国战略的强有力推动，以及地方特色和民族特色文化产业的快速崛起，发挥着越来越重要的作用，进而成为赫哲族地区经济社会快速发展的重要因素和条件之一，也成为赫哲族文化自觉、文化自强、文化自信的重要思想基础和精神力量。

第五节　严重濒危的满语

满族（MANZU）也是东北原住民，主要生活在辽宁、吉林、黑龙江东北三省。除此之外，在北京、河北、河南、内蒙古东部地区也有不少满族。据不完全统计，我国东北满族人口有 7915190。满族使用的语言叫满语，满族使用的文字叫满文，满语属于阿尔泰语系满通古斯语族。满文是在蒙古文基础上创制的一种竖写拼音文字。起初，满文还分老满文和新满文两种文字，参照蒙古文创造的无圈点满文叫老满文，后来在老满文的右边加上圈点的满文被称作新满文。老满文是在 16 世纪末清太祖努尔哈赤令其儒臣额尔德尼和噶盖于 1599 年，参照蒙古文字母创制的。老满文从 1599 年一直用到 1632 年。当时，用老满文撰写或记录的历史档案资料或历史文献确实有不少。然而，由于老满文是参照蒙古文字母创制的文字，基本上保持了同蒙古文字母的一致性，所以具体使用时出现了一些不能够准确表达满文早期错综复杂的语音结构特征的现象。很难表现出其语音特征和相关语法关系。为了使满文更加符合满语口语语音结构特征，以及能够更理想地记录满语词汇和语法关系，1632年清太宗皇太极指令满族语言文字学家达海，对老满文进行了必要的文字改革，即在老满文的右侧增加了专门用于区别易混淆的相近语音的符号系统，该符号系统就是以小黑点和小圆圈组合而成，这使老满文的那些难以被区分的相近语音变得十分清楚。新满文和老满文都是从左向右、从上到下竖写。新满文从天聪六年（1632）一直使用到现在，用新满文撰写的档案资料和历史文献的数量极其庞大，内容也十分丰富和全面。满文作为清朝统治阶级的官方文字，在清朝政府的政治经济、科学技术、文化教育、社会生活等方面发挥过极其重要的作用，从而给后人留下了浩如烟海的图书资料及历史文献。这对于了解我国历史，特别是对于清代各方面的研究，有着极其重要的学术价值和深远的历史意义，也对保护和弘扬我国悠久而辉煌的传统文化与文明发挥着极其重要的作用。

17世纪中叶满族人建立的清朝政府入关以后，受到汉语言文字各方面的强有力的影响，满族语言文字的使用范围开始逐步缩小，使用活力也开始逐年减弱。在当时，清朝政府为了更好地统治天下，从朝廷开始大力宣传和推动满族上层阶级和各方人士学习掌握汉语言文字。清代实施的考科举制度一直把汉语言文字的考试内容放在不可忽视的重要地位，始终没有削弱汉语言文字在科举考试制度中的重要作用。毫无疑问，这些都是满语言文字从清朝时期的通用语言文字逐渐走向非通用语和边缘化的根本原因。这也是伴随清朝政府退出历史舞台，满族语言文字的使用人口迅速减少，从而很大程度上失去社会效益和功能，成为濒危语言的必然结果。特别是，清朝政府退出历史舞台后，对于清朝末期腐败政府、无能政府及傀儡政府的强烈不满和仇视，很大程度上导致人们排挤和歧视满族语言文字使用的情绪及现象。这些情况的出现，使满语言文字的使用从清朝末期的濒危状态，用较快的速度步入严重濒危语言的行列。现在的满语，只有满族较为集中生活的个别村屯的满族老年人在使用，其他中青年以下的满族基本上失去了使用母语的能力。另外，在清史研究及满族语言文化研究领域，以及培养满学研究高级人才和满语言文字研究生教学中，包括黑龙江省富裕县三家子满族村小学教学计划里，安排了满语初级知识教学课程。但是，不论是满族村屯的满族人，还是生活在乡镇及其大小城内的满族人，在日常生活中无一例外地使用汉语言文字。也就是说，汉语言文字已经成为所有满族人的日常用语及通用语言文字。

如同前面所说，在满语聚居的村屯也有极个别的满族老人懂母语，或者说可以用母语进行交流，但词汇量不多，只会说日常生活用语中的满语词汇。满语口语也在黑龙江省富裕县利泰米县满族聚居村屯内的个别老人中使用，加上懂满语的老人先后去世，懂母语的满族老人变得更少。现在基本上变成，某一个满族村屯里只有一两个老人会母语。就是懂满语或用满语能够进行交流的满族老人的满语口语里，也有数量可观的来自汉语的早期借词，只是由于发音和语速的问题，人们从直观上难以弄明白那些汉语早期借词，从而时常误认为那些词也是满语原有的词汇。不过，就是那几位会说或略懂母语的满族老人，也无一例外地会说一口流利的汉语，日常生活中也都用汉语进行交流。

根据调研资料显示，在黑龙江、吉林、辽宁等省的偏僻山村或农村生活的满族，由于地处偏僻村屯、远离城镇、路途遥远、交通不便和对外接触交流很少等原因，几乎一直到20世纪初都较好地保存和使用母语。特别是满族中的中老年人，基本上会说母语。而且，不只是生活在这些偏僻山村或农村的满族会说母语，甚至是那些与满族长期生活在一起的其他民族同胞也不同程度地掌握满语。中华人民共和国成立后，边疆民族地区各项基础建设工作的顺利推动，以及以汉语言文字为主的教育事业不断向深度和广度推进，加上满族偏僻村屯外来人口的逐年增多，满族村屯的满语使用现象逐步被淡化。到20世纪50年代末，满语变为满族中老年人范围内使用的语言，或在满族家庭内部使用的家庭用语。那时，虽然满族青少年也会说或能听懂母语，但很少在具体的语言交流中使用满语，汉语几乎成为青少年语言交流的主要手段。20世纪60年代中后期以后，满族生活的这些乡村开始了公社化、集体化、农场化发展道路，完全打破了过去一家一户单一生产模式，包括数量可观而生活上还没有着落的外来移民，全部划为共同吃住生产生活的集体化农场成员，从而客观上给一直以来以家庭为中心从事农业生产的满族营造出同汉族广泛而密切接触和往来的特定社会环境。这使满族聚居的村屯里，人们在日常用语中用汉语交流的现象变得越来越多，汉语使用面越来越广，使用率也越来越高。加上全部用汉语文教学的乡村小学或中学里，汉族同学的不断增多，本来就对母语处于十分陌生状态的满族青少年，使用汉语文的水平和汉语会话能力得到快速提升。他们放学回家后，与父母和家里的老人全部用汉语交流，即使老人偶尔说两句母语，孩子们也根本听不懂。与此同时，这些乡村的满族青年男女，同汉族建立婚姻关系的家庭越来越多，使他们的家庭用语自然而然都变成汉语。他们在夫妻之间、同孩子们和家里的满族老人之间，无一例外地用汉语进行交流。毫无疑问，在这种现实面前，在整个东北来讲，满语的濒危现象变得更加严重，只有极个别的满族老人之间说母语，中年满族人中也只有少数人能够简单说两句母语或能听懂简单日常用语，但在他们之间或跟青少年都说汉语，青少年基本上既不会说也听不懂满语，全部使用汉语。

改革开放以后，我国全面恢复了优秀而先进的民族政策法规，包括满族在内的少数民族开始重新享受各种优惠的民族政策，使满族人民的精神面貌重新焕发出勃勃生机。特别是，借助文化强国战略，启动了抢救保护满族严重濒危语言文化一系列重大项目，对于满族严重濒危优秀传统文化的挖掘整理、发扬光大方面采取了一系列行之有效的措施。所有这些，对满族文化自信、文化自强产生了极其重要的影响。不过，对于已进入严重濒危状态的满语，虽然也采取了许多实实在在的挽救办法，但最终还是没有产生较大效果或发挥应有的作用。下面我们以黑龙江省齐齐哈尔市富裕县三家子满族村为例，分析改革开放以后满语的使用情况。

三家子满族村的满族先民是，康熙年间为抗击沙俄入侵东北，保卫我国东北的疆土完整，由黑龙江将军萨布素从长白山宁古塔等地区征用八旗兵丁和家属，来到黑龙江爱辉、嫩江、齐齐哈尔等地驻守边防。后来，其中一部分满族迁徙到现在的三家子满族村，在这里永远地定居了下来。这部分满族主要由姓计、姓孟、姓富[①]三个姓氏的人组合而成，由此在当时把该村就称

[①] 这里所说的姓计、姓孟、姓富的满族三个家族姓，在满语里叫 Jibcha "计布楚"、Morjigite ＞ Morjil "莫勒季勒"、Fucha "富察"。

为三家子满族村。再后来，从黑龙江省的其他地区以及辽宁省、吉林省等地也迁来部分满族，跟该村早期迁徙而来的满族一起生活至今。三家子满族村与富裕县政府所在地相隔40余里，同齐齐哈尔市相距95里，西靠嫩江支流，东靠黑岗，北邻东极村和大登科村及小登科村，南有十五里岗村。全村东西长约2里，占地面积为四万多亩。根据当时的调研，三家子满族村有297户，其中有167户满族，还有117户汉族、11家达斡尔族、1家鄂伦春族和1家柯尔克孜族。该村的总人口为1023人，其中满族有614人口，占总人口的60%。而且，在167户满族中，姓计的有36户、姓孟的有33户、姓陶的有30户，还有姓关、姓赵、姓杜、姓吴、姓付的一些后迁来的满族。也就是说，起初在该村除了满族，没有其他民族成员，因此在村子里都用满语进行交流。自从20世纪30年代中后期以后，就开始有汉族移民移居该村，到了20世纪50年代该村的汉族人口已经有了一定比例。尤其是20世纪60年代中后期以后，这里包括汉族在内的外来人口越来越多。但是，最早迁移来的汉族，或多或少地学会了满语，有的汉族达到同满族用满语交流的程度。我们掌握的资料表明，20世纪50年代之前三家子村的中老年人均可用母语进行交流，那些嫁给满族的汉族妇女或娶了满族姑娘的汉人也都不同程度地会说满语。所以，满族青少年中，也有一些能听懂母语或能用满语进行简单交流的人。甚至，也有一些满族老人，能够用满文阅读早期满文书籍，还可以用满文写信或记事。然而，20世纪50年代末以后，特别是从60年代中后期开始，该村的满语被污蔑为"黑话"或"落后民族的语言"，甚至将听不明白汉语、汉语说得不太好、会说母语的满族人说成"黑五类分子"或"满清走狗"等。由此，导致村里的满族人不敢讲母语，只能在家里关起门来偷偷说满语。由于在当时村子里不能说"满语"这个词，所以满族人把满语说成"翻话"，意思是说"把汉语主谓宾语序结构，用满语主宾谓语序翻过来表述的语句形式"。在那个特定历史条件下，受各种残酷的政治运动影响和迫害，村里的满族基本上失去了使用母语的权利。对于他们来讲学汉语汉文、说汉语已成为十分荣誉而自豪的事情。反过来，说满语成了十分低级的语言交流行为，家里的老人和家长们怕连累孩子们，也怕孩子们受家庭内部说满语的影响,不只是跟孩子们不说满语而说汉语,连老人们之间也尽量用汉语进行交流。其结果是,本来就比较脆弱的满语,从20世纪60年代中后期到70年代末,三家子满族村的满语以惊人的速度被汉化,进而无可怀疑地成为严重濒危语言。与此同时,该村的满族传统文化和习俗也基本上被汉化。这一极其特殊而不正常的历史发展阶段,满族青年男女同汉族建立婚姻关系成为一种时尚和追求,他们的孩子们自然而然地从小都使用汉语。以上所说的就是富裕县三家子满族村的满族使用的满语进入严重濒危状态基本情况,且在那特定历史发展阶段有一定代表性。

  20世纪70年代中后期以后,随着我国改革开放时代的到来,三家子满族村的满族全身心地投入本地区经济社会的建设。特别是,该村在上级各有关部门的大力支持下,为了抢救保护已成严重濒危的语言文化,开展了一系列抢救保护严重濒危的语言文化工作。首先,三家子满族村小学,给一年级和二年级的满族小学生每周上两节满文初级课。有时还聘请满语说得较好的满族老人讲满语口语课。但是,其结果不是十分理想,因为满族一、二年级的小学生除每周两节满语课之外,其他课程内容或三年级以上老师们全用汉语文授课,加上家里和社会上根本就得不到使用母语的机会,所以满族小学生们在一、二年级学的那点满语初级知识,过不了多长时间就会忘得一干二净。看到这种没有什么实际效益的满语教学,校方也拿不出更好的办法来强化满语教学工作,也想过进一步增加满族学生在小学期间的满语教学课程,比如给满族小学生从一年级到六年级都安排初级满语课程,可这一教学计划却得到学生家长们的强烈反对。在家长们看来,给小学读书的满族小学生讲的满语,对于严重濒危的满语抢救保护工作没有什么实际作用,反而影响和分散孩子们学习其他文化知识积极性和精力。在这种现实面前,该小学的满语课程始终没有超出小学一年级到二年级的教学范畴,就这样走走停停延续到今天。此外,还因为满语教员的调走或紧缺而满语课程经常受影响,在1997年就停办过满语这一满文特长课。所有这些,充分说明三家子满族村小学的满语课程没有达到预期目的,在挽救严重濒危的满语、激活严重濒危的满语活力和生命力等方面没能发挥作用。出现这种现象主要有以下原因。

（1）校方和地方政府或相关部门，对于满族小学生学习满语文没有采取配套鼓励举措。例如，小学生升级时将满语文学习成绩作为重要条件来考虑，给满语文学习优秀者发放相关奖学金，经常性地在学校的各种会议或活动中进行特别表彰等方面的工作都没有很好地去做。（2）除了满语文课堂之外，在学校、家庭、社会上都没有使用满语文的语言环境。（3）家长们的干预和负面影响比较大。（4）教材和教学方式方法同满族小学生们学习母语的兴趣并不十分吻合。（5）满族小学生学习母语的积极性没有充分调动起来，对于满文学习缺乏原动力。（6）小学生们其他课程的学习压力较大，各种课程的课外作业太多，加上一些学生还要参加校外各种补习班、辅导班、学习强化班或外语课、音乐课、舞蹈班等，使小学生们没有时间和精力好好强化所学的满语文基础知识。以上这些，自然而然地影响了满族小学生学习本民族语言文字。当然，这一现象的出现，也和三家子满族村满语已成严重濒危，以及该村的满族不重视母语的保护、使用、传承，加上根本就没有满语言文字使用环境和条件有关。

改革开放以后，为了抢救保护严重濒危满族优秀传统文化，在地方政府强有力的支持下，三家子满族村开展了一系列行之有效的弘扬满族优秀传统文化活动。例如，三家子满族村小学每年举办的"六一儿童节"体育活动中，增加了满族传统体育项目"珍珠球"比赛；村里恢复了每年正月十五的"上元节"、正月十六日的"去病妇女节"、二月二日的"引龙节"、七月十五日的"中元节"、八月十日的"祭祖节"、十月十三日的"颁金节"、腊月二十四日的"拜灶神节"等一系列满族传统节庆活动。届时满族男士穿上本民族传统的长袍、箭袖衣、马褂，妇女穿上旗袍、朝靴，戴上旗头，还要参加"珍珠球""跳百索""射箭""放风筝"等满族传统体育比赛或相关娱乐活动。在节庆活动期间，三家子满族村的满族，还要同前来参加节庆活动的满族一起享用或品尝"萨其马""手抓猪骨肉""满族稷子米饭""铁锅鲫鱼骨头汤""大黄米燕豆包"等满族传统饮食。除此之外，村委会还紧密结合相关节庆活动，举办以本村黑土地农作物水稻、玉米、大豆和纯绿色无害蔬菜为主，以及以当地满族花白优良牛肉为主题的产品展销活动。总之，以上这些活动，对于振兴满族优秀传统文化，提升满族文化自觉、强化文化自信、打造文化强村，发挥了极其重要的作用，使该村已成严重濒危而濒临消亡的满族优秀传统文化重新焕发生机，具有了新的活力和生命力。

　　最后，我们根据实地调研获取的第一手资料，紧密结合上面的新发现内容，对于富裕县三家子满族村满语使用的整体情况做以下几个方面的总结。（1）该村里80岁以上老人懂母语。不过，也有不懂母语的老人。（2）70岁至80岁的老人，不同程度地掌握母语会话知识。同样有不懂母语者。（3）60岁至70岁的满族老人，母语使用功能退化得很厉害，许多人对于母语十分陌生。不过，也有能用母语进行简单会话或掌握一些母语词汇的人。（4）40岁至60岁的中青年人，绝大多数不懂本民族语，只有个别人能听懂满语简单会话内容，但根本不会说母语。（5）40岁以下的青少年都不会说母语，也听不懂母语。（6）该村的满族均能熟练掌握汉语，汉语已成为他们的日常交流语言和通用语。

　　就如上面所说，三家子满族村的满语成为严重濒危语言，原因如下。（1）20世纪30年代中后期以后，汉族移民的不断迁入，汉族人口的不断增多，使汉语逐渐成为该村的重要交流工具；（2）满汉家庭的不断增多；（3）学校的纯汉语授课教育；（4）20世纪60年代中后期到70年代末，受到的极左政治运动和错误思想的影响，以及本民族语言文字使用方面受到的严重打击；（5）以汉语汉字为中心的电视网络、手机微信的不断普及；（6）满族对本民族语言文字抢救保护工作表现出的消极意识和态度等。由此，严重影响了满族语言文化的保护、使用、传承和发扬光大，使满语从走向濒危成为濒危语言，又从濒危语言退化为严重濒危语言。

第四章
濒危锡伯语口语现状分析

　　锡伯族的锡伯（SIBO）一词，在不同历史年代的不同文献资料里，用汉字转写成"须卜""鲜卑""犀毗""犀比""悉比""失比""失必尔""师比""西卑""室韦""失韦""斜婆""西伯""史伯""洗白""西北""席白""席北""锡北""锡窝""锡伯"等多种形式，明末清初才把该民族称谓统一为"锡伯"之写法。根据历史资料，锡伯族是历史上的东北鲜卑人的后代，曾经生活在贝加尔湖一带，后来他们的先民一直在我国东北地区活动。历史的岁月迈入1764年时，清政府为了加强伊犁地区防务，从盛京[①]将军所属的15个辖区征用1020名锡伯官兵连同家眷分两个军团从沈阳出发，于1765年8月前后抵达现在的新疆维吾尔自治区伊犁哈萨克自治州所辖区域[②]。次年春，又从伊犁迁到当今生活的察布查尔地区，抵御外侵、保卫边疆、建设边疆。从而东北锡伯族形成东西两地疆土上生活的格局。现在的锡伯族主要居住在辽宁省沈阳市、东港市、开原市、北镇市、新民市、凤城市和义县，吉林省，黑龙江省，内蒙古东部地区，以及新疆伊犁察布查尔锡伯自治县[③]和霍城县、巩留县等地。我国东北的锡伯族，由于长期生活在

---

　　① "盛京"是清朝1625—1644年的都城，也就是现在的辽宁省沈阳市。1634年清太宗皇太极命沈阳为"盛京"，1644年清朝迁都北京后沈阳为留都，1657年清朝以"奉天承运"之意在沈阳设奉天府，进而也就把沈阳改名为"奉天"。
　　② "新疆维吾尔自治区"下称"新疆"，"伊犁哈萨克自治州"下称"伊犁"。
　　③ "察布查尔锡伯自治县"下称"察布查尔县"。

以汉语言文化为主的社会环境里,受汉语言文化的影响十分普遍,因此几乎在 20 世纪初时,就基本上不再使用本民族语言文字,都改用了汉语言文字,甚至在风俗习惯等方面也出现很大变化。与此相反的是,西迁至新疆伊犁察布查尔地区的锡伯族,在特定疆域的特殊环境和条件下,却很好地保存了本民族语言文字。

察布查尔县成立于 1954 年,该县位于新疆伊犁的西部,地处伊犁河以南、天山支脉乌孙山北麓,与伊犁州首府伊宁市隔河相望,西接可克达拉市及哈萨克斯坦。察布查尔县是我国唯一以锡伯族为主体的多民族聚居的自治县。县辖有 15 个乡镇、1 个国有农场、1 个农村经济管理中心,驻县有伊犁州奶牛场和新疆建设兵团农四师 67 团、68 团、69 团等部门。全县总面积 4485 平方公里,据 2011 年该县人口统计为 19.30 万人,除锡伯族外,还有哈萨克族、维吾尔族、汉族、回族、蒙古族等 25 个民族,少数民族人口占 72%。但是,由于长期受汉语言文字及哈萨克语言文字、维吾尔语言文字等的不同程度的影响,锡伯族使用的母语及锡伯文现已进入濒危状态,成为濒危语言。所以,下面以新疆伊犁察布查尔县为主,分析锡伯族濒危语言文字的使用情况和相关保护措施。

第一节 锡伯族濒危语言文字使用的理想时代

锡伯语属于阿尔泰语系满通古斯语族满语支语言,是从历史上的鲜卑人使用的语言分离出来并自然发展形成的一种东北民族语言。锡伯语在语音、词汇、语法等语言学领域,同满语保持相当强的一致性和同源性。锡伯文是 1947 年由满文改进而成的文字。新疆的锡伯族至今使用民族语言文字,兼用汉语、维吾尔语、哈萨克语等。锡伯是该民族的自称,该族称同东北远古时期的"鲜卑人""室韦人"以及"西伯利亚"[①] 的"西伯"之说都有历史

[①] 拉丁语中"利亚"表示"地区""地方""地"等概念。那么,"西伯利亚"意思就是说"西伯人生活的地方"之意,当时可能指的是锡伯族先民"鲜卑人"。

渊源。

新疆锡伯族生活的地方伊犁察布查尔辖区，直到 1938 年还未废除清朝政府军事化社会"八旗"制度。而且，在辖区内锡伯族濒危语言文字作为主要社会交流工具来使用。甚至是，在清代乾隆年间同锡伯族一起，为守卫边疆从东北来伊犁地区的鄂温克族和达斡尔族，以及早年来此地谋生的汉族，还有生活在这里的哈萨克族和维吾尔族等，无一例外地不同程度地掌握和使用锡伯族语言文字。这种以锡伯族语言文字为主的社会语言生活，基本上延续到 20 世纪 60 年代初期。那时，无论锡伯族、鄂温克族及达斡尔族，还是在此生活的汉族、维吾尔族或哈萨克族等，跟锡伯族进行语言交流时，无一例外地使用锡伯语。更加可贵的是，那时除了锡伯族之外的其他民族中也有不少懂锡伯文的人，他们中也有不少人将孩子送到用锡伯文授课的学校，通过锡伯族语言文字掌握文化知识。反过来讲，孩子们的锡伯文学习，也一定程度地影响了父母和家里的老人学习锡伯族语言文字的兴趣。

根据我们掌握的调研资料，1882 年锡伯族知识分子先驱自筹资金，在察布查尔锡伯自治县创办了"义学教育学校"，十五年后的 1917 年在该县的第六牛录[①]又开办的一所"高级小学校"。这两所早期开办的学校，教学使用的所谓锡伯文课程教材，实际上是内陆地区编写的满文教材，以及用汉文编写的汉文、数学、音乐、图画、自然知识方面的教材。而且，学生基本上是锡伯族，教员也几乎都是锡伯族。他们无论是讲满语文课还是教汉语文课，或者是讲解用汉文编写的其他相关课程内容，无一例外地使用锡伯语，汉语只作为辅助性教学偶尔被使用。所以，在此学习或学习过的锡伯族学生或其他民族学生，都能十分熟练地掌握或使用满文及锡伯语口语。而且，一直延续到 20 世纪 30 年代初，该地区除了学校使用的是满语文教材之外，在该地区其他相关工作中使用的也是满文。后来，伴随汉族移民的不断增多，从

---

① 这里的"牛录"（NIRO）一词属于满语，是指"大披箭"之意。满族的先民以此表示打猎的范围和组织结构，后来又指以官兵和其家属成员组成的基层兵营组织。其中，一般有 300 名官兵，包括首领 1 名、副首领 1 名和将军 4 名以及 300 名官兵的家属。现在，泛指"乡"一级行政单位或部门。新疆的锡伯族内部一直沿用，满族先民和清朝时期的军营区划称谓。

1931起当时的地方民国政府强制性要求，该县的学校在汉语文等使用汉语文教材的课程必须用汉语授课，其他课程内容也必须使用汉语文教材。这使锡伯族到新疆驻防后160余年的母语世界和满文社会，开始被迫强制性接受汉语言文字授课制度和条件，从而给他们的母语和满文的使用首次带来直接影响和冲击。起初，他们被迫学习汉语文知识或使用汉语文，但后来伴随上级政府下发的汉语文教学及普及汉语文学习使用的指令性文件越来越多，加上针对各部门各阶层下发的汉文文件资料也越来越多，以及锡伯族地区汉族移民的逐年增多，使他们接触和使用汉语汉文的场面也不断增多，进而汉语汉文的使用成为他们在学校和日常生产生活中必不可少的主要内容之一。尽管如此，该地区的锡伯族还是没有放弃对母语和满文的使用，在民间还是保存了相当理想的使用率。换言之，在当时锡伯语和满文还是锡伯族社会的主要交流语言和文字。

到了20世纪40年代，满文在锡伯族的文化交流、文化发展包括文化知识的教育与传播等方面都发挥了重要作用。尤其应该提到的是，虽然在当时锡伯族被迫接受了强制性推行汉语汉文的规定，但他们还是通过不同渠道向上级部门和各级政府不断反映这种不切合实际的错误做法。迫于压力，于1944年，当地政府废弃了强制实施十余年的汉语言文字教育制度及使用规定，同时恢复了察布查尔县辖区学校教学满文的教学内容及满文使用方面的相关政策规定。然而，锡伯族在具体使用满文的过程中，也充分感受到用满文书写本民族语言时的标音不清楚、词义表达不到位、使用起来不太方便等一系列实际问题。特别是，锡伯族十分明显地感受到，在东北及北方满语语音基础上创制的满文记音系统，书写锡伯族西迁新疆后长期受哈萨克语和维吾尔语影响而新出现的音素时，显得不够用或不很精确。为了使锡伯族使用的满文更加适应书写需要，用起来更加方便和更能体现新疆锡伯语语音结构特点，以及为了很好地发挥其文字的社会功能和作用，从20世纪初开始，锡伯族对于他们所使用的满文进行了多次文字改革尝试。例如，创制过斯拉夫字母的锡伯文、拉丁文字母的锡伯文等，但最终都没有被锡伯族接受。归根结底，锡伯族还是认为，满文字母更适合他们母语的语音结构，只是需要对满文中不适合锡伯语语音特征的字母进行改进。于是，1947年锡伯族根据母语语音特征对满文进行了必要的改进和改革，废除了满文中不适用于锡伯文的个别字母及音节书写形式，增加新的音节书写形式并改进了个别字母的形体结构。由此，诞生了有5个元音字母和24个辅音字母，以及有10个专门用于拼写外来语字母的锡伯文。从此以后，锡伯族使用的文字不再叫满文，而是变成了锡伯文。也就是说，锡伯文是在满文基础上创制的文字。锡伯文的创制和使用，对于锡伯族语言文化的传承发挥了重要作用。虽然在这其间，锡伯族的语言文字学习和使用或多或少地受到汉语言文字，以及哈萨克族和维吾尔族等突厥语族语言文字方面的影响，然而，锡伯语一直作为该地区锡伯族的主要交流工具来使用。同时，也是锡伯族与该地区汉族，以及哈萨克族和维吾尔族及其他民族之间相互交流的主要语言之一。

1954年以后，为了开发西部粮田，由军队整编过来的农四师，先后来到锡伯族生活区域开垦种田。这使该县的汉族人口快速并明显增多，锡伯族同汉族间的接触与交流变得越来越频繁，汉语言文字的使用场合也变得越来越多。尤其是，20世纪60年代中后期以后，随着我国受到种种干扰而进入非正常发展历史阶段，锡伯族生活区域重新开始强制性推行汉语言文字学习、使用、普及工作。同时，强令禁止学校里用锡伯语授课以及锡伯文教学课程内容，取缔该地区正在实行的锡伯语汉语双语教学计划，对锡伯族学生实施了所谓"直接过渡式"或"一步到位式"的完全意义上的汉语言文字教学计划。这使刚刚恢复十余年的锡伯语言文字教学又一次受到致命创伤。再加上60年代以后汉族移民的大量涌入，使锡伯族在社会上的母语使用雪上加霜，结果锡伯族濒危语言文字的使用者开始逐年减少。也就是从这一时期开始，汉语言文字逐渐成为察布查尔县，包括乡镇政府所在地在内的主要交流工具。

从20世纪70年代末开始，随着我国逐步进入正常发展轨道，优秀而先进的民族政策和民族语言文字使用规定很快得到恢复。毫无疑问，这使察布查尔县的锡伯族濒危语言文字的学习和使用重新焕发出了强有力的生命力和活力，紧接着该县的锡伯族学生集中学习的小学都恢复了锡伯语文课程。特别是，1979年，时任国家副主席的乌兰夫为锡伯族濒危语言文字的恢复所作的特别批示，对于前十年受各种社会干扰而处于困境中的锡伯族濒危语言文字的恢复，以及按部就班地顺利开展锡伯族濒危语言文字抢救保护和教学工作奠定了坚实的政治基础和社会保障。受其直接影响，从1981年到1983年，新疆地区的锡伯族濒危语言文字重视程度达到历史新高点。例如，(1) 1980年成立了"锡伯族濒危语言文字研究会"，更准确地说应该是"新疆锡伯族濒危语言文字研究会"，研究会在察布查尔县设有专用办公室，还配备了两名专职工作人员，并办有锡伯文油印版《锡伯语文学会通讯》之会刊。该办公室日常处理的不只是该县辖区内同锡伯族濒危语言文字密切相关的事务，而且是关系到整个新疆地区所有锡伯族的语言文字方面的工作。这使新疆地区的锡伯族濒危语言文字工作步入一个有组织、有条理、有计划、讲科学、促发展的正规化运行状态。(2) 次年（也就是1981年）10月10日，在察布查尔县召开首届"锡伯族濒危语言文字研究会"学术讨论会，从北京和东北三省邀请了锡伯族濒危语言文字专家学者，以及从事锡伯族濒危语言文字研究的专家学者来参会。其结果是，到会的专家学者人数达到100多名。在学术讨论会期间，与会专家学者对锡伯语口语和书面语语音系统、词汇结构、语法关系、语言文字的使用、口语规范化手段、语音记录现象、口语和书面语的差异性特点等诸多现实问题展开了广泛意义上的学术讨论。毫无疑问，所有这些对于锡伯语口语，以及锡伯语书面语的正确使用和深入研究都产生十分积极的学术影响。(3) 1982年，在该县先后召开两次一定规模的学术交流动活动，着重讨论了锡伯语新词术语的规范化问题，还开展了一系列的锡伯语口语及锡伯文使用情况的调研工作。在此基础上，于1983年9月20日，该县召开首届"锡伯语新词术语规范化学术讨论会"，初次审定并初步规范了锡伯语中使用的新词术语。与此同时，就在20世纪80年代还召开了几次较小范围的"锡伯文正字法讨论会"，并将会议做出的锡伯文正确书写规定用汉文和锡伯文两种文字颁布于锡伯族所有生活区。(4) 编写出版了一整套锡伯语文教科书，还办了一系列的锡伯族濒危语言文字学习班、培训班等，这使锡伯族濒危语言文字的教学和使用得到较理想的繁荣发展。尤其应该提到的是，这几年充分利用冬季休农季节，在锡伯族集中生活的乡村连续开办几期锡伯文学习班或培训班，使一千多名锡伯族中青年通过培训学习掌握了本民族文字，进而在现实生活和工作中达到能够使用本民族文字的程度，甚至有的人学会了用锡伯文写文章或诗歌等。毫无疑问，所有这些对整体提高锡伯族的文化知识水平、开发他们的智力、向他们传授先进的文化知识、改变贫困落后的生活面貌发挥了极其重要的作用。一些中青年农民还因为熟练掌握锡伯文找到了较理想的工作，迈入更加理想的人生发展之路。

随后的几年里，察布查尔锡伯自治县在新成立的县语委、锡伯族濒危语言文字研究会办公室、锡伯族濒危语言文字名词术语规范化专门小组等部门、专业化社团组织，以及相关研究机构的积极参与和主持下，先后召开了语言文字学专家学者和语言文字教学人员参加的不同内容、不同形式、不同层面的学术讨论会。其中就包括"锡伯语元音系统与正字法讨论会"（1985）、"锡伯语文工作座谈会"（1988）、"锡伯族濒危语言文字工作研讨会"（1989）、"锡伯语正字法研讨会"（1991）、"锡伯族濒危语言文字学术讨论会"（1996）等重要学术活动。在此基础上，先后制定颁布了《察布查尔县语言文字学习使用管理暂行规定》《现代锡伯语名词术语规范原则》《锡伯语名词术语的使用规定》《现代锡伯文学语言正字法》《锡伯文正字法及正字词典编印规定》等行之有效且有法律效应的一系列政策规定，进而对锡伯族濒危语言文字的正确而规范化使用产生积极影响。

随着我国民族语言文字使用及其研究工作进入现代化的电脑处理阶段，特别是与民族语言文字使用相配套的先进科学的电子软件系统的不断研制开发，使锡伯族濒危语言文字的使用、记录、抢救、保护、科研工作变得更加便利、快捷、系统、全面、科学而理想。同时，从20世纪90年代至21世纪初的十余年里，先后出台"锡伯文（满文）信息处理系统""信息处理交换用锡伯文三项国家标准系统""信息交换用锡伯文、满文国际编码系统""锡伯文、满文文字处理软件——曙光系统"一系列锡伯文信息处理系统。以上提到的锡伯族濒危语言文字软件处理系统的研发，给锡伯族濒危语言文字的使用和教学带来了极大方便，促进了锡伯族濒危语言文字的抢救保护工作，使锡伯族濒危语言文字的使用从20世纪80年代之初到90年代中后期一直处于较理想的发展态势。以上提及的语言文字工作的顺利进行，使20世纪60年代中后期到20世纪70年代后期受到严重干扰和破坏的锡伯族濒危语言文字的教学和使用，很快得到了一定程度的扭转和恢复。我们完全可以说，改革开放以后的前20余年，锡伯族使用母语以及自觉学习锡伯文的热情得到十分理想的推进和提高。甚至，在当时学习母语和使用锡伯文，很快升华为该民族强有力的自觉意识和追求的时尚，同时成为锡伯族自我民族认同的一项重要内涵和标志。

20世纪80年代后期，中国社会科学院的相关专家学者到察布查尔县，对锡伯族濒危语言文字使用情况开展实地调查，第一手资料显示，在当时该县所辖范围内锡伯族掌握母语的概率几乎达到100%。也就是说，那时的锡伯族几乎都用母语进行交流，只是在青少年的交流中出现不少来自汉语的锡伯语化新词术语。尽管如此，在锡伯族青少年的日常交流中，母语词汇量占据着绝对优势地位。甚至他们和汉族、哈萨克族、维吾尔族青少年谈话或交流时，多数情况下也使用锡伯语。不过，锡伯族中老年人跟那些刚来不久的汉族移民进行交流时，常常由于对方听不懂锡伯语自己又说不明白汉语而遇到语言沟通的障碍，这时锡伯族中老年人可以叫来兼懂锡伯语和汉语的本民族同胞充当翻译。青年人遇到类似问题时，尽量用很不熟练的汉语进行简单对话，或使用以汉语为主锡伯语为辅的汉锡混合语。当少年儿童遇到类似的语言交流问题时，就请教员、家长或汉语较好的同伴来帮忙解决。

可以说，直到20世纪90年代后期，县政府机关的干部之间一般使用锡伯语、汉语、哈萨克语以及维吾尔语等民族语。相比之下，说锡伯语的概率要多一些。县内主持召开各种会议时，往往要使用锡伯语和汉语，或者干脆就使用锡伯语和汉语构成的混合语。尽管如此，参会人员中汉族或其他民族人士数量较多，会场上说汉语的场合比讲锡伯语或其他民族语的要多一些。对此锡伯族同胞解释说，开会时使用偏向于汉语的汉锡混合语，就是为了照顾从外面来的汉族干部或新移民来的汉族群众，以及考虑到更好更有效地开展各方面工作。不过，召开县人大会议时，主要用锡伯语发言，而且要用锡伯语作大会工作报告，即使是锡伯语讲得不好的人发言时开头也要说几句锡伯语。按照当时的规定，在县人大会或机关单位的会上，基本上要发放锡伯文、汉文及哈萨克文、维吾尔文资料和文件，由此县人大会常常被分成使用不同民族语言文字的四个分会场。毫无疑问，那时使用锡伯族濒危语言文字的分会场代表人数占绝对多数。在县政协会上，同样发放锡伯文资料，但使用率比较低。因为，在县政协委员里，懂锡伯文的人没有县人大代表那么多。对于不懂或略懂锡伯语的汉族或其他民族代表，根据各人所需分别发给译成汉文、维吾尔文、哈萨克文的会议文件和资料。那些不太会本民族文字、有一定汉文水平的锡伯族却愿意看汉文会议资料和文件。

县里的小学教学中，往往要以锡伯语为主讲解课程内容，就是教科书是汉文的前提下也要将教科书内容译成锡伯语来讲课，否则根本听不懂汉语的那些锡伯族小学生很难搞明白教员用汉语讲的课程内容。到初中之后，学校讲课用的语言，要从锡伯语基本上转为汉语。不过，教员讲课时要是遇到锡伯族学生实在难以理解的课程内容的话，就会充分利用课余时间用锡伯语进行进一步细致认真的讲解或解释。所以，从某种意义上来讲，锡伯语仍然作为锡伯族初中生的辅助性教学语言来使用。到了高中，无论是锡伯族学生使用的教科书，还是教员在教书时使用的语言文字基本上变成汉语和汉文，只是教员们在课堂上遇到无法用汉语讲清的个别课程内容时，才偶尔用锡伯语进行个别辅导或讲解。城里或经济条件较好地区的锡伯族儿童在幼儿园或在学前班学习时，首先用母语接受最初的启蒙式文化知识教育，当然同时要学习汉语拼音或汉语文幼儿知识。20世纪80年代初开办的"察布查尔教员进修学校"，从1982年以后办过四期锡伯族教员加强母语和提高锡伯文水平的进修班。后来，该进修学校改名为"察布查尔职业技术培训中心"，县语委还在该中心办过多期锡伯族教员的锡伯语短训班或培训班。与此同时，在伊犁师范学院内还特设锡伯语文班，招收精通锡伯语口语以及一定程度地掌握锡伯文的锡伯族青年学生，还先后办过两期锡伯语言文字专业班。在专业班里，主要教锡伯文，以及锡伯文语音系统、发音原理、词法结构、语法体系、书写规则、教学技巧和方式方法等锡伯语基础语言学课程内容。到了20世纪90年代中期，县政府决定把锡伯族濒危语言文字知识水平，作为评职称或干部考核的一项主要条件和要求。总之，从改革开放初期至20世纪90年代中后期的那段岁月，锡伯族学习母语口语及本民族文字的积极性特别高，从而对锡伯族濒危语言文字的抢救保护、使用、传承及发展发挥了相当积极的推动作用。

然而，到了20世纪90年代末，或者说从21世纪初开始，随着取消招工、评职称、干部晋升时的锡伯族濒危语言文字考核制度，锡伯族教员或干部群众的学习母语和锡伯文的积极性受到一定程度的打击，甚至一些人产生学不学锡伯族濒危语言文字没什么用处等极其消极的思想。此外，锡伯族青少年，从幼儿时期直到高中毕业循序渐进地接受汉语文教育，这种教育方法和教学制度，虽然拓展了锡伯族孩子们学习和接受新文化知识的更广阔更现实的途径，但同时给他们学习和掌握本民族语言文字带来了一定的负面影响。尽管出现刚才提到的有关锡伯族濒危语言文字学习和使用方面的消极因素，但不具有代表性和普遍性，绝大多数锡伯族还是热衷于学习、掌握、使用母语及其锡伯文。

在这里还有必要提到的是，从20世纪70年代末开始，察布查尔县广播站开播用锡伯、汉、维吾尔三种民族语的广播节目。其中，包括每天播锡伯语自编节目和每周两次播锡伯语文艺、科技等方面的节目。当时，用锡伯语热播的这些节目有很高的收听率。人们通过县、乡镇、农村广播站的广播，几乎每天都能够收听到他们十分熟悉而亲切的锡伯语节目。甚至，他们把从广播节目中收听到的故事传说或文化知识相互口头传说，从而使其在民间广泛传播。与此同时，他们特别喜欢观看县文工团用锡伯语演出的本民族的各种传统歌舞节目。尤其有影响力的是，锡伯族以家庭或亲朋好友为单位，在农闲季节、冬天或周末用说唱形式的锡伯语讲述《故乡传》《西迁演义》《汗腾格里颂》《箭乡之孙》《拉西汉图的史诗》《老母泪》等长篇故事或史诗。同时，也以说唱形式讲述用锡伯语翻译的汉文"四书五经"，以及《红楼梦》《西厢记》《三国志通俗演义》《西游记》《水浒传》《东周列国志》

《封神演义》《三侠五义》《说岳全传》《杨家将》《济公传》《清史演义》等古典小说的故事情节。更有甚者，把国外经典著作的精彩内容译成锡伯文，用锡伯语进行讲述。无论是用锡伯语讲述或说唱的本民族体裁的民间文学作品，还是"四书五经"或国外的一些经典作品均在锡伯族濒危语言文字保护、使用、传承，以及进一步丰富和发展本民族语，包括锡伯族濒危语言文字在更加广泛领域内的使用等方面发挥了意想不到的积极作用。在远离都市的西域边境疆土上，在除了定时定点播音的广播节目之外，像电视电脑网络等全新意义的新传媒的使用还未完全普及的特殊年代，人们用口头或书本传承的民间故事、长篇小说、史诗、说唱等作品确实深受大家的欢迎，用那些熟悉而亲切的词汇系统，用抑扬顿挫的曲调和声音构成的锡伯语故事或诗歌，深深地感染着本民族同胞的那份民族情怀和情感，不断强化他们的民族认同和民族认知。在改革开放初期和此后的相当一段时间里，该县或该地区的锡伯族以全新的精神面貌步入现代化社会主义强国建设的同时，不断强化母语和本民族文字的使用、传承并将其发扬光大。这使锡伯族濒危语言文字的抢救保护、使用传承，以及锡伯族优秀传统文化的保护和繁荣发展处于较理想的状态。这是当时锡伯族濒危语言文字重新获得生机的群众基础，也是锡伯族濒危语言文字的使用人口达到新高点的根本前提。

第二节　抢救保护锡伯族濒危语言文字取得的成绩

改革开放的历程走过 40 多年，当人类推开 21 世纪的大门进入更加快速发展的新时代，边疆少数民族地区伴随祖国的日益强盛和科学技术的迅速崛起，也步入了跨越式发展的全新的历史进程。人口较少民族锡伯族生活的察布查尔县 2017 年 11 月摘帽脱贫后，经济社会建设更加稳步健康地向更加美好的未来顺利推进。与此同时，他们在自身的发展过程中，清楚地感受到当今经济社会的发展中，本地区本民族濒危优秀传统文化的搜集整理、抢救保护、发扬光大，带来的内在的活力和外在的经济效益。这使锡伯族优秀传统文化和精神文化，自然而然地成为新时代社会主义现代化建设不可或缺的重要组成部分。他们近些年，不断强化传统意义上的弓箭制作技艺、锡伯族刺绣、锡伯族贝伦舞、锡伯族传统民歌、锡伯文书法及锡伯族西迁节等具有浓郁民族特色和风格的文化建设工程，进而全面优化和提高了文化生活。尤其是该县强有力推动的文化强县战略，使他们优秀传统文化得到空前重视，并得到充分尊重和开发利用。所有这些，为锡伯族人民的现代生产生活注入了强大活力，也为该县的新时代新农村建设和构建文明、和谐、进步的新家园打下坚实的经济社会基础。与此同时，在该地区现代化建设的快速发展中，他们除了以上提到的优秀传统文化抢救保护、发扬光大之外，更加迫切地感受到已进入濒危状态的锡伯族濒危语言文字的抢救保护工作的重要性。为此本地区做了大量的努力和工作。对于已进入濒危状态的锡伯族濒危语言文字的保护、抢救、使用、发展工作，县政府始终将其作为经济社会建设中不可忽视的重要内容，以及打造文化强县的主要工作来抓。在他们看来，民族语言文字的保护和传承是提高全体公民素质、加强民族团结进步、实现各民族文化共同繁荣的一个重要因素，以及促进全社会和谐文明而科学发展的一个重要战略步骤。由此，他们将这一工作思路纳入县政府的重要议事日程，从而积极、慎重、稳妥而有计划地开展锡伯族濒危语言文字保护、抢救、教学、使用、发展方面的各项工作。根据我们所掌握的第一手调研资料，该县紧密结合民族地区优秀传统文化的抢救保护，把他们此项文化振兴战略工程的重点都放在以下几个方面。

1. 聘请锡伯文优秀教员，在锡伯族集中生活的依拉齐牛录乡、堆依齐牛录乡、孙扎齐牛录乡、纳达齐牛录乡、扎库齐牛录乡开设锡伯文速成班，对中青年锡伯族进行了锡伯文扫盲教育。速成班的课程内容主要涉及锡伯文的标准发音和发音方法、锡伯语语法形态变化现象的正确把握和使用、锡伯文基础文字的精确识读、锡伯文字体的规范书写、锡伯文翻译技巧和科学手段等。由于这期速成班讲课时间较短、知识量超越学生们的承受界限、教学进度过快、教学用的材料不是很适合于锡伯族锡伯文的快速学习掌握等因素，在这些锡伯族乡开设的锡伯文速成教育未能达到很理想的预期效果。那些锡伯文水平很低或接触本民族文字很少的锡伯族中青年人，在极其有限的几个星期内就要掌握锡伯文复杂多变的语音系统和语法关系显然不切合实际,何况速成班结束后也没有做与此相配套的后期巩固工作或再培训。尽管如此,参加速成班的锡伯族中青年人,对于本民族文字有了进一步深刻认识和了解,并为他们继续深入学习本民族文字打下了一定基础。尤其是,对于那些后来自觉自愿自学提高锡伯文知识水平的中青年人来说,给他们开讲的锡伯文速成班确实成为难得的学习机会和经历,也成为他们继续深入学习掌握本民族文字的良好开端。由此,也为已进入濒危状态的锡伯文的抢救和保护以及使用与传承注入了新的活力。与此同时,给寒暑假回家乡的锡伯族大专院校的学生和研究生,开办过锡伯文学习班和培训班,以此对本民族大学生和研究生进行了锡伯文强化教育。这对本民族濒危语言文字抢救、保护、使用、传承产生了很好的实际效益。

2. 县辖范围内,对各有关部门或机构、社团组织、农垦兵团、企事业单位,积极开展了锡伯族濒危语言文字保护、抢救、发展方面的宣传工作,并得到本民族同胞及有识之士的大力支持和一定数额的资金援助。为此,县里还成立了由县长为主任,由县委、人大、政协等部门的有关领导为副主任的专门委员会,旨在有效部署、安排、管理与锡伯族濒危语言文字抢救保护的各项工作。而且,这些工作是依托县语委会领导及专职工作人员具体落实。从而形成了主管领导亲自抓、分管领导具体抓、成员单位落实到位的有效工作机制。

3. 大力宣传锡伯族濒危语言文字的抢救保护、发扬光大的实际意义、使用价值和社会效益,营造锡伯族濒危语言文字抢救保护、学习使用的良好社会氛围。在开展宣传教育活动时,充分利用各种社会平台和社会力量,宣传我国濒危语言文字的抢救保护、学习使用、发扬光大方面的优秀而先进政策法规。并对锡伯族濒危语言文字抢救和保护直接相联系的成员单位,以及相关工作人员进行以法为主题的专门培训。还紧密结合该项工作,对县属各有关单位、社会相关机构、企事业部门的使用锡伯文情况开展多次调研。更为重要的是,深入乡镇以及村寨,宣传锡伯族濒危语言文字使用和保护方面政策法规。在此基础上,县语委和各有关部门共同制定了锡伯族濒危语言使用社会环境建设工作方案、具体细则、总体规划、实施计划等。还举办了多次富有成效的锡伯语环境建设培训班，强化了锡伯语环境建设的重要性、紧迫性和必要性。

4. 及时而有效地开展了正确使用濒危锡伯文和锡伯文社会用语治理整顿工作。特别应该指出的是，由县语委、民委、工商局、建设局、公安局、察布查尔报社、广电局、物价局等单位和有关乡镇领导组成联合检查组，根据《察布查尔自治县社会用字管理办法》，对街面出现的各种各样眼花缭乱、琳琅满目的牌匾广告的锡伯文进行了一次全面大检查。结果发现了不少用错锡伯文或使用不规范的实例。对此检查组提出了限期修改的处理，这使锡伯文在社会上的使用变得更加准确和规范化。由此，进一步净化了察布查尔县牌匾、广告栏正确使用锡伯文的社会环境。同时，县内多次召开审定和规范锡伯文名词术语的讨论会。特别是对于濒危锡伯语中使用的汉语名词术语的书写形式，进行了较为全面的调查研究和广泛征求意见。在此基础上，出台了濒危锡伯语规范使用汉语借词的一些规定。

5. 进一步加强了锡伯族濒危语言文字的正字正音及规范使用工作。这使那些熟练掌握母语和本民族文字的锡伯族，有效避免了不懂正字正音法而引起不必要的麻烦。使他们在生产生活实践中能够准确使用锡伯族濒危语言文字的正字正音法。

6. 县里还制订了对锡伯族基层干部开展"锡汉双语"培训教育的中长期计划，并循序渐进地开展了"锡汉双语"学习和使用培训工作。尤其是对锡伯族在校生，全面进行了有思路、有计划、有步骤、有实效的"锡汉双语"教学工作。从而，取得了较好的实际效益，使锡伯族学生们的"锡汉双语"功能得到显著提高。

7. 锡伯族濒危语言文字的保护工作遵循"保护中发展，发展中保护"的基本原则，积极稳妥地开展了跟锡伯族濒危语言文字保护和发展密切相关的一系列工作。同时，进一步强化了锡伯文办公系统的科学化进程，审议通过了《锡伯文信息技术应用软件系统》项目工程成果，有思路、有计划、有步骤地培训了从事锡伯文应用软件业务人员，强化了电脑软件锡伯文系统的操作技能和使用概率。由此，培养了一批能熟练运用锡伯文软件系统的业务骨干，提高了他们的锡伯文信息处理水平。

进入21世纪以后的今天，察布查尔县尽管从以上几个方面强化了锡伯族濒危语言文字的使用和保护抢救工作，但由于锡伯族濒危语言文字濒危现象始终未能从根本上得到改变。甚至，从某种意义上讲，锡伯族濒危语言文字使用环境不断恶化，濒危锡伯语使用现象一直向着不太理想的方向发展。在这种情况下，国家民委于2006年把该县确定为"锡伯语言环境试点县"。并先后几次在该县举办"锡伯语言环境建设培训班"，国家民委文宣司的有关领导亲自指导和参加，旨在挽救或缓解日益濒危的锡伯族濒危语言文字。在国家民委及新疆民委的关心和支持下，锡伯族濒危语言文字的保护工作取得了一定阶段性成绩。同时，向国家有关部委申报了"锡伯语言环境建设项目"，启动了锡伯文档案资料系统的建立工作，按照计划具体实施了新一轮锡伯语文培训工作，还先后召开多次锡伯语名词术语规范化学术讨论会。

从某种意义上讲，通过上述一系列活动，锡伯族濒危语言文字在该县的政务工作中得到进一步重视和强化，从而在县人大和政协两会等重大政治事项和会议期间，锡伯语作为重要的交流工具与汉、哈萨克、维吾尔等民族语言同时被使用，同样作为该县辖区内通用语言文字被重视和使用。在锡伯族学生较为集中的小学课程设计中，将锡伯文课程设定为本民族小学生一到三年级的必修课，从小学四年级到初中的课程设计，也安排了锡伯文学习的选修课。以此不断强化在学校教学中锡伯文教学的重要性，同时将锡伯语作为对锡伯族学生讲课时的辅助性教学语言。政府部门和学校方面，希望锡伯族濒危语言文字同哈萨克族和维吾尔族的语言文字一样，在学校的教学工作中更加广泛而更长期地被使用，进而在实际教学实践和教学应用过程中逐步建立健全锡伯族语文教学体系。

以上这项工作，使察布查尔县锡伯族濒危语言文字的社会功能和使用价值越来越多地被人们所关注，各行政机构和社会服务部门在公章、公笺、门牌等上面，尽量使用锡伯文和汉文两种文字，或同时使用锡伯文、汉文、维吾尔文三种文字，有的同时使用锡伯、汉、维吾尔、哈萨克四种民族文字。

由于该县属于伊犁哈萨克自治州的管辖区域，所以州政府有关部门希望他们同锡伯、汉、维吾尔三种民族文字一起使用哈萨克文。这些年，县里一直下大力气整顿公共场所各种名称、界牌、指路标示、交通标示等上面使用锡伯文的现象。此外，全国唯一的八开本锡伯文报纸《察布查尔报》保持着全年刊印一百期，每周二和周六刊发两期。而且，县广播电台和电视台按照日常工作计划，每周二、四、六用锡伯语播报新闻。尤其应该提到的是，2004年县里出资出人译制的锡伯语电视节目《消失的足印》热播多次，引起广大锡伯族同胞的极大兴趣并受到欢迎。还有，在上面提到的，于2008年研制成功的锡伯文计算机信息处理和软件开发系统，已在县广播电视、报社、机关单位和各有关部门的日常工作中发挥着十分积极而重要的作用。由此，很大程度上提高了濒危锡伯语的使用率，提高了锡伯文在现代化设备中的使用概率，提高了锡伯文使用的准确率、普及率、生命力以及工作规范程度和工作效率。

在我们实施锡伯族濒危语言文字使用情况的调研时，县语文办领导告诉我们，他们在锡伯族濒危语言文字的保护和使用方面虽然做了大量工作，也付出了艰辛劳动和努力，但实际效果同他们的工作要求和目标还相差很远。然而，他们认为，会坚持不懈而循序渐进地贯彻落实《察布查尔锡伯自治县语言文字学习使用管理暂行规定》《现代锡伯语名词术语规范原则》《锡伯语名词术语的使用规定》等。在此基础上，进一步促进锡伯族濒危语言文字的规范化管理，不断提高全体锡伯族的母语和锡伯文使用方面的规范意识，加大与锡伯族濒危语言文字使用和保护密切相关政策法规的宣传力度，努力营造一个全社会共同关注和重视锡伯族濒危语言文字工作的良好氛围。同时，他们提到应该充分运用国家和政府出台的濒危民族语言文字抢救保护的一系列优惠政策，因地制宜地采取行之有效而受群众欢迎的工作措施，进一步做好锡伯族濒危语言文字的抢救、保护、使用、发展方面的系统工程。同时，加强应用性、科学性、效率性的锡伯族濒危语言文字研究工作，不断提高锡伯族濒危语言文字的标准化程度和社会应用功能，努力推动察布查尔县锡伯族濒危语言文字工作的健康有序发展。不过，在他们看来，当今社会的跨越式发展，以及汉、维吾尔、哈萨克等民族的语言文字使用范围的不断扩大，给锡伯族濒危语言文字的使用带来一定影响。为此，他们必须拿出一定精力和时间，加强不同民族间的相互尊重、相互学习彼此的语言文字，努力营造一个不同语言文字和谐共存的社会语言环境。与此相关，不同民族语言文字间的相互翻译工作也越来越显示出应有的重要性，为充分发挥翻译工作在不同民族语言文字间的桥梁作用，应该培养精通锡伯、汉、维吾尔、哈萨克等四种民族语言文字的专业化翻译人才队伍。他们提出，这支队伍的培养，实际上和保护与使用锡伯族濒危语言文字工作同等重要和紧迫。因为，有了一批训练有素的高水平、高质量、高效率、高功能的多语翻译队伍，才能较为理想地解决这些民族间由于交流障碍而遇到的一系列语言难题，才能够更加科学地把握不同民族语的接触中产生的相互影响和相互同化现象，进而更好地落实锡伯族濒危语言文字的使用和保护抢救工作。

第三节 在抢救保护锡伯族濒危语言文字工作中发挥积极作用的部门及采取的措施

依据我们掌握的调研资料，锡伯族濒危语言文字抢救保护工作得到了上级部门和县政府的高度重视，并通过相关部门和研究机构、社团组织来具体抓落实此项工作，在各有关部门共同努力下，确实取得了不少阶段性工作成绩，进而对锡伯族濒危语言文字抢救保护、推广使用等方面产生积极影响。

一是察布查尔县锡伯族语言文字研究会对锡伯族濒危语言文字抢救保护工作发挥的作用。该研究会成立初期，开展了不少与锡伯族濒危语言文字使用和抢救保护有关的学术活动。然而，到后来该研究会的学术活动明显减少。他们认为，此类现象的出现，同绝大多数会员没有接受民族语言文字学方面的系统教育，特别是缺少专门研究锡伯族濒危语言文字方面的专家学者有关。他们中绝大多数人属于半路出家的语言学爱好者，或者是退休以后做本民族语文字研究的行外专家。他们有热情和民族情感，但缺少民族语言文字学理论知识，所以很难用严谨的语言学、语音学、词汇学、语法学及文字理论方法科学阐释或分析研究锡伯族濒危语言文字中存在的诸多学术难题。特别是，对于人们十分关注又感到头痛的锡伯语口语和书面语的差异性问题拿不出一个科学的解决方案。而且，对于在多种民族语言文字并用的社会语言环境中怎样使锡伯族濒危语言文字得到更好的保护和使用等一系列非常棘手的学术问题，也拿不出令人满意的建设性意见。他们即使发现了来自语言学的一些学术问题，也说不出问题存在的根本原因或主要因素，提不出行之有效的理论方法或科学决策。所以，他们讨论锡伯族濒危语言文字面临的诸多学术问题时，总处于极其矛盾和无休止的争论和分歧之中。正因为如此，他们在讨论会上常常各述其见、各自为阵，不能心平气和地进行充分而科学的沟通或商榷，结果对于一些重大学术问题的探讨，往往是争论半天得不出一个令人满意的好结果。在他们看来，没有足够的经费来保障对濒危锡伯语口语进行深入系统的社会调研。也是因为经费短缺和紧张等因素，很难召开相关职能部门领导、广泛代表意义的群众、专家学者或权威人士参加的学术讨论会。他们每次搞学术活动，就要四处凑钱或申请会议经费。总而言之，该研究会经费严重不足，直接制约着他们的学术交流和学术活动。不过，根据我们所掌握的调研资料，锡伯族濒危语言文字研究会虽然近些年没有开展什么学术活动，但在县语委的主持和承办下开展了不少富有成效的抢救、保护、使用锡伯族濒危语言文字方面的工作会议，以及相关专题性学术活动。进而一定程度上，行之有效地推动了锡伯族濒危语言文字调研、培训等方面的工作。

二是县语委对抢救保护锡伯族濒危语言文字做出的贡献。改革开放以后，锡伯族濒危语言文字的使用进入了一个新的历史阶段，1979年在察布查尔县成立了专门培训锡伯文教学队伍的师范类进修学校，简称为察布查尔教员进修学校，后改为察布查尔职业高中，现在叫察布查尔职业技术培训中心。该中心从建进修学校之初到现在，先后办过多期锡伯族教员进修班、锡伯语短训班、锡伯语学习班。县语委带动各方力量，不断强化锡伯族濒危语言文字培训工作，除在县城搞培训之外，还在不同乡镇、不同范围、不同层级开展培训学习，每期培训学习一般进行一周左右，每天要上5—6节课，每节课所用时间为45—50分钟，讲课的都是精通母语和熟练掌握锡伯文的语言文字工作者或专家。有时，也从社会上聘请精通锡伯语言文字的老人或请小学或中学教锡伯文的教员来讲课。每期的培训学习都有20—30名锡伯族参加，其中有锡伯族大学生、中专生、中学生、社会人员、机关单位的年轻干部，以及农民和个体老板等。还有一些达斡尔族、鄂温克族、哈萨克族、汉族来参加培训学习。县语委办的与锡伯族濒危语言文字的抢救、保护、使用密切相关的培训学习期间，严格要求所有参加者使用锡伯语和锡伯文，为了此项工作更加扎实、稳妥、有效推进，县语委还组织有关专业人才和专家编写出版了简便易学的锡伯文培训学习教材，在办培训学习期间或开展锡伯族濒危语言文字抢救保护活动时发给大家。我们不得不承认，这些培训学习培养了一大批锡伯语文教员和锡伯族濒危语言文字工作者，进而在锡伯族濒危语言文字的使用，以及提高锡伯文使用水平等方面发挥了重要作用。与此同时，在县语委的大力支持下，还新印刷了不少锡伯文书籍，其中就包括重新编印的一整套锡伯文教科书，由此很大程度上推动了锡伯文的保护、抢救和推广使用工作。所有这些，不仅使锡伯文的使用得到进一步的重视，更为重要的是积极推动了本地区经济社会的健康发展。此外，县语委几乎每年都开展锡伯文使用、推广、保护相关的宣传教育活动，呼吁本锡伯族同胞积极学习使用母语和本民族文字。他们还为了更好地发挥锡伯族濒危语言文字的作用，提出各有关部门引进人才或招聘工作人员时进行锡伯语言文字考试的要求，并很快得到区、州、县各有关部门的大力支持而落到实处。在此基础上，从1996年以后，该县还把锡伯语言文字水平作为该县干部职工评职称和年度考核的一项主要内容。毫无疑问，所有这些很大程度上为锡伯族濒危语言文字的学习、使用注入了新的强有力的生命力。

从2007年起，县语委还不定期内部印刷锡伯族《语言文字工作简讯》，每年都印刷10期左右，甚至有些年份印刷过20余期，主要是根据县语委语言文字工作、会议、调研信息资料和相关文件内容来定印刷内容和刊印期数。该简报一般刊登县语委锡伯族濒危语言文字的抢救保护工作规划和步骤及具体措施、锡伯族濒危语言文字学术活动、培训班、社会调研、与锡伯族濒危语言文字的抢救保护相关的各种工作会议、领导对于锡伯族濒危语言文字抢救保护考察工作、锡汉双语教学、锡汉翻译人才培养工作、锡伯族濒危语言文字抢救保护和使用宣传工作、锡伯族濒危语言文字使用环境优化工作、锡伯文名词术语规范化工作、锡伯文电脑信息化处理工程的实际作用和好处、幼儿班和学前班以及小学锡伯族濒危语言文字教学工作、家庭内部开展学习和使用锡伯文的要求和标准、制作锡伯文译制片和电视节目的讨论、锡伯文规范化和标准化以及信息化工作要点、锡伯文现代化电子出版软件系统的研发和应用、通过完善信息技术处理手段来保护和发展锡伯文使用领域和空间、有计划有思路地印刷锡伯文文学文艺作品来保护和传承锡伯族优秀传统文化的方式办法、锡伯族濒危语言文字保护抢救工作的最新成果等方面的报道。该简报的编写或刊印工作，均由县语委内部的工作人员承担和完成。

  县语委对于双语学习和教学工作十分重视。这不仅关系到少数民族学用汉语汉文的实际需要，也关系到少数民族地区的汉族学用民族语言文字的实际需要。该县从2004年着力开展双语学习活动以来，办了不少双语学习班、培训班、短期班、速成班，甚至刚开始启动此项活动是每年搞3—4次双语学习班或与此有关的活动，参加学习班或活动的人员中绝大多数是机关党委的干部职工、学校的教员、企事业部门的职工等。在双语学习活动中，学员们深刻地感受到，提倡和鼓励各民族相互学习语言文字，特别是相互学习日常会话内容，有利于语言交流、相互沟通、互相交往及团结协作和顺利开展各方面工作，有利于相互学习、取长补短、共同进步、共建更加美好的未来。他们认为，当今是一个复杂多变、多种语言文化相互交融、科学技术日新月异、市场经济瞬息万变、信息网络铺天盖地的特殊时代，所以很难用一种语言文字同整个社会的全体成员进行完全意义的全面沟通和交流，也很难将不同民族语言全部译成自己的语言文字进行书面交流。在他们看来，民族自治地区民族成分多，民族语言文字也多，所以不论哪个民族都应该学习彼此的语言文字，这样才能够适应多种语言文字使用环境而获得更多的生活、工作、发展空间。这对本地区各民族人的素质的提高、扫除发展道路上遇到的语言文字障碍、相互间的深度交流沟通及团结互助，均会发挥而不可忽视的重要作用。特别是，对于边疆地区的少数民族来讲，他们可以通过双语知识或多语知识，走入内陆地区不断拓宽视野和开展各方面的工作，用多种语言文字开发的智慧头脑去创造更多的物质财富和精神财富。经过这些年的双语学习实践活动，该县的汉族、维吾尔族、哈萨克族都不同程度地掌握了锡伯族濒危语言文字知识，被誉为语言天赋的锡伯族也都不同程度地掌握了汉语、哈萨克语、维吾尔语等民族语言。尤其是在双语学习实践中，为提高锡伯族集中生活的乡村学生的汉语水平，实施了到汉族集中聚居乡村学习汉语，以及其他民族的学生到锡伯族集中生活的乡村学习锡伯语等活动，从而产生了较好的实际效果，使相互间的双语知识得到较快较理想的提高。

为更有效地开展此项活动，该县语委对汉学锡、锡学汉的双语学习实践的干部职工，制定出 A、B、C 三个档次考核标准。具体内容如下：

（1）对于锡伯族濒危语言文字学习者来讲：

A 为优秀者，也就是经过双语学习实践活动，锡伯语口语达到能够交流的地步，同时掌握了锡伯文初级知识，能够简单读懂锡伯文的人；

B 为合格者，是指锡伯语口语水平达到一定程度，但锡伯文水平不高的人；

C 为有待提高者，包括只掌握简单锡伯语会话内容，但不懂锡伯文的人。

（2）对于汉语言文字学习来讲：

A 为熟练掌握汉语言文字者；

B 为汉语讲得很好，但汉文水平有待进一步提高者；

C 为汉语讲得不是很流利和熟练，汉文水平比较低的人。也是指只能用汉语不能写汉文的人。

他们希望，通过双语学习实践活动，干部职工都要达到 A 档次，如果达不到 A 档次也要达到 B 档次，最低也要达到 C 档次的程度。这些措施对该县双语使用或多语使用产生了十分积极的影响，相互间的交流和沟通变得更加畅通，对于各民族间的互相关心、相互帮助、团结协作以及共建美好家园产生现实的和长远的影响。

三是《察布查尔报》对于锡伯族濒危语言文字抢救保护工作发挥的积极作用。该报是我国唯一的锡伯文报纸，也是世界上的独一无二的锡伯文报纸。该报的前身用锡伯语叫 surfan zhirgan "苏尔凡吉尔干"，其中 surfan "苏尔凡"表示"自由"之意，zhirgan "吉尔干"则指"声音"，这两个词合起来表示"自由之声"的概念。也就是说，现在的 chabchal serkin《察布查尔报》起初就叫"自由之声报"，后来才改为现在的称谓。该报创刊于 1946 年 7 月，是当时的伊犁地区革命政府办的报纸之一，并在伊宁市油印发行。中华人民共和国成立后，与《伊犁日报》一同成为伊犁地委机关报。1954 年底将该报纸的 surfan zhirgan《自由之声报》之名改为 iche banzhin《伊车班津报》，这里说的 iche banzhin 也是锡伯语，iche 表示"新的"之意，而 banzhin 是属于"生活"之意的名词。由此可以看出 iche banzhin《伊车班津报》在锡伯语里是指含"新生活报"的意思。该报从 1954 年开始，从油印版改为铅印印刷版。1956 年底，该报改为由察布查尔县委主办，同时更名为 chabchal serkin《察布查尔报》。毫无疑问，chabchal serkin "察布查尔报"之说也是锡伯语，chabchal "察布查尔"是表示"粮仓"之意，serkin 则指"报"的意思。《察布查尔报》每年的发行量，从开始发行时期的 300 多份后来增加到 1000—1500 份。该报社的 27 名职工中锡伯族有 21 名，其他 6 人是熟练掌握锡伯族濒危语言文字的维吾尔族。报社员工工作用语就是锡伯语，偶尔使用维吾尔语或汉语。因为所有职工都几乎精通锡伯族濒危语言文字及维吾尔语言文字和汉语言文字，所以对于他们来讲使用哪一种民族语言文字都不是什么问题，但县语委和报社领导都要求他们在工作中使用锡伯族濒危语言文字，只是遇到用锡伯语沟通有障碍的时候使用汉语或维吾尔语。报社的会议文件过去有锡伯文或维吾尔文的两种，而现在绝大多数变成了汉文会议文件，所以报社领导传达文件时首先照搬用汉文读，然后用锡伯语进行讲解、讨论、分析文件精神。

《察布查尔报》的服务对象主要是懂锡伯文的锡伯族同胞，以及从事锡伯族濒危语言文字、满语言文字研究的相关机构和专家学者。所以，除了新疆之外，在锡伯族和满族集中生活的辽宁、黑龙江、北京等省市均有不同数量的阅读者。据不完全统计，该报发行数量最高时达到1800份，一般情况下发行量保持在1000份左右，其中约占60%的报纸免费赠送给察布查尔锡县各机关单位及有关领导或个人，也免费赠送给国内锡伯族和满族语言文字研究机构或科研人员，包括国内锡伯族聚居区的政府部门、科研院所、专家学者等。除了赠送之外的40%是锡伯族、满族语言文字部门或与锡伯族文化历史研究有关的科研机构或专家学者订阅的部分。其中，也有来自吉林、河北、天津、南京、湖北、贵州、四川、福建厦门、浙江杭州等省市和港台的一些订单，以及来自日本、美国、德国、意大利、俄罗斯、韩国、波兰、瑞典等国外订单。根据我们所掌握的资料，《察布查尔报》上刊登的内容主要有：

（1）中央和地方政府下发的重要学习文件的锡伯文翻译稿；

（2）国内各大报纸上报道的最新重要重大新闻内容的锡伯文翻译稿；

（3）新疆和伊犁及察布查尔县的最新重要新闻内容的锡伯文稿；

（4）察布查尔县各乡镇、农村、牧区的主要新闻内容；

（5）锡伯族濒危语言文字、文化历史、文学艺术、宗教信仰、经济教育方面的喜闻乐见的新闻报道。

在我们调研时，该县的读者反映，《察布查尔报》的时代性、政治性、政策性、宣传性抓得紧，同时对锡伯族关心的或同锡伯族人民息息相关的锡伯族文化历史、风土人情、传统习俗和衣食住行、文化艺术、民间故事和传说、语言文字的传承和保护密切相关的内容也不断得到增加。也就是说，随着该县文化强县战略的实施，该报的民族性、文化性、独特性、地域性特点越来越显著体现，从而成为贴近时代主题、贴近本民族优秀传统文化、贴近锡伯族人民群众的有生命力的地方性民族报。他们认为，为了继续弘扬这一办报理念和精神，还要进一步强化培养和塑造一批训练有素而高素质的锡伯文编辑记者队伍。在他们看来，由于人才队伍的缺失，加上新旧编辑梯队衔接不到位等原因，《察布查尔报》中有时出现锡伯文使用不规范等现象，尤其是新名词术语的使用上遇到的问题较突出。由此，一定程度上影响了锡伯族读者的阅报兴趣，甚至在一定程度上影响阅报订报人的数量。尽管如此，《察布查尔报》在懂锡伯文的中老年锡伯族中，特别是在那些退离休在家安度晚年的老教员、老干部、老知识分子中，有着相当数量的读者。锡伯族老人们讲，读锡伯文报纸已经成为他们精神生活的一项重要内容，也是他们珍惜、传承、保护锡伯族濒危语言文字和历史文化的一个重要表现形式。

四是察布查尔锡伯自治县档案局对锡伯族濒危语言文字抢救保护工作发挥的积极推动作用。该档案局工作人员不论是锡伯族、维吾尔族还是汉族都具有相当高的锡伯文及档案资料搜集整理理论知识和工作经验，更加可贵的是工作之中都用锡伯语交流，也都有维吾尔语和汉语知识水平。所以，他们对馆藏17153卷锡伯文、汉文和突厥文档案很熟悉，每一个档案资料都有汉文目录，只有早期的一部分档案有锡伯文目录。根据我们了解的情况，20世纪80年代前的档案中有70%左右是锡伯文资料。20世纪80年代后，特别是21世纪之后，锡伯文档案资料开始逐年减少。这些年只有一些从某个锡伯族老人或有关单位那里搜集到锡伯文早期极少数档案资料。我们的调研资料表明，该档案局在2008年就编写档案信息20期26篇，各乡镇的报送档案信息也有所增加。其中，也包括锡伯族濒危语言及优秀传统文化档案资料，不过绝大多数是用汉文记录和撰写，用锡伯文或满文写的档案资料比较少。同时，这两年，他们下大力气加强了县所辖区内的档案工作人员锡伯文及专业知识方面的学习培训。并且，富有成效地培训和强化了100余名基层锡伯族文献资料与档案人员的锡伯文知识，还多次组织各级档案工作人员到伊犁州参加锡伯文档案资料搜集整理业务培训，由此进一步提高了锡伯族档案工作人员的锡伯文知识水平和工作技能。县档案还牵头成立了"机关文件材料归档范围和文书档案保管期表"审批领导小组，动员和指导各单位上报、审查审批的锡伯文等档案资料工作。此外，还开展了各乡镇、机关企事业单位锡伯文等档案业务情况的检查工作。在此基础上，一定程度上解决了由于锡伯文知识水平不达标、对锡伯文文献资料管理不到位，以及对锡伯文档案资料的不重视而出现的锡伯文濒危语言文化档案资料流失等现象。与此同时，他们进一步明确，乡镇锡伯文档案责权范围，建立健全地方特色锡伯文档案资料库的工作宗旨，进一步强调提高锡伯文档案资料工作人员的锡伯语口语及书面语知识水平，要求他们在锡伯族生活区开展锡伯文档案资料征集、宣传、培训工作时，更多地使用锡伯族濒危语言文字。由于工作开展比较得力，征集到了一定数量的锡伯文和满文早期档案资料。其中就包括锡伯族民间家谱、锡伯族祖训、清代满文圣旨、锡伯族民间散存的满文古籍目录、锡伯族历史口承资料、锡伯族西迁《兵丁册》、察布查尔县文史资料、锡伯族人口发展档案、察布查尔县第一中学校庆档案、锡伯族奥运火炬手档案资料等。对于这些锡伯文档案资料及时进行了分类编号登记造册。还有，他们重新鉴定整理，馆藏锡伯文与满文书籍及其档案资料。与此同时，不断向社会有计划地开放馆藏锡伯文档案资料，使锡伯文档案资料开放的卷件数逐年增多。更加可贵的是，他们还编写了《察布查尔县档案志》《察布查尔县档案馆指南》，建立了档案局全宗统计台账，规范整理了档案局资料图书目录与照片档案等。为了使锡伯文等档案资料工作更有效，他们还制定了《乡镇、机关档案目标考核实施细则》和《乡镇档案例会制度》，定期召开乡镇档案工作例会，结果全县有 86 个单位进入档案资料管理系统，使乡镇村建档率逐年得到提高，还出现了不少档案管理工作示范村。毫无疑问，这些工作使散存于社会的锡伯文历史文化、语言文字、风俗习惯、宗教信仰、历史人物等方面的珍贵档案的征集、整理、分类、编码、入馆工作得到规范理想发展。

县档案局为提高锡伯文档案资料管理的现代化手段，积极而有计划有步骤地推进锡伯文档案管理软件化进程，从而为锡伯文档案资料的数字化检索提供了极大方便，基本实现锡伯文档案资料的数字化管理。尤其可贵的是，馆藏锡伯文和满文档案资料全面进入电脑软件操作规程和处理系统，完成了锡伯文和满文档案目录的计算机录入计划，强化了锡伯文和满文档案的电子化管理技能，实现了锡伯文和满文电子化档案资料与纸制档案资料配套管理，使锡伯文和满文档案资料进入电子化管理时代。毫无疑问，电子化、数字化、信息化、科学化的档案资料管理，很大程度上推动了该县档案工作的现代化进程。他们还用现代科技手段对馆藏锡伯文卷宗档案分类分批次做了质量安全监察与鉴定，对纸制蜕变、字迹模糊、装具不符合要求的锡伯文档案等进行及时的电子化处理，对整理不规范、查阅难度大的馆藏锡伯文档案重新整合归档、编制检索系统、提高检阅效率。所有这些，强化了锡伯文档案资料的科学整理和电子化管理工作，提高了锡伯文档案资料的信息处理水平和使用率。总之，改革开放以后，察布查尔县档案局在弘扬锡伯族历史文化与文明方面确实取得了鼓舞人心的好成绩，一定程度上推动了锡伯族濒危语言文字的抢救、保护、传承工作，对于强化锡伯族文化自觉、文化自信、文化自强发挥了应有的作用。

五是察布查尔县图书馆同样对锡伯族濒危语言文化抢救保护做出了应有的贡献。该图书馆有7名工作人员，其中有3名锡伯族，其他工作人员中有2名维吾尔族和1名哈萨克族及1名汉族，但他们在日常工作中主要使用锡伯语。也就是说，该图书馆工作人员，不论是维吾尔族、哈萨克族还是汉族，都会说锡伯语。在馆内会上传达汉文文件时多用汉语，不过也会用锡伯语解释或讨论文件的相关内容。其中，锡伯文水平高的工作人员，管理锡文阅览室的锡伯文图书资料。县图书馆工作人员，同阅览图书的锡伯族主要用锡伯语交流，也和懂锡伯语的维吾尔族、哈萨克族和汉族阅览图书者用锡伯语交流。进而，县图书馆也成为比较理想的锡伯语会话场所，以及传播锡伯族濒危语言文化的一个基地。不过，县图书馆职工也都能熟练掌握汉语及其维吾尔语和哈萨克语，所以不懂锡伯语人到此阅读图书资料时，和他们也说汉语或其他民族语。在他们看来，与到馆内阅读图书资料的人们多说锡伯语，尽量用锡伯语交流，就是为抢救、保护、使用濒危锡伯语做贡献。但令他们感到遗憾的是，图书馆收藏的图书资料里锡伯文图书资料越来越少，反过来汉文图书资料越来越多。据统计，该图书馆的藏书中锡伯文图书只占5%，维吾尔文和哈萨克文图书占10%，而85%的图书资料是汉文书刊报纸。图书馆工作人员反映，为了增加锡伯文图书的储存数量，派有关工作人员到外地收购锡伯文各种图书资料，尽量满足锡伯族同胞的阅读需求。尽管如此，他们认为锡伯文图书越来越难买到，只能购买用汉文撰写的锡伯族濒危语言文字或历史文化方面的图书资料。由于近些年县图书馆汉文图书资料不断增多，到图书馆汉文阅览室阅读汉文资料的人也逐年增加。他们呼吁，为了抢救保护锡伯族濒危语言文字，上级有关部门应该进一步加大对锡伯文图书印刷专项资金投入，从而为锡伯文图书印刷出版工作注入活力。

县图书馆的工作人员还认为，少数民族自治地区的本民族文图书的丰富与否十分重要，它直接关系着该地区的经济社会的发展和进步。同时，应该更多地关注与图书资料密切相关的文化产业，下大力气保护非物质文化及传承人。然而，在地方选定非物质文化基地或传承人方面存在不少问题。例如，有的人根本就不懂锡伯族濒危优秀传统文化，却被有关部门选定为某一传统文化继承人，结果把很好的一些优秀传统文化和文明搞得不伦不类，弄成走了样而没有传统文化意蕴、没有民族特色、没有代表性的市场文化产物。另外，他们还说，锡伯族传统文化被挪用或盗用的现象也有不少，一些器乐或舞蹈原本就属于锡伯族濒危优秀传统文化，结果转眼工夫就变成其他民族的非物质文化遗产，进而直接影响锡伯族申请国家或国际的非物质文化遗产继承权或保护权。类似的事情确实有不少，对此有关部门应该派专家学者到锡伯族文化发源地进行实地考察，多方面争取锡伯族群众及专家学者的意见和建议，在此基础上正确而科学地选定非物质文化基地和传承人。在此方面，县图书馆工作人员做了大量的工作，包括向有关部门提交相关建议和要求、锡伯文图书资料的宣传、四处购买锡伯文图书资料等，从而对锡伯族濒危优秀传统文化的抢救保护和繁荣发展发挥积极的推动作用。

六是察布查尔县电视台现有职工中锡伯族占50%。另外，也有汉族、维吾尔族、哈萨克族等。台里的锡伯族都会说母语，他们之间全部用母语交流。到台里工作时间长的汉族和其他民族工作人员，也不同程度地掌握锡伯语，所以跟锡伯族同事间也说锡伯语。当然，也有使用汉语或维吾尔语和哈萨克语的时候。台里开会时，基本上用汉语，但具体讨论时似乎说锡伯语的情况较多。

县电视台有2名锡伯语播音员，另外还有2名将汉文稿件译成锡伯文或将锡伯文稿件译成汉文的电视节目编辑，他们都有很高的锡伯文水平和母语会话能力。电视台的锡伯族播音员，在电视屏幕上用母语播音时要穿本民族服装。在他们看来，主持电视节目时，穿本民族服装是对本民族濒危语言文化的重视和尊重。县电视台为更好地服务锡伯族群众，每天开播时首先说几句锡伯语，每天定时定点播送锡伯语新闻节目，每周二、四、六还播放锡伯语传统民俗文化专题节目，等等。用锡伯语播送的15—20分钟的新闻联播节目，基本上跟当天播送的汉语节目有关，甚至可以说是汉语节目的锡伯语重播形式。与此不同，用锡伯语播送的民族民俗节目，常常以锡伯族传统歌舞、民族器乐、民族风俗、民族服装、民族文化、民族长篇故事等为主。该电视台的锡伯语节目里，还以连续剧形式播放过中央电视台锡伯族编导焦建成录制的四集锡伯族纪实片《消失的足印》，从而得到锡伯族同胞的很高的收视率。由于该节目对锡伯族历史文化的抢救、保护、宣传和弘扬产生了积极影响，并受锡伯族电视观众的要求，台里将《消失的足印》先后播放过多次。在纪实片中出现的锡伯语交流的内容、锡伯语民歌、锡伯语说书事例、锡伯族传统文化等内容深受广大锡伯族同胞的喜爱。后来，该纪实片的语言全部译成锡伯语，成为完全意义上的锡伯语锡伯族纪实片。台里的锡伯语节目里，还播放用锡伯语编制的锡伯族西迁节、锡伯语说书故事、锡伯族说唱故事、锡伯族演唱会、锡伯族濒危语言文字知识、锡伯语会话内容等专题性节目。毫无疑问，所有这些，对锡伯族濒危语言文字及传统文化的抢救保护产生了重要影响和推动作用。

  县电视台播放的汉语新闻报道中，访谈锡伯族非遗传承人或某一代表性老人时，他们可以用母语讲，电视访谈节目也会按原声播放，只是在下方打出汉语译文内容。无论是锡伯语专题节目还是在汉语节目中出现的锡伯语访谈话语，都深得锡伯族的喜爱和赞赏，在锡伯族中有着很高的收视率。并且，许多锡伯语节目在伊犁哈萨克自治州获得了一、二、三等奖。也有锡伯语节目在新疆维吾尔自治区电视节目评比活动中，获得一等奖或其他奖项。在区、州、县的评奖中获奖的锡伯语节目，以及锡伯族优秀传统文化节目，为锡伯濒危语言文化抢救保护工作注入了强盛活力，很大程度上强化了锡伯族文化自信、文化自强，以及建设锡伯族文化强县战略思想理念。

  县电视台领导认为，要打造锡伯语优秀影视节目，振兴锡伯族优秀传统文化，不断发扬光大这些优秀传统文化的精神实质，克服锡伯族电视节目老化、单调、没有新意的现象，要与时俱进地增加新的内容、新的色彩、新的思想、新时代文化战略理念。而且，要不断增加与此相关的经费投入。他们表示，只要得到一定资金支持，台里在成立锡伯语影视译制组的基础上，有计划有步骤地译制喜闻乐见而短平快的锡伯语影视节目，从而为锡伯语的保护和传承、为繁荣发展锡伯族优秀传统文化、为丰富锡伯族的精神文化生活做出更大贡献。他们还提出，察布查尔县位于祖国偏远边疆地区，应该得到中央政府和有关部门的特殊扶持和特殊资金支持待遇，使县电视台锡伯语节目的编制、译制、编排工作为该县的文化强县战略的实施发挥更强、更有力、更有实效的作用。

第四节　察布查尔县各类学校对锡伯族濒危语言文化抢救保护工作发挥的作用

察布查尔县教育局的锡伯文教研室主要负责小学一到三年级的锡伯族濒危语言文字教学工作、察布查尔民族中学的锡伯族语言文化选修课等教学和教科书的管理工作，以及县语委办的各种锡伯族濒危语言文字培训班和短训班的教学工作及其监督管理工作等。从而，保障了更好、更有力、更有效、更扎实有序地开展锡伯族濒危语言文字教学工作。根据他们提供的有关资料，察布查尔县锡伯族集中生活的乡镇学校里，锡伯族学生使用母语的现象比较理想。首先，锡伯族学生课余交流时基本上使用母语，他们和其他民族学生交流时汉语使用得较多，但同维吾尔族或哈萨克族同学偶尔也说维吾尔语或哈萨克语。在这些学校读书的汉族或维吾尔族及哈萨克族学生，不同程度地掌握锡伯语，他们在锡伯族乡村生活时间越长掌握锡伯语也就越好，即使是新移民来的其他民族的学生，在这一特殊的语言环境下也能很快掌握锡伯语。锡伯族聚居区学校的各种教科书除锡伯语文教材之外都用汉语文编写，学校教员中虽然绝大多数是锡伯族，但他们的第一教学语言还是汉语。不过，教员们用汉语讲课时，遇到锡伯族学生听不懂讲课内容，锡伯族教员或懂锡伯语的其他民族的教员就会用锡伯语进行辅助性讲解。尤其是给锡伯族学生做个别辅导时,锡伯族教员基本上用母语进行讲解。在察布查尔县政府所在地,锡伯族学生较为集中学习的学校以及锡伯族学生课余时间使用母语较好的学校,应该是察布查尔第一小学和察布查尔第一中学。下面紧密结合调研资料,分析县第一小学和第一中学在锡伯族人才的培养以及锡伯族濒危语言文字抢救、保护、传承等方面做出的贡献。

一 察布查尔第一小学

察布查尔第一小学建校时,是一所锡伯民族小学,学生主要是锡伯族,教员也几乎都是锡伯族,但多数教材是汉文版本。不过,锡伯族教员们在讲课时,经常用母语解释课程内容,学生们课上遇到的各种问题,也直接用母语向老师提问。这种教学方式事实上就是双语教学,这对锡伯族小学生用汉语文学习文化知识发挥了十分重要的作用。后来,随着该地区汉族移民的不断增多,学生们使用汉语的场合也越来越多,加上电视广播的普及和汉语汉文节目的不断增多,对锡伯族小学生们汉语文学产生了积极影响。结果,在锡伯族小学生之间的交流中,也有使用汉语的现象。2008年,根据教育局制订的《校点布局调整方案》,把县城内的维吾尔族小学合并到察布查尔第一小学,这使锡伯族小学生同维吾尔族小学生间的交流机会变得更多更频繁。而且,在县城生活的锡伯族和维吾尔族小学生,都一定程度地掌握汉语和彼此的母语,这给他们的相互交流带来了许多便利,但他们在课余时间用汉语交流得要多一些。无论在课上还是课外,老师们与同学们谈论课程内容时也会使用锡伯语和维吾尔语等。正因为该小学十分重视双语教学,近年来一直是该地区双语教学的模范学校,特别是在对少数民族学生进行汉语教学方面取得了显著成绩。

在该小学一到三年级的教学计划中,有锡伯语文课程设置和安排。并且,在校的汉族、维吾尔族和哈萨克族学生都要学锡伯语文。每周三节的锡伯语文课,一到二年级时主要学锡伯文的字母、音节、发音、写法、连接使用法等初级知识,三年级时上锡伯文会话课程和初级语法课程。然而,我们的调研资料表明，在小学一年级到三年级的三年里，学生们学习掌握的锡伯文知识，由于在小学高年级的学习和教学中很少用得上，加上日益加重的学习任务和学习负担，包括锡伯族学生在内很多小学生，到五、六年级或到小学毕业时，就把所学的锡伯文知识几乎忘得差不多了。可是，家庭用语是锡伯语，父母又都懂锡伯文也重视锡伯语文教育，所以一些小学生不仅能够将锡伯文学习坚持下去，且锡伯语文水平达到一定高度。

对于该校的教育现状，教员们认为，锡伯族或其他民族的小学生，在学校期间多学一门民族语言文字，包括学习外语等对孩子们的智力开发有重要作用，主要是在于教学方式方法上。特别是对于少数民族学生，用他们最为熟悉的母语讲解难懂的课程内容，会产生很好的教学效果，不会影响他们学习母语、汉语、外语。在他们看来，锡伯族小学生的双语教学，对他们的汉语文学习和外语学习发挥了重要作用。只是觉得不妥的是，让学生们的锡伯语文课上到三年就停止教这门课程有点不合适，应该一直延续到学生们小学毕业。也就是说，学生们上了三年的锡伯语文课，对锡伯语文有了一点基础和兴趣的时候停了这门课，就等于前面的三年白学了，应该再进一步巩固和强化锡伯语文基础知识，至少教到小学毕业才合适。不论怎么说，该校的教学计划里设置的一年级到三年级的锡伯语文课程，对于锡伯族濒危语言文字的抢救保护和使用产生了一定积极影响。

二　察布查尔第一中学

察布查尔县第一中学创建于1948年，建校初期叫"西宁锡伯中学"，后改为"西宁锡伯初级中学"。后来，该中学名称还有过"察布查尔锡伯中学""察布查尔第一中学""工农兵中学"等变更。改革开放以后，该中学正式命名为"察布查尔第一中学"，该中学也是唯一一所以锡伯族教员和学生为主的县级全日制民族中学。根据我们掌握的调研资料，当时察布查尔第一中学的教职员中锡伯族占77%，汉族占20%，回族占2%。该中学有31个教学班，初中有19个班，高中有12个班。学生中锡伯族之外，还有维吾尔、哈萨克、回、汉等民族的学生。两千余名在校生中，锡伯族学生占

36%，维吾尔、哈萨克、回、柯尔克孜等民族学生占 13%，汉族学生占 51%。该中学多次被评为"全国重点民族中学""自治区文明学校""自治区民族团结学校"等。察布查尔县第一中学成立以后，直到 20 世纪 60 年代中期，锡伯语作为主要教学用语之一在课堂上使用。尤其是教员们和学生们讨论课程内容或解答学生提出的问题时，基本上使用锡伯语。20 世纪 80 年代以后，锡伯语和汉语双语讲课现象越来越多，经过一段时间的锡汉双语教学，又逐渐过渡到以汉语为主的授课时代，锡伯语成为一般性辅助教学语言。

我们在该中学进行调研时发现，他们根据相关教学规定，也设立了与锡伯族语言文化抢救和保护密切相关的一些选修课。其中就包括锡伯族濒危语言文字课、锡伯族传统艺术课、锡伯族传统乐器课、锡伯族射箭学习与培训课等。特别应该指出的是，锡伯族濒危语言文字选修课在高中班里每周上两节。在课程上使用的是完全用锡伯文编写的新教科书，讲课的也都是精通母语的锡伯族教员。课堂上使用的教材有两本，教学内容和计划都有别于小学一年级到三年级教锡伯文的教科书。也就是说，其教学内容要比小学用的教材复杂一些，所设计的语法内容也要多一些。该中学每年还隆重举行锡伯族西迁节庆祝活动。到那一天，学生们都要穿上本民族服装，进行传统的射箭比赛、锡伯族歌舞比赛、锡伯文书写比赛，还演奏锡伯族传统乐器。该中学还规定，对于在锡伯族语言文化选修课上获得优异学习成绩的学生，高考中给予相应照顾和特别推荐。该中学还多次获得"全国重点射箭学校"，从而为弘扬锡伯族传统文化做出了应有贡献。不论怎么说，所有这些举措和成绩，对锡伯族濒危语言文字及优秀传统文化的抢救、保护、传承和发扬光大发挥了积极推动作用。

比较而言，现在锡伯族中学生之间，说母语的现象逐年减少，取而代之的是汉语。生活在锡伯族聚居区的汉族、维吾尔族、哈萨克族等的中学生中使用锡伯语者同样变得越来越少，他们间的交流更多的时候使用汉语或本民族语言。多民族中学生交叉交流时多用汉语，他们和锡伯族同学单独交流时也有使用锡伯语的现象。很有意思的是，生长在该地区的其他民族的中学生之间交流时，偶尔也使用锡伯语。当问起他们什么时候使用锡伯语时，中学生们也说不清，只是说有时自然而然地就使用锡伯语。他们还进一步解释说，或许说汉语或维吾尔语的时间长了，偶尔说些锡伯语觉得很新鲜很有意思。有的同学说，就是一种语言习惯，是一个多种语言交流的社会环境中养成的多语言交流的习惯。有的同学则认为，这是对于锡伯族同学的一种尊重，汉语或其他民族语说多了觉得对不起锡伯族同学。特别是在许多人交流的场合其中有锡伯族同学的时候，一句锡伯语也不说心里觉得别扭，所以适当时候就说两句锡伯语。为把察布查尔县作为锡伯族语言文化保护区，国家民委组织有关民族语言文字专家学者，在该县办过几期锡伯族濒危语言文字保护抢救培训班，该中学的一些学生参加了该培训，得到一定鼓舞和启发，进而自觉加强锡伯族濒危语言文字学习。为了引起锡伯族学生们学习母语的兴趣，教员们尽量与锡伯族学生用锡伯语交流，还常给学生们讲锡伯族濒危语言文字抢救保护的重要性。从某种角度讲，察布查尔第一中学为锡伯族学生学习、掌握、使用母语和锡伯文确实付出了不少努力，也取得了较理想的教学成绩，从该中学考入大学的学生中锡伯族占多数。例如，2009年考入大学的高中生中60%是锡伯族学生。更加可贵的是，这些考入大学的锡伯族高中生不同程度地掌握母语。在我们看来，在多种语言并存的社会环境里成长的中学生，日常语言交流中使用多种民族语是他们的先天优势，也是多年接受双语教学的必然结果，使学生们有了多种语言交流和多种思维的功能，这对他们智慧世界的开发、学习掌握新的知识都有很大帮助和促进作用。

三　察布查尔乡村小学

锡伯族集中生活的乡村学校，锡伯族师生间基本上用母语进行交流，他们的母语几乎成了讲课时最为重要的辅助性教学语言。传统民族文化较为浓重的乡村学校，发放的校内有关文件材料由锡伯文转写，或将文件的重要部分用锡伯文撰写或译写。此外，学生之间基本上使用母语或锡伯语，偶尔使用汉语或维吾尔语及哈萨克语。由于乡村小学的包括汉族在内的其他民族的小学生，也不同程度地掌握锡伯语，所以用锡伯语交流一般不成问题，只有相互交流遇到障碍时才改用汉语或维吾尔语等民族语言。反过来，用汉语交流有困难时，也使用锡伯语。然而，他们即使是用锡伯语进行交流，在锡伯语口语中会出现大量汉语借词，特别是新的名词术语基本上是汉语借词。就是在这种情况下，乡村学校里读书的锡伯族孩子喜欢说母语。不过，在汉族聚居区学校读书的锡伯族小学生，因受汉语影响越来越大，使用汉语的频率也变得越来越高，甚至在学校、社会、家庭里无一例外地使用汉语，很少用母语进行交流，就是说简单不过的几句母语时，话语中会有浓重的汉语语音特征，说的是汉语化的锡伯语。即使在这种现实面前，一些锡伯族家长还是希望孩子们学说母语。不过，即使是汉族聚居区的小学教书的教员，无论是汉族还是维吾尔族或哈萨克族都不同程度地掌握锡伯语，甚至有的教员还会锡伯文。用汉语讲课时，个别锡伯族学生听不明白的话，他们就用锡伯语进行进一步辅导或辅助性讲解。也有乡村小学的锡伯族教员用母语给本民族学生们讲解历史、自然、地理等课程内容，以及紧密结合锡伯族历史文化来讲课程内容的现象。对此，这种教学方法深得锡伯族学生家长们称赞，也一定程度上激发了学生们对本民族语言文字及优秀传统文化的青睐与兴趣。毫无疑问，乡村学校的锡伯族学生，特别喜欢听与他们的生活习惯十分贴切的，乃至与他们的民族历史文化密切相关的课程内容。由此可以看出，锡伯族小学生对本民族历史文化具有特殊情感和认知功能。那么，锡伯族乡村小学生对本民族的热爱，以及本民族历史文化的认同，很大程度上来自锡伯族或锡伯语电视节目，有关锡伯族历史文化文献资料，参加本民族喜庆节日和传统文化活动，老人们的传帮带式教育和历史文化教育的熏陶。尤其是学校的老师们结合课程内容讲的锡伯族语言、文化、历史，给锡伯族小学生留下了深刻影响。尽管如此，乡村学校读书的锡伯族学生，对本民族语言文字、历史文化、风俗习惯方面的知识还是比较缺失。他们在学校里，虽然从一年级到三年级学习锡伯文，但由于一些乡村母语环境不太理想，加上他们在小学三年期间学的锡伯文得不到进一步强化和巩固，也有不少锡伯族小学生小学毕业后慢慢忘掉了所学的那一点母语基本知识。不过也有在其他民族聚居乡村小学读书的锡伯族小学生，上中学后得到较好的母语使用环境，以及自己持之以恒地学习母语，在小学学习的基础上不断巩固母语知识，最终掌握一定程度的母语或一口流利的锡伯语之现象。

第五节　察布查尔县乡镇对锡伯族濒危语言文化抢救保护工作发挥的作用

察布查尔县辖有11个乡和2个镇之，还有奶牛基地、林场、矿区和农垦兵团等。也就是说，该县所辖范围内有农、林、牧、渔和工矿产业。汉族主要生活在矿区和农区，这些地区的汉族都不太说锡伯语，他们在日常生产生活中主要使用汉语，只有和锡伯族有工作关系或来往比较密切的一部分汉族，能用锡伯语进行简单交流。该县的维吾尔族和哈萨克族主要生活在加格斯台乡和海努克乡及坎乡，他们不同程度地掌握锡伯语口语，但青少年的锡伯语口语不太好。另外，该县有一个回民乡，该乡的回族在日常生活和工作中都使用汉语言文字，但锡伯族濒危语言文字和其他民族语言文字掌握得不多。相比之下，中老年人中有懂锡伯语或其他民族语的人，他们也可以用锡伯语跟锡伯族进行简单交流，不过说长了他们会感到有些费劲，词汇量就显得比较少而不够用。青少年中也有一些懂锡伯语的人，不过为数不多。该县的锡伯族，主要生活在从一牛录到八牛录的八个乡。其中，一乡和三乡属于爱新舍里镇的管辖，有人把一乡和三乡通称为三乡；二乡实际上属于八乡的一个锡伯族行政村，但本地人习惯于叫二乡；六乡在县政府所在地，属于察布查尔镇辖区；四乡、五乡、七乡、八乡是单立的乡级政府部门，包括在县辖的十三个乡镇区划之内。以上提到的一乡、二乡、三乡、六乡就如上面所说，是隶属于察布查尔镇、爱新舍里镇及八乡。正因为如此，从该县地图或行政区划名称里，找不到一乡、二乡、三乡、六乡的乡名。尽管如此，锡伯族民间都说，该乡的锡伯族生活区域有八个乡，对此他们解释说这是历史遗留的问题，现在改口不容易。以下是对于锡伯族较为集中生活的所谓八个乡的锡伯族濒危语言文字使用情况进行的调研情况及分析。

一乡——锡伯族叫"乌珠齐牛录"(UZHAQI NIRO),其中的"乌珠齐"(UZHAQI)是锡伯语的序数词"第一",牛录(NIRO)是指锡伯语的"乡"之意。很显然,"乌珠齐牛录"说的就是"第一乡",简称"一乡"。不过,有人把"乌珠齐牛录"也说成"乌珠乡"。一乡位于爱新舍里镇的管辖范围,依据当时的调研资料,该乡总人口为4386人①。其中,锡伯族有2280人,哈萨克族是1046人,汉族为895人,维吾尔族有113人,柯尔克孜族为45人,回族是7人。一乡的锡伯族几乎全都会说母语。甚至居住于该乡的汉族和其他少数民族也都不同程度地掌握锡伯语。特别是,在该乡生活的老人,都会一口流利的锡伯语口语。很有意思的是,除锡伯族之外的其他民族同胞间日常交流中,也都自然而然地使用锡伯语。他们的绝大多数孩子精通锡伯语,只有一小部分孩子虽然懂锡伯语但不精通。还有一乡的锡伯族和其他区民族同胞,除了掌握锡伯语和汉语之外,还或多或少地会说哈萨克语、维吾尔语和汉语。毋庸置疑,一乡所辖范围内生活的人们,主要用锡伯语和汉语交流之外,也有用汉语、哈萨克语和维吾尔语交流的时候。而且,同汉族用汉语的场面越来越多,且锡伯族中青年人说汉语的较多。还有,该乡的中老年人,长期同哈萨克族或维吾尔族一起生活,所以也掌握这些民族语言,他们相互间用锡伯语和汉语交流之外,有时也说哈萨克语和维吾尔语等民族语。相比之下,老年人的哈萨克语要比中年人好,青少年中懂哈萨克语的人不多,许多会说简单的口头语。该乡的锡伯族儿童们几乎都不懂哈萨克语。说到维吾尔语,只有锡伯族的中老年人懂一些,青少年和儿童接触维吾尔语的概率很低,所以基本上不会说维吾尔语。

二乡——锡伯族叫"寨齐牛录"(ZHAIQI NIRO),其中的"寨齐"(ZHAIQI)是锡伯语的序数词"第二"。显而易见,"寨齐牛录"说的就是"第二乡",简称"二乡"。该乡是隶属于八乡的一个行政村,但在锡伯族内部习惯上都称为二乡。全乡总人口为3299人,其中,锡伯族有1251人,汉族为1566人,哈萨克族是471人,维吾尔族有9人,其他民族有2人。乡内

---

① 包括一乡那旦芒坎地区人口。

不同民族间主要使用锡伯语和汉语，偶尔跟哈萨克族接触时也说哈萨克语。二乡的锡伯族家庭内部基本上使用母语，乡政府工作的人们在工作中使用锡伯语和汉语双语，但同哈萨克族的干部职工也说些哈萨克语。由于该乡的维吾尔族人口很少，因此人们基本上不使用维吾尔语。这里的维吾尔族也都不同程度地掌握锡伯语和汉语，当然他们说哈萨克语说得也很好，他们同哈萨克人之间说哈萨克的时候较多。该乡的锡伯族干部职工中也有懂锡伯文的人，然而不是太多。二乡的哈萨克族和维吾尔族都不同程度地掌握锡伯语，他们和锡伯族经常用锡伯语进行交流。家里没有老人的锡伯族家庭的孩子，受汉语广播电视节目的潜移默化影响，在家里也说些汉语。锡伯族孩子间虽然使用母语，不过也有使用汉语的时候，甚至有时他们和父母也说些汉语，父母和孩子们一般说母语，父母说的锡伯语孩子们几乎都能听懂。锡伯族孩子们跟学校里的汉族或哈萨克族同学间说汉语较多，说母语或哈萨克语较少，特别是说哈萨克语的时候很少。他们之间交流时，用汉语说不明白的话，就会自然而然地使用锡伯语。反过来讲，用锡伯语交流说不清楚的话，也会使用汉语或用汉锡双语交流。上幼儿园的小孩多数懂母语，但在幼儿园里都学汉语和汉文拼音字母。不过，就是没上幼儿园的儿童，也会通过汉语电视节目等慢慢学会些汉语。随着他们上学和年龄的增长，接触和使用汉语的机会不断增多，汉语会话能力也不断提高。另外，如上所说，该乡的汉族都不同程度地掌握锡伯语，原有的说锡伯语说得十分流利。村里举办锡伯族各种传统节日活动时，不论锡伯族还是汉族或其他少数民族，都无一例外地使用锡伯语。不过，近些年说汉语的人逐年增多。

　　从我们所掌握的实际调研资料来看：（1）二乡的老中青锡伯族都能十分熟练地掌握母语，但少年和儿童掌握母语的情况并不十分理想，他们中母语交流不太流利或不太懂母语的人也逐年增加；（2）该乡的锡伯族掌握汉语汉文的程度也有所不同，中青年或小学生的汉语会话能力都比较强，老年人和儿童的汉语水平要差一些；（3）锡伯族中的中老年人都能掌握哈萨克语和维吾尔语。与此相反，锡伯族青少年及儿童中会说哈萨克语和维吾尔语的人越来越少，有的只会说几句简单的哈萨克语或维吾尔语。

三乡——锡伯族叫"依拉齐牛录"（ILAQI NIRO），其中的"依拉齐"（ILAQI）是锡伯语的序数词"第三"。那么，"依拉齐牛录"是指"第三乡"之意，简称"三乡"。三乡也和一乡一样，属于爱新舍里镇辖区。总人口为4609人①。其中，锡伯族有2188人，汉族为1557人，哈萨克族是739人，维吾尔族有117人，柯尔克孜族和蒙古族各为3人，回族是2人。从该乡的人口结构看，锡伯族占绝大多数，其次是汉族，哈萨克族也占有一定比例，其他民族人口都很少。根据调查资料：（1）三乡的锡伯族基本上精通母语；（2）同样都懂汉语，中青年锡伯族的汉语水平都很高，老年人和少年儿童的汉语会话能力稍微差一些；（3）锡伯族老人在哈萨克语的使用方面占优势，中青年人里也有会说哈萨克语的人，锡伯族少年或儿童对哈萨克语和维吾尔语都很熟悉；（4）乡内办的企业及其职工说的汉语，对于锡伯族母语使用有一定影响；（5）乡里外来人口逐年增加，汉语的使用面不断扩大。与此同时，新来的汉族移民里也出现不同程度地使用锡伯语的人。

四乡——锡伯语叫"堆齐牛录"（DUIQI NIRO）。其中"堆齐"（DUIQI）是锡伯语的序数词，表示"第四"之意。这里的人把"第四乡"习惯于说"四乡"。该乡总人口为8330人，其中，锡伯族有2014人，哈萨克族是2724人，汉族为2132人，回族是1343人，维吾尔族有56人，其他民族人口有61人。可以看出，四乡的哈萨克人口最多，其次是汉族，锡伯族位居第三，回族也有不少。然而，乡政府职工中，锡伯族占65%。所以，乡里的各种会议上，文件用汉文传达，讨论时使用锡伯语的现象比较多。乡内干部职工日常交流使用锡伯语的现象居多，偶尔也使用汉语或哈萨克语。这里的干部职工不论是什么民族，都不同程度地掌握锡伯文、汉文和哈萨克文。

四乡还有一所农民培训学校，每年用锡伯语、汉语、哈萨克语等多种语言讲授农业基础知识。不过，相比之下，用汉语讲课的时候较多，因为教材或讲稿基本上是用汉文编写而成，讲课的人中也以懂锡伯语和哈萨克语的汉

---

① 包括三乡的安巴帖地区人口。

族教员为主。所以，讲课老师用汉语讲时，有听不懂的汉语汉文课程内容的话，教员可用锡伯语或哈萨克语进行说明。而且，该乡管辖的五个自然村里，分别都设立了推广农业知识教室，并按教学计划每年分期分批开办农林牧知识培训班。该乡有三个幼儿园，由于幼儿园教员里锡伯族居多，幼儿教育中使用锡伯语的现象占多数。四乡有中心校和小学，中心校开设一到三年级的锡伯文基础教育课程，小学因建在哈萨克居民区，所以就叫哈萨克小学，教员和学生几乎都是哈萨克族，该校里基本上没有锡伯族学生，也不教锡伯文基础教育课程。

根据调研资料可得到以下结论。(1)该乡的老中青三个年龄段的锡伯族的母语都非常好。但是，在少年儿童中，却有对锡伯语不太会或会话功能较差的人。(2)汉语使用方面，中年人和青少年说得都非常好，老人的汉语会话能力差一些，一些老人甚至只会用汉语进行简单交流，谈多谈深了就交流不下去，只能改用自己的母语。(3)四乡的锡伯族均有一定的哈萨克语功底，他们同哈萨克人可用哈萨克语交流。不过，在青少年和儿童中，不懂或略懂哈萨克语的人也有不少，有的小学生同哈萨克族同学只能进行简单的哈萨克语交流，他们之间更多的时候使用汉语，有时也使用锡伯语。(4)由于乡里维吾尔族人口很少，所以除了个别锡伯族中老年人或年轻人之外，其他锡伯族几乎不用维吾尔语。就如所说，四乡除锡伯族以外的其他民族也都不同程度地掌握锡伯语，他们和锡伯族自然而然地讲锡伯语。然而，当不同民族成分的人聚到一起进行交流时，他们之间使用汉语的概率要高，使用锡伯语或哈萨克语的概率要低。但是，汉族或哈萨克族在本民族同胞之间交流时，都习惯于使用各自的母语。他们各自跟锡伯族交流时，多数人喜欢使用锡伯语。不过，也有使用汉语或哈萨克语的情况。青少年之间多用汉语，用锡伯语或哈萨克语的时候比较少。乡里开大会，考虑到不同民族间的更好沟通，所有文件都用汉文汉语传达，同时把锡伯语或哈萨克语作为辅助性语言来使用。

五乡——锡伯语叫"孙扎齐牛录"（SUNZHAQI NIRO），其中孙扎齐（SUNZHAQI）表示"第五"。也就是说，"孙扎齐牛录"是指"第五乡"之意。锡伯族把"孙扎齐牛录"就叫"孙扎齐乡",用汉语译过来就是"五乡"。该乡总人口为9664人,其中,锡伯族有2583人,汉族为2813人,哈萨克族是2736人,维吾尔族有1366人,回族是85人,其他民族有81人。很显然,该乡的汉族和哈萨克族人口都比锡伯族多,维吾尔族人口也有不少。根据调研,该乡的主要交流工具是汉语、锡伯语和哈萨克语三种语言。相比之下,不同民族间用汉语的现象似乎多一些。乡政府干部职工有110名,哈萨克族就有50名。除此之外,有锡伯族33名、汉族17名、维吾尔族10名。乡内不同人群、不同民族、不同说话对象在不同语言环境下,分别使用汉语、锡伯语和哈萨克语。这是该乡一直以来保持的三种民族语混合使用的语言交流方式。可是最近几年,说汉语的现象有所增加,说锡伯语和哈萨克语的好像有所减少。村里的各种会议多用锡伯语或哈萨克语,尤其是锡伯族村都用锡伯语,即使是传达上面的文件时,把文件用汉语读完就用锡伯语进行解释文件内容或进行讨论。在市场上,由于以汉族为主的买卖人居多,因此市场上多数人使用汉语或汉锡、汉哈双语。

乡里举办的锡伯族传统节日或文化活动、乡村广播站播放的锡伯族语言文化节目等,对传承和弘扬优秀传统文化,强化民族认同,以及濒危语言文化的抢救、保护、使用发挥着积极作用。该乡的锡伯族中:(1)中年以上包括所有老人都精通母语,青少年和儿童说母语不太理想,使用汉锡双语者不断增加,甚至出现汉语说得多母语说得少的人;(2)中青年人有相当高的汉语水平,老年人和少年儿童也都不同程度地掌握汉语;(3)都会说哈萨克语,但中老年人讲得好,青少年讲得很一般,绝大多数儿童不会讲或听不懂哈萨克语;(4)只有老人懂些维吾尔语,中年以下的锡伯族懂维吾尔语的人十分少,只有极个别的一些人会说简单的维吾尔语。与此情况相反的是,这里的汉族和哈萨克族或维吾尔族中老年人都会说些锡伯语,他们跟锡伯族喜欢用锡伯语进行交流。

六乡——锡伯语叫"宁古齐牛录"(NINGGUQI NIRO),其中的宁古齐(NINGGUQI)是表示"第六"之意的序数词。这里的人喜欢称其为"宁古齐乡",就是指"六乡"。该乡隶属于察布查尔镇,人口总数为25342人,锡伯族有 5753 人，汉族为 10543 人，维吾尔族是 4649 人，哈萨克族有 3588 人，回族为 498 人，其他民族人口有 311 人。在六乡，主要交流语言是汉语，锡伯语和维吾尔语或哈萨克语则属辅助性交流语言。人们在市场、商场、街头、学校、单位主要用汉语进行交流。不过，锡伯族、维吾尔族、哈萨克族等少数民族在本民族同胞之间一般使用母语。除了锡伯族之外，在该地生活时间较长的其他民族，基本上不同程度地掌握锡伯语，特别是中老年人和锡伯族可以用锡伯语进行直接对话。但是，也有只掌握简单的锡伯语口语的人。相比之下，那些土生土长的汉族、维吾尔族、哈萨克族，却会说一口十分流利的锡伯语。他们的孩子说锡伯语的情况也是如此，他们和锡伯族小伙伴也用锡伯语会话，可是他们掌握锡伯语的程度没有父母好，许多人只能说简单的口语。然而，近些年移民来的汉族小孩，不懂或会说简单两句锡伯语的较突出，他们和锡伯族孩子或同学间只能用汉语交流。该乡的外来移民逐年增多，汉语使用范围不断扩大，进而对锡伯语的使用产生了一定负面影响。尽管如此，锡伯族一直努力地保持本民族同胞间，包括跟会锡伯语的其他民族同胞间使用锡伯语的习惯。

　　根据调研资料可得出以下结论。（1）老年和中青人对母语都很精通，少年儿童中也有不少熟练掌握母语的人，同时有不少少年儿童对母语不熟悉或不太懂。这主要取决于他们的父母或生活环境。特别是，父母一方是汉族的家庭，孩子们从小就会说汉语，但不一定都会说锡伯语。（2）中青年以上的人几乎都会说一口流利的汉语，绝大多数少年儿童因从幼儿时期在幼儿园学汉文字母和汉语基础知识而都会说汉语。不过，没有上过幼儿园家里老人带大的锡伯族少年儿童，对于汉语完全处于一知半解或根本不懂状态。（3）他们都不同程度地掌握维吾尔语和哈萨克语，而且年龄越大说这两种民族语言越流利，年龄越小说这两种语言就显得越困难。也就是说，他们的老年人十分熟练地掌握维吾尔语和哈萨克语，中年人就没有老年人说得好，绝大多数青年人用维吾尔语和哈萨克语只能进行简单交流，少年们的这些民族语言的会话功能更差，儿童中绝大多数不会说这两种民族语。过去，这里是地地道道的多种民族语言并用区，而现在几乎成了汉语和锡伯语双语区。

七乡——用锡伯语说"纳达齐牛录"（NADAQI NIRO），其中"纳达齐"（NADAQI）也是锡伯语的序数词，表示"第七"之意。人们将"纳达齐牛录"称为"纳达齐乡"。该乡里汉族和锡伯族人口较多，据他们提供的人口资料，乡里的锡伯族有2245人，汉族是2571人，哈萨克族为957人，维吾尔族有902人，回族是268人，其他民族人口为62人，他们人口总数是7005人。由于该乡的锡伯族占有一定比例，加上其他民族同胞也都不同程度地掌握锡伯语，所以该乡内锡伯语和汉语均为主要交流工具。该乡的锡伯族有以下特点。（1）老中青都十分熟练地掌握母语，他们在日常生活中基本上使用母语。少年儿童母语讲得也不错，但也有讲得不利落的实例。有的青少年习惯在家里说母语，在学校或社会上习惯于使用汉语。不过，本民族青少年之间还是说锡伯语，跟汉族同学朋友间多数是使用汉语。另外，懂些维吾尔语或哈萨克语的锡伯族青少年，同维吾尔族或哈萨克族进行交流时，分别使用维吾尔语或哈萨克语，也使用汉语或锡伯语。我们调研时还发现，锡伯族孩子们在家里或锡伯族小朋友间经常用母语交流，孩子们和大人或老人之间也使用锡伯语。然而，孩子们进行较长时间的深层次交流时，觉得本民族语词汇不够用而用大量汉语借词。此外，他们在家里看的绝大多数是用汉语播放的电视节目，所以他们在看电视时自然而然地就学会说汉语，这比家长在家里教学母语和要求讲母语的影响还要大。不过，家长们还是尽量跟孩子们说母语，不断强化孩子们的母语知识。（2）他们都会说汉语，只是掌握程度不一样，相比之下中年人和青少年基本上会说一口流利的汉语，老年人说得较差一些，儿童也说得不太好。（3）他们的哈萨克语说得比维吾尔语要好，特别是中老年人几乎都会说哈萨克语，而且老年人说得比中年人好，青少年和儿童不怎么说哈萨克语，甚至可以说年龄越小说得越差，许多儿童不会说哈萨克语。（4）他们对维吾尔语的熟悉程度还没有哈萨克语好，包括一些老人说维吾尔语都比较费劲。中青年人里，确实有一些会说维吾尔语的人，但为数不多。锡伯族少年儿童中懂维吾尔语的人显得更少，他们中个别人只能听懂简单的维吾尔语会话内容，绝大多数人根本不懂维吾尔语。

该乡的中心小学，也从一年级到三年级上锡伯语基础知识课。而且，在

36名教职员工中就有25名锡伯族教员，在248名学生中有188名锡伯族学生。锡伯族学生虽然都会母语，但他们和其他民族的同学讲汉语的情况多一些，当然有时也用锡伯语交流。学校老师们讲课时，遇到锡伯族同学听不懂的内容，也用母语作进一步讲解。另外，该校的学生不同程度地懂锡伯语，所以锡伯族同学之间喜欢说锡伯语。在这里还应该提到的是，该乡的派出所里虽然没有锡伯族，在他们的9名警察中有5名汉族、2名维吾尔族、2名哈萨克族，但这些警察不同程度地掌握锡伯语。特别是，汉族派出所所长能讲一口流利的锡伯语，他们跟锡伯族完全可以用锡伯语进行交流或办案。他们告诉我们，甚至妻子和小孩也会说锡伯语，他们喜欢跟锡伯族讲锡伯语。同时，他们解释说，这里的锡伯族习惯于同本民族同胞之间说母语，跟懂锡伯语的汉族、维吾尔族、哈萨克族也喜欢使用汉语交流。

八乡——锡伯语叫"扎库齐牛录"（ZHAKUQI NIRO），其中的"扎库齐"（ZHAKUQI）是锡伯语序数词"第八"，现在人们将"扎库齐牛录"叫作"扎库齐乡"，用汉语翻译过来就是"八乡"的意思。八乡也是一个人口较多的乡，总人口是14230人，其中锡伯族有2961人，哈萨克族有6307人，汉族有4223人，回族有358人，维吾尔族有310人，其他民族人口有71人。该乡哈萨克族人口最多，所以哈萨克语同汉语和锡伯语一样有较广泛的适用面。这里不论哪个民族都不同程度地掌握汉语、锡伯语、哈萨克语，因此在日常交流中交叉使用或并用这三种语言的现象较突出。乡里搞锡伯族传统节日或群众性的文化活动时，也安排锡伯语口语及锡伯文书法比赛、锡伯语歌舞诗歌等比赛，大人小孩都可以自愿参加不同年龄段的比赛活动，并对优秀者或进入名次的人给予奖励。在他们看来，这些活动的开展对锡伯族学习母语、使用母语，以及保护传承濒危语言文化有一定积极影响和作用。该乡的锡伯族爱看用锡伯语转播的广播电视节目，收听率和收视率均达到80%左右。乡里召开各种会，锡伯族可以使用母语发言讲话，乡里的人大会上也可以使用多种民族语言，包括锡伯语、哈萨克语、汉语等，也可以提交用这些民族文撰写的提案或建议。而且，在会议期间，还要发给锡伯文、哈萨克文及汉文会议资料。同时，在不同民族文的排列上，往往要把锡伯文排在前头，其次才使用汉文、维吾尔文、哈萨克文等。

　　锡伯族家庭里，孩子们多数使用锡伯语，孩子和老人间说母语的现象较多，偶尔也使用汉语。他们的父母都会说母语，不过也有家长和孩子们说汉语的现象。乡里的广播也播放锡伯语内容，这对锡伯语使用产生了一定积极影响。不过，在市场、商店或公共场所锡伯族同其他民族同胞间说汉语的多一些。由于该乡流动人口较多，特别是改革开放以后汉族移民进来的较多，这使在乡中心小学就读的汉族学生数量不断增多，由此直接影响了锡伯族学生们的母语使用和交流。结果多数锡伯族学生，没几年时间都十分熟练地掌握了汉语。校方虽然按县教育局的相关规定，在一到三年级的小学教学计划中安排了锡伯文教学内容，可是效果不是十分理想。受社会语言环境的直接影响，锡伯族孩子们更喜欢学习汉语汉字。对此校方和学生家长开展了不少工作，鼓励学生们学习母语及锡伯文，同时对于母语不是很好的学生，校方还安排锡伯族教员用母语进行进一步的课外辅导。

　　依据调研资料，第八乡的锡伯族中：（1）中老年人基本上精通母语，青年人中也是懂母语的居多，少年儿童母语会话能力差一些，甚至有的只能用母语进行简单交流；（2）青年人不仅懂母语，同时都能十分流利地使用汉语；（3）少年中会说母语的居多，但都不同程度地掌握汉语；（4）儿童中说汉语的不多，也有的根本不懂汉语；（5）除儿童之外，他们都不同程度地掌握哈萨克语，相比之下，老年人和中年人哈萨克语说得比较好，青少年中懂哈萨克语的人不多，有的只会说简单几句哈萨克语。该乡的锡伯族里，只有极个别的中老年人会说维吾尔语。另外，八乡的汉族和哈萨克族几乎都会说锡伯语，可是近些年青少年的锡伯语会话能力不断减弱。不过，他们同锡伯族习惯于说锡伯语。

　　总而言之，以上分析的锡伯族较为集中生活的八个乡里，三乡和一乡的锡伯语保存得比较理想，其他几个乡的锡伯语使用环境和使用状况都不太理想。由于五乡的锡伯语口语受书面语影响较大，所以和其他几个乡的锡伯语之间出现较为显著的语音差异，词汇里也有不少满语书面词语及来自达斡尔语和索伦鄂温克语一些词语。另外，在每个乡里都有不少同汉族建立婚姻关系的锡伯族家庭，而且这种现象越来越多，从而直接影响锡伯族家庭内部母语的使用。不过，即使是锡伯族和汉族建立婚姻关系的家庭的孩子，也都不同程度地掌握锡伯语和汉语，再往后还都不同程度地学会哈萨克语或维吾尔语。还有一种现象是，从这八个锡伯族乡出来的锡伯族大学生，很少回到察布查尔县工作。与此相反的是，该县的哈萨克族或维吾尔族大学生，回县里或乡里工作的实例有不少。其结果是，县内就业的干部职工中，哈萨克族和维吾尔族大学毕业生比例逐年上升。而且，他们就业后都会努力学习锡伯语，有的还学习锡伯文，到后来都会一定程度地掌握锡伯语。说实话，这一现象的出现，给锡伯族青年或大学生学习母语和本民族文字带来一定刺激和积极影响，尤其是对县级各机关单位和部门工作的锡伯族青年人学习母语起到积极的推动作用。

  根据调研，中华人民共和国成立以后，直到20世纪60年代中后期，新疆伊犁察布查尔县的锡伯族语言文字使用和教育受到很好的重视，锡伯语使用率达到100%，锡伯文也保持相当高的使用率。甚至是，生活在该县的其他民族也都会锡伯语，也有不少人掌握锡伯文。自从"文革"开始锡伯族语言文字的使用和教育受到严重影响，对锡伯族强制性实施了学习使用汉语言文字的政策，结果"文革"十年浩劫结束时，该县使用人口较少的锡伯语言文字已进入濒危状态。改革开放之后，国家很重视锡伯族濒危语言文字的抢救、保护、使用和教学工作，察布查尔县政府前面恢复了锡伯语言文字在小学的教学，重新编印了锡伯语文小学教材。同时，在社会上广泛开展了锡伯文教学工作，锡伯族就业中设定了将本民族语言文字作为考试内容。所有这些，使锡伯族濒危语言文字重新焕发出新的生命力。然而，随着该地区经济社会进入快速发展轨道，外来移民及锡伯族和汉族家庭的不断增多，以电视、电脑、网络、手机、iPad为主的全新现代化生活的不断普及，锡伯族濒危语言文字面临着新的挑战。尽管如此，在实施文化强国战略，提升文化自觉、增强文化自信、实现文化自强的今天，锡伯族更加清醒地认识到本民族语言文化所承载的历史、今天、未来的使命，他们懂得了本民族语言文化从历史走来走向未来的精神实质，以及其中所包含的具有强大生命力、影响力、感召力的精神价值、文化价值、经济价值和社会价值。他们深深地懂得，今天的文化强县建设，离不开他们的母语和优秀的传统文化，为了建设一个更加美丽幸福的察布查尔，他们在下大力气抓抢救、保护、使用、传承锡伯族濒危语言文化工作，并取得了一定阶段性成绩。

第六节　察布查尔县锡伯族濒危语言文化抢救保护的相关建议

根据以上的调研资料及相关分析内容，对于锡伯族濒危语言文化的抢救保护工作提出以下几点建议。

1. 一定要持之以恒地坚持和强化对锡伯族濒危语言文化抢救保护工作的宣传力度。察布查尔县各党政部门及社会各界一定要下大力气，切实落实和重视锡伯族濒危语言文字的抢救、保护、教学、使用、传承等方面的工作。特别是要有计划、有目的、有成效地开展对于已全面进入濒危状态的锡伯文教学的宣传工作。锡伯族濒危语言文字的教学不只是学校或教学部门的事情，同样是政府部门和整个社会的事情，要通过强有力的宣传，使政府部门和整个社会都重视锡伯族濒危语言文字的抢救、保护、教学，以及使用和传承工作。

2. 县政府和县广电局应该在本地区广播、电视和报刊中进一步扩大锡伯族濒危语言文字的使用范围，提高锡伯族濒危语言文字在各种传媒中出现的频率，包括在现有广播电视节目中增加锡伯族濒危语言文字节目内容。更为重要的是，进一步增加在此方面的资金投入力度。充分利用广播电视和现代化传媒手段，不断扩大锡伯族濒危语言文字的使用范围、提高使用频率、强化生命力。要抓紧进一步有效普及锡伯文电脑软件和电子化处理软件系统，并用这些软件系统编排丰富多彩的、人们喜闻乐见的锡伯族濒危语言文字节目，让锡伯族濒危语言文字广播电视节目成为锡伯族的重要文化娱乐内容和精神文化内容。

3. 认真落实和贯彻《关于进一步加大对少数民族文字出版事业扶持力度的通知》（中宣发〔2007〕14 号），从根本上扭转近些年来出现的锡伯文图书出版业的萎缩趋势。我们在调查中发现，锡伯文图书的出版工作，在我国经济社会转型特殊时期，特别是在我国图书出版业市场化经营的大背景下，面临许多新的难题，使没有太大销量的锡伯文图书的出版变得越来越困难。在这种现实面前，上级各有关部门和地方政府，必须制定特殊的扶持政策和针对性的配套资金投入，大力扶持锡伯文图书出版工作。同时，紧密结合文化强国战略，具体贯彻落实到锡伯文图书出版工作中，出弘扬优秀传统文化的好书，出文化战略所需的精品力著。

4. 根据我国优秀而先进的民族区域自治相关政策法规，进一步完善和规范察布查尔县招工及招聘工作人员时的锡伯语言文字考试制度。同时，按照相关规定，对包括锡伯族在内的各类学校教员进行资格认定时，应该科学合理地安排锡伯语文水平考核制度，尤其是对从事锡伯语文教学的老师，要进一步强化锡伯语文知识水平考试工作。所以，在此建议，各有关部门，对于锡伯族生活区学校教员资格认定政策上不能只考虑汉语文知识水平，应该更多地将关注点或要求、条件、标准放在锡伯族濒危语言文字的掌握程度、教学能力、教育水平上。如果条件允许，也可以从社会上招聘精通母语和锡伯文并有教学能力的锡伯族语文教员，各方面条件许可应该准许他们获得教员资格和地位。

5. 采取锡伯族濒危语言文字学习和使用方面的具体而行之有效的鼓励措施。也就是说，除了在锡伯族学生集中学习的学校教员实行锡伯语文考核考试制度性措施之外，还要在锡伯族集中生活地区建立健全招生、招工、招聘公务员、干部聘用、考核干部、晋升职称和职位时的锡伯语文水平考试考核制度。同时，将锡伯语文考试或考核成绩，与其他方面的考试和考核内容、工作业绩和政绩统筹考虑。因此建议，把锡伯语文水平考试，以民族政策性行政管理条款，纳入考核干部和招聘干部等工作条例之中。

6. 在察布查尔县锡伯族聚居区或一些散居区，应该考虑可持续长期性设立锡伯族濒危语言文字短期培训学校等问题。从而，在不同年龄段、不同职业、不同地区的锡伯族中，分期分批而富有成效地开展锡伯族濒危语言文字培训工作。参加培训的锡伯族或其他民族学员，可以根据具体学习成绩和所达到的锡伯语文知识水平，分级分批地发放短训班毕业证书。同时，在就业等方面给予充分照顾。

7. 建议在伊犁师范学院长期性设立锡伯族濒危语言文字专业班，每年按计划招收一定名额的（16—20人）锡伯族学生，给学生们系统讲授锡伯族濒危语言文字和传统文化以及其他相关理论课程。从而培养系统掌握锡伯族濒危语言文字和传统文化方面的优秀人才，为锡伯族濒危语言文字和文化研究工作、锡伯语文教育和优秀传统文化教育事业不断提供必需人才。

8. 锡伯族濒危语言文字不仅是锡伯族的重要交际工具，也是锡伯族传统文化继承和发展的重要载体。从另一个角度来讲，锡伯族濒危语言文字同严重濒危的满族语言文字有密切关系，对于它的抢救保护也会关系到满族严重濒危语言文化的抢救保护、保存整理工作。比如说，满语已成为严重濒危语言，且懂满文者也日益减少。然而，在清代近三百年历史岁月里，储存了浩如烟海的满文历史文献资料，至今开发利用的文献资料还很多。在懂满语文的专家学者或人士越来越少的今天，对于这些清代的满文历史文献资料分析研究工作只有懂锡伯语文人们来完成，因为锡伯语文是由所谓满语文的母体分化而来的产物，同满语文有不可分割的千丝万缕的内在联系。所以说，锡伯语文的学习、教育、使用、传承，对于满语文文献资料的分析研究、开发利用有其特殊的现实意义。总之，锡伯语文在此方面，超出自身范围的重要意义和价值，因此一定要拿出专项经费和资金抢救和保护锡伯族濒危语言文字。尤其是，锡伯族语言文字日益走向濒危的非常时机，各级政府和各有关部门更应该不断强化抢救保护意识，增加工作力度和实际效益。

9. 要办好《察布查尔报》《锡伯文化》《锡伯族濒危语言文字工作通讯》等报刊和内部刊物，不断提高办报办刊理论水平和实际效益，科学而有思路、有生命力地融入当今中央提出的文化战略思想，把民族文化自信、民族文化自觉、民族文化自强作为重要内涵。在此基础上，不断刊发民族知识性、民族教育性、民族认同性、民族时代性以及民俗文化性的报道、新闻、杂文、论文等。以此不断充实和丰富锡伯族精神文化世界，不断满足他们日益增长的精神文化需求，不断激发他们内在活力、动力和创造力。同时，建议拿出专项经费，加大对锡伯文报纸杂志的出版力度，从而使锡伯文刊物发挥更大作用。

10. 继续以国家、地方出台的一系列政策法规，有计划、有思路、有成效地向广度和深度推进察布查尔县锡伯族濒危语言文字抢救、保护、使用、传承工作，依法保护锡伯族濒危语言文字的社会地位，在行政和事业单位的公文、公章、门牌、凭证、票据、商标、公告、会议文件、信封、信笺等中坚定不移地推广使用锡伯文和汉文两种文字。

11. 察布查尔县内锡伯族集中生活的乡村学校，以及察布查尔第一小学、察布查尔第一中学的教学计划中，一定要坚定不移地实行小学一到三年级的锡伯语文教学安排和教学工作制度，以及中学开设的锡伯语文和文化选修课的教学计划。对于学习成绩优异的学生，在升学和考大学时给予一定照顾、鼓励和特别推荐。另外，应该不断强化锡伯族师生在课上课下的母语交流工作。而且，在编好各年级教科书和配备好师资力量的前提下，在条件成熟、允许的前提下，可否考虑在锡伯族学生集中学习的小学，从一年级到六年级开设锡伯语文课程，在锡伯语文课程中应该更多地设计与该民族传统文化知识密切相关的教学内容。同时，小学生升级考试时，应该同等考虑锡伯语文学习成绩，并将锡伯语文成绩作为学生升级的一项必不可少的基本要求和条件来落实。

12. 伴随着察布查尔县经济社会的快速发展，以及外来移民的不断增加，近几年该县汉族人口比例不断提升，同时锡伯族跟汉族建立婚姻关系的现象也日益突出，加上在城镇化过程中锡伯族大量从农村牧区移居城镇而成为市区居民，很显然，所有这些，从不同角度直接影响锡伯族濒危语言文字的使用，使锡伯族语言文字使用情况变得更加严峻，濒危现象日益严重。为此，特别提出建议，适当控制察布查尔县的外来移民人口，放慢在该地区的资源开发和兴建新型工业基地等工作进程。

13. 察布查尔县政府同各有关部门多方协调，在锡伯族集中生活区设定锡伯族濒危语言文字及其文化保护区。以某一具体的乡村为单位或中心，拿出专项投入资金兴建传统文化色彩浓重的建筑群，树立与他们传统文化、民俗、信仰密切相关的艺术雕刻群和图腾柱子等，搭建能够展示他们不同物质文化及文明和精神文化及文明的展览馆、博物馆等。也可以搞一些民族风味特色文化餐饮业、食品文化加工业、风俗文化加工业、风俗文化加工业及精神文化产品加工业等。以此，不断开发、发展、弘扬本地区、本民族优秀传统文化。

14. 为真正意义上体现民族平等的基本国策和民族政策，锡伯族高中生高考时将锡伯语文考试成绩纳入，把它作为锡伯族高中生高考成绩之一来合算；锡伯族教员也应该和其他民族教员相等，享有新疆少数民族特有的工资和福利待遇。比如说，现在察布查尔县招工时，其他一些民族应聘者享受3分照顾分，锡伯族就享受不到这种特殊待遇。因此，希望尽快实施不同少数民族间的相对平等的照顾政策。

15. 以提高锡伯族人口的整体素质，以及培养"锡汉兼通"的锡伯族全新人才为目的，通过继承和发扬本民族双语使用优势及掌握多种语言的基本功能，使锡伯语文和汉语文教育能够和谐而理想地向前发展。要从实际情况出发，因势利导地大力推进"锡汉双语"教学工作，要客观现实地提出双语教学计划、措施和要求。还要从宏观决策和微观指导两方面，不断提高双语工作的质量。在双语学习实践中，应该将普及推广锡伯语文和汉语普通话的工作紧密联系，从而积极推进该地区双语建设工程。同时，要将科学合理的双语教学工作同具体教学实践密切联系，进而不断探索其成功经验和教学模式，最终走出一条现代文化文明与锡伯族传统文化文明相互交融、共同繁荣发展的成功之路。

第五章

濒危民族语言民间文学调研目的及调研表格

　　未来的世界应该更加包容万象，未来的中国应该属于中国梦，也应该属于丰富多彩、绚丽夺目、灿烂辉煌的语言文化世界。那么，在今天，现代科学技术突飞猛进，以主流语言文化为代表的物质产品和精神产品日益普及的特殊时期，抢救和保护濒危或严重濒危语言文化显得更为重要。特别是在建设我国社会主义现代化文化强国的关键时刻，不同民族的不同语言文化显示出从未有过的强大活力和生命力，进而为我国经济社会的建设发展发挥着越来越重要的作用。为此，习近平总书记多次提出弘扬我国各民族优秀传统文化的重要性，强调各民族优秀传统文化为我国文化强国的战略服务好。众所周知，我国的文化建设与文化强国战略思想的实施，必须深深扎根于我国各民族丰富多样的语言文化，反过来丰富多样的民族文化是我们文化强国战略的根和本，也是我国能够实现文化强国战略思想的雄厚基础与前提条件。我国在世界上，以多民族、多语言、多文种、多文化著称。然而，最为清楚的是，我国这一民族语言文化各放异彩、交相辉映、融会古今、繁荣昌盛的美好今天，是我国优秀而先进的民族政策的结晶。也就是说，新中国社会主义国家开展全面、科学的全国民族语言文字普查工作，特别是濒危或严重濒危民族语言文字使用情况的全面系统的普查工作是利在当代、惠及后人的重大工程，也是只争朝夕的紧迫任务。同时，要对国家通用语言文字展开全面普查。

　　我国是一个多民族国家，不同民族语言文化承载着各自丰富多彩的历史文明，进而共同构成了绚丽多彩的中华多元一体的文化与文明。应该提出的是，不同民族的不同语言，包括濒危或严重濒危的民族语言，无一例外地蕴藏有极其悠久、丰富而独特的文化内涵，是不同民族的不同历史文化与文明最直接、最集中、最完整的体现。对于哪一个民族来讲，本民族语言的逐渐濒危或衰亡，也就是同本民族历史文化与文明的逐渐远离和逐渐陌生，以及对于本民族历史文化与文明的逐渐丢失的过程，是人类无法弥补的历史文化与文明的一种损失。

中华人民共和国成立以来，我国实施的优秀而先进的民族政策，以及对少数民族濒危或严重濒危民族语言文化开展的一系列调研工作，包括在此工作领域取得的举世瞩目的辉煌业绩，为人类非物质文化遗产保护做出了伟大贡献。所有这些，都无可怀疑地充分说明，我国对于少数民族语言文化的抢救保护工作，包括对于濒危或严重濒危语言文化的抢救保护工作，制定并强有力地实施了一系列行之有效的政策法规。这些政策法规主要体现在以下五个方面。

一是，在中国共产党全国代表大会、全国人民代表大会、政协全国委员会会议等党和国家的重大会议及重要政治活动中，都要使用汉、蒙、藏、维、哈、朝、彝、壮等民族的文字，同时参会的所有少数民族代表都可以用母语发言，用本民族文字提交各种意见、建议和议案，参会期间可以穿戴各民族各自喜爱喜欢的民族服饰，可以食用各民族喜爱喜欢的少数民族饮食，等等。

二是，在少数民族自治州或少数民族较为集中生活的地州一级政府召开的各种重大政治会议，以及有关经济、社会、文化方面的重要活动中，同样使用汉语言文字及该地州生活的少数民族语言文字，穿戴该地区少数民族喜爱喜欢的民族服饰，食用该地区少数民族喜爱喜欢的民族饮食。

三是，我国少数民族不论生活在哪里，无论是北京或其他大小城市，还是乡镇或农村牧区，都有使用本民族语言文字的权利、穿戴本民族服饰的权利、享用本民族独特饮食的权利，也都有信仰本民族宗教或其他民族宗教的自由。

四是，各民族的适龄儿童根据家长和本人的爱好，自愿自择地选定用汉语言文字或其他少数民族语言文字教学的学校，通过自愿自择选定的汉语言文字或民族语言文字学习文化知识。

五是，我国少数民族，同样有自愿自择地使用汉语言文字或其他民族语言文字的自由。同时，各民族也有宗教信仰的自由。

就是在这样一个优秀而先进的民族政策法规的保护下，我国民族语言文字及其传统文化，包括少数民族濒危或严重濒危语言文字及其传统文化，能够保护保存、使用、发展到今天。然而，就如前面的讨论中所说，伴随现代科学技术的突飞猛进，以及以主流语言文字为代表的高科技通信设备、语言交流工具的不断普及，人口较少民族的语言文字，还有那些已经失去活力而变得十分脆弱的民族语言文字，开始出现濒危或严重濒危现象。他们的语言文字的使用人口越来越少，使用范围也变得越来越小，有的严重濒危语言文字已经走到消亡的边缘。例如，满族在全国虽然有1000多万人口，但懂母语者不到十名；畲族在全国虽然也有70余万人，可懂使用母语者已仅有一千多人；锡伯族在全国有近二十万人口，母语使用者减到两万多人；鄂伦春族人口有八千多，懂母语者不到百人；赫哲族人口有五千多，现在懂或略懂母语者只有十来人。事实上，人口多、活力较强的少数民族语言文字的使用人口也在逐年减少。例如，蒙古族、苗族、彝族、朝鲜族等民族的语言文字使用人口也都开始不同程度地减少。对此我们必须采取更多、更好、更有效、更科学的方式方法，抢救保护我国更多的民族语言文字及优秀传统文化。众所周知，任何一种民族语言的消亡，都是我们人类不可弥补的重大损失，它和物种的灭绝一样不可再生。任何一种民族语言的消亡，都意味着该民族语言所承载的文化现象的消失。由此，人们说语言是文化的最重要载体，也是文化的和重要的组成内容，还是弥足珍贵的非物质文化遗产，更是构成文化多样性的基本前提和根本条件。还有，语言使用、语言保护、语言政策、语言法律无一例外地关系到基本国策和国情，关系到国家的安全、稳定、建设和发展。反过来，也会反映出我国社会稳定和民族团结，经济社会的发展水平，以及物质文明和精神文明建设等诸多方面的实际情况。正因为如此，我们要从国家的、政府的、政治的、政策的角度，严肃认真地对待我国民族语言文字的濒危或严重濒危现象，要全面把握不同民族的语言文字不同程度的濒危现状。其实，在此方面，自从中华人民共和国成立以来，我国政府做了大量工作，开展了几次大调查，每次大调查都会涉及我国民族语言文字使用状况、濒危程度及其原因等，进而积累了极其丰富的经验和思想理论，还出版了民族语言简志、濒危语言研究、空白语言研究、少数民族语言文字保护、少数民族新发现语言研究、少数民族语言研究、少数民族语言会话资料、少数民族词汇集、少数民族词典等一系列丛书及科研成果。同时，在少数民族濒危或严重濒危语言文字的田野调研，以及第一手资料的搜集整理工作实践中，培养出了一大批民族语言文字专门人才，进而为我们抢救保护少数民族濒危或严重濒危语言文字工作奠定了坚实的基础，提供了更多新的思路和更强的学理支撑。为此我们要不失时机地紧紧抓住正在强有力实施的文化强国战略，更加全面系统、更加深入扎实、更加细致入微、更加稳重妥当、更加科学有效地开展少数民族濒危或严重濒危语言文字及其优秀传统文化的抢救保护工作。

第一节　抢救保护濒危民族语言文化之目的

我们认为，民族语言文字保护工作之目的，尤其是少数民族濒危或严重濒危语言文字抢救保护工作之目的，应该涉及以下几个方面。

一是，21世纪的今天，我国濒危或严重濒危民族语言的调查研究和抢救保护已经成为世界文化多样性的保护和研究的重要组成部分。我国极其丰富的民族语言资源是繁荣发展我国语言文化事业的宝贵财富，更能强有力地实施文化强国战略，增强国家文化软实力，充分展现我们的文化优势，不断强化中华文化国际影响力。与此同时，要和我国快速提升的物质生活相匹配，构建更加繁荣发展、更加丰富多彩的精神文化生活，以此满足人们日益增长的精神文化需求，为实现社会主义文化大发展大繁荣做贡献。也是为了提高国家文化软实力,在日趋激烈的综合国力竞争中赢得主动。当今世界正处在大发展大变革大调整的关键时期,世界格局发生着历史性演变。在今天中西方文化的全方位的激烈撞击中,不同意识形态所依附的不同精神文化的无情冲突中,谁占领了文化发展的制高点,谁就拥有了强大的文化软实力,谁就能在激烈的国际竞争中赢得主动、占得先机。从这个意义上讲,无论是物质文化还是精神文化,对于我国的安全、稳定、发展,均占据着基础性和战略性重要地位。毫无疑问,这其中民族语言文字的保护,尤其是少数民族濒危或严重濒危语言文字及其优秀传统文化的挖掘整理、抢救保护、发扬光大,充分发挥我国各民族丰富多彩的语言文化资源优势,建设社会主义文化强国有极其重要的现实意义和长远的文化战略意义。根据我们掌握的资料,在我国还有许多人口较少而处于濒危或严重濒危的民族语言及优秀传统文化,至今还没有全面、系统、完整地进行深入挖掘整理和调查研究。也就是说,如果不抓紧时间进行抢救性搜集、记录和保存,我们将永远失去这些弥足珍贵的文化遗产。该项工作是我们刻不容缓的极其紧迫而重要的历史使命和任务。这也是我们在21世纪的今天,强有力地推动濒危或严重濒危民族文字工作的目的所在,进而强有力推动振兴各民族文化,更好地为文化强国战略做贡献。当然,也会不断强化和提升我国民族研究工作的学术价值和意义,对深入研究各民族的历史文化关系,科学阐释中华民族多元一体的历史脉络,入心入脑地做好民族工作,不断提升民族地区经济社会建设,构建和谐、文明、进步、繁荣昌盛的社会主义国家民族大家庭有其深远意义。

二是,濒危或严重濒危民族语言文字的抢救保护工作是坚定不移地贯彻落实我国优秀而先进的民族政策,包括进一步落实民族语文保护、使用、传承政策法规,以及聚焦振兴中华民族文化这一中心、服务社会主义文化建设这一大局、不断凝聚民族团结的强大力量和生命力,强势推进文化强国战略的基本前提。众所周知,中华人民共和国成立以后,党和国家在百业待兴的极其困难时期,就拿出一定专项经费、组织专家学者到民族地区对民族语言文字使用情况做过实地调研,同时积极宣传我国优秀而先进的民族语文政策法规，鼓励少数民族更好地保护、使用、传承本民族语言文字，帮助少数民族创制新文字或改进改革旧文字，教给少数民族新文字的读音、写法、使用方法，使人口较少民族的语言文字保护工作取得鼓舞人心的辉煌成绩。同时，在《中华人民共和国宪法》及《中华人民共和国民族区域自治法》《中华人民共和国通用语言文字法》中都明确规定各民族都有使用和发展本民族语言文字的自由。所有这些，从政策法规的层面强有力地维护和保障了少数民族使用母语及本民族文字的权利和合法地位，增强了少数民族文化自觉、文化自信、文化自强，对民族语言文字，包括濒危或严重濒危民族语言文字使用注入了强大活力。然而，伴随民族地区经济社会的快速崛起，以强势语言文字为代表的科学技术的不断推广和普及，濒危或严重濒危民族语言文字的抢救保护工作显示出从未有过的紧迫性和重要性。该项工作面临的问题，显得比过去任何时候更加复杂、更加突出、更加艰巨。少数民族保护和发展自己语言文字的愿望，显得比过去任何时候都更加迫切、更加强烈、更加实际。特别是那些濒危或严重濒危的民族语言文字，越来越引起国家上层和各有关部门的关注。为此中央财政设立了"非物质文化遗产保护专项资金"（2006），进而不断增加抢救保护濒危或严重濒危语言文字的资金投入力度。随后，我国把调查、收集、研究、整理少数民族濒危语言文字，建立"少数民族濒危语言文字数据库"等，列入少数民族濒危或严重濒危语言文字抢救保护重大工程。进入21世纪以后，启动并实施了"少数民族濒危语言文化的抢救性研究""少数民族严重濒危语言文化抢救研究""少数民族濒危语言数据库建设""中国新发现语言研究""中国少数民族语言文字保护"等一系列重大工程。这些重大工程任务的先后完成，对向国外宣传我国优秀而先进的民族政策法规发挥了重要作用，强有力地驳斥了反华势力企图利用民族语文问题实施意识形态渗透的野心，并为边疆少数民族地区的安全、稳定和繁荣发展创造了良好的生活环境和群众基础。当然，也为少数民族濒危或严重濒危语言文字原始资料的抢救性搜集整理、永久保存产生了深远影响。

三是，不论人口多少、民族大小，少数民族母语的使用都会无一例外地关系到人权问题，语言使用权是人权范畴的重要内容之一，也是衡量一个国家人权状况的重要依据之一。比如，美国对印第安语、爱斯基摩语及黑人使用语言的歧视，西方国家对萨米人语言的歧视，日本对阿依努人和乌依勒塔人语言的歧视，等等，无一例外地关系到人权和种族歧视。然而，中华人民共和国成立以来，制定了一系列保护少数民族语言文字使用方面的优秀而先进的政策法规。这些政策法规对于少数民族语言文字的使用，包括人口较少民族濒危或严重濒危语言文字的抢救保护，对于维护少数民族母语使用权利，发挥了极其重要的作用，使少数民族使用母语及本民族文字的基本需求在真正意义上落到实处。换言之，民族语言文字的保护，以及人口较少民族濒危或严重濒语言文字的抢救是一项针对性、民族性、政策性、法律性、人权性很强的工作。该项工作同国家的领土完整、边疆安全和人权问题密切相关。我们通过加强对民族语言文字的保护，以及人口较少民族濒危少数和严重濒危语言文字的抢救，不断增强少数民族语言文字的自身活力和内在动力，延缓少数民族语言濒危现象的蔓延及其衰亡速度。在此基础上，我们还有计划、有步骤、有成效地开展了少数民族濒危口头传承文学语言资源的开发，以及民间歌舞、诗词、谚语、成语等中的语言资料的广泛收集整理和抢救保护工作。这使我国民族语言文字的保护，包括人口较少民族濒危或严重濒语言文字的抢救工作，开展得更加深入全面、更加扎实有效。其结果是，进一步促进了边疆民族地区的稳定，以及各民族间的团结互助、和谐共处、相互促进、共同繁荣发展，并为民族地区经济社会建设、实现中华民族伟大复兴和文化强国战略营造了良好的语言文化生态环境，也对国家的长治久安起到了推动作用，并在与西方国家的人权对话中争得了无可辩驳的主动权。

四是，民族语言文字的保护以及人口较少民族濒危或严重濒危语言文字的抢救工作，在人类文明的进程及其我国经济社会的快速发展中，不只是为了更好地保护我国语言文字的多样性，也是为了保护人类语言文字及其文化的多样性，更是为了坚定不移地保障宪法规定的各民族都有使用和发展自己语言的自由的有力措施。毫无疑问，这也是我国对外强有力地宣传，保护少数民族语言文字多样性的优秀而先进的政策法规，以及我国在此方面做出辉煌成绩的重要条件和目的。同样是世界人民客观翔实地了解我国优秀而先进的民族政策法规的保护下，少数民族语言文字相互交融、相互辉映、相互作用，进而共同构建了和谐文明、团结友爱、幸福美好、繁荣发展的社会主义国家民族大家庭的一个窗口。毋庸置疑，在我国优秀而先进的民族政策法规的保护下，在 21 世纪的今天，我国依然是丰富多样的民族语言文字并存并用并辉煌的和谐幸福美好的世界，这不只是我国政府及各民族值得骄傲与自豪的民族工作伟大成就，也是人类文明史上一个不可否定而值得感叹的民族工作辉煌业绩，进而保护、发展、弘扬了人类弥足珍贵的这笔巨大的文化财富，并为人类文化遗产的保护做出了卓越贡献。尤其是在人口较少民族濒危或严重濒危语言文字的挖掘整理、抢救保护、使用传承、发扬光大等方面付出的巨大努力和劳动，确实让世人感叹和赞美。当今世界文明的进步，常常把民族语言文字及其文化的多样性同政治文明的进步紧密地联系在一起。一个政治文明高度发达的国家，就应该是不同民族语言文字及其文化平等相待、相互尊重、共同繁荣发展的和谐文明、幸福美好的社会。人类文明发展到今天，人们已经深深地懂得，保护民族语言文字及其文化的多样性，就意味着保护好丰富多样物质生活和精神生活，也是为了更好地保护我们人类的丰富多样的物质文明和精神文明，保护我们人类多样思维、多样的智慧、多样的语言表述形式。在我们看来，不同民族语言文字及其文化是不同的民族或族群用共同的劳动和智慧创造的，属于他们自己又属于人类的极其珍贵的非物质文化遗产，其中包含取之不尽的源自远古、源自历史、源自人类祖先、源自人类与大自然的深度接触与交流的一点点积累并源远流长的博大精神和无穷智慧。由此我们说，民族语言文字也是一种文化现象，而且是极其鲜明而有代表性的文化现象，我们保护民族语言文字，抢救人口较少民族濒危或严重濒危语言文字，事实上就是抢救保护文化多样性的最好体现。在我国，少数民族语言文字保护得这么好，多种民族语言文字和谐文明地并存是我们的福音，现已成为世界人民和有识之士的共识，从而得到他们的充分肯定和崇高的敬意。我国在"十三五"促进民族地区和人口较少民族发展规划中，再一次明确提出了抢救保护民族语言文字、加快建设少数民族特色文化产业事业、繁荣发展民族地区经济社会等方面的基本方略。少数民族人民学习使用自己的语言文字，不仅是我国宪法赋予的权利，也是保护少数民族人权的突出表现形式和内容之一，是保护我国乃至世界语言文字多样性的具体举措。更是体现出我国政府的政治文明、政治智慧、政治态度、政治和谐，进而为我们建设一个高度文明发达的社会主义国家，营造出一个和谐安宁、团结友爱、舒适优美而十分理想的生活环境、人文环境、社会环境和政治环境。

五是，保护民族语言文字、抢救人口较少民族濒危或严重濒危语言文字，也是为了更好地落实习近平总书记提出的文化强国战略思想，为了更好地振兴少数民族文化建设事业。众所周知，民族语言文字不仅维系着民族文化和民族认同，更是民族文化和民族认同的重要标志之一。一个民族失去了语言文字，在很大程度上就意味着失去了维系本民族文化的重要形式和内容。我国少数民族对自己的语言文字都有特殊情感情怀和特殊认识认同，所以我们对少数民族不断强化国家认同的同时，一定要维护好他们的民族文化认同和民族认同。为了使该项工作落到实处，就是要抓好落实保护民族语言文字、抢救人口较少民族濒危或严重濒危语言文字工作。该项工作直接关系到少数民族地区经济社会快速发展，关系到新时代社会主义现代化强国建设，关系到各族人民团结一心为实现中华民族伟大复兴的中国梦而共同努力奋斗。

总之，我们要在我国优秀而先进的民族政策法规的引导下，不断强化保护民族语言文字工作。特别是要不失时机地不断加强挖掘整理、抢救保护、传承使用、发扬光大我国人口较少民族濒危或严重濒危语言文字的工作。这也是为了让我国少数民族语言文字及其文化，包括濒危或严重濒危的民族语言文化，更好地为我国文化强国战略，以及新时代社会主义现代化强国建设发挥更大作用。

第二节　濒危民族语言抢救保护工作的基本内容

本节主要以阿尔泰语系语言为例,讨论濒危或严重濒危民族语言文字及其文化抢救保护工作所涉及的调研内容、调研要求、调研方法等方面的学术问题。同时,分析和阐述它们的濒危现象及其濒危程度。

一　濒危民族语言调研内容

濒危语言的调研工作包括严重濒危语言的实地调研,主要涉及濒危或严重濒危民族语言文字的使用现状、使用范围、濒危程度等内容。要具体讲,关系到语言使用背景、语言本体结构特征及濒危性变化现象、口头传承故事及公开出版发行物的语言文字使用现象等的分析研究内容。

1. 濒危民族语言使用背景的实地调研,主要涉及以下九个方面内容

(1) 濒危民族语言使用人数,不同年龄段、不同职业者的使用人数;

(2) 濒危民族语言使用地区及使用范围,包括农区、牧区、林区、山区,以及城市、乡镇、村屯、集市、家庭;

(3) 濒危民族语言使用者从幼儿园到高中学习掌握文化知识的语言文字使用状况;

(4) 濒危民族语言使用者在不同年龄段人之间使用母语或通用语或其他民族语情况;

(5) 濒危民族语言使用者掌握和使用通用语言文字或其他民族语言文字的情况;

(6) 濒危民族语言使用者在工作、会议、学习讨论、电视广播、文艺演出、宗教信仰活动等中使用母语或通用语或其他民族语情况;

(7) 濒危民族语言使用者在挖掘整理、抢救保护、传承使用、发扬光大等方面所做的工作,取得的成绩。

(8) 濒危民族语言使用者对本民族语言文字使用和发展采取的态度。

(9) 濒危民族语言的方言土语或地方语分布与使用现状。

2. 濒危民族语言本体结构特征的实地调研，主要涉及语音、词汇、语法及方言土语等结构特征及其濒危程度

（1）濒危民族语言的语音特征及濒危程度。

①元音音位及音位变化、音位增加或减少现象；

②辅音音位及音位变化、音位增加或减少现象；

③复元音、长元音、元音弱化、元音脱落现象；

④复辅音、叠辅音、辅音弱化、辅音脱落现象；

⑤元音和辅音结合原理及新的变化；

⑥音节构成原理及其结构性特征的变迁；

⑦元音和谐现象及其演变；

⑧词重音现象及其演变。

（2）濒危民族语言的词汇特征及濒危程度，主要体现在词汇数量的不断减少、构词功能的不断减退，以及借词的不断增多等方面。

①濒危语言基本词汇的搜集整理应把握在4000—5000单词，严重濒危语言基本词汇的搜集整理应把握在2500—3000单词。

②濒危语言基本词汇使用现象的调研，包括名词类词、动词类词、虚词类词的使用活力及功能的调研，以及不同词类的内部分类与结构性变化特征；

③濒危语言借词使用情况的调研，包括意译词、音译词、半意译半音译词、音译加注词等，以及借词使用概率的调研；

④构词功能及其减退现象，包括派生词与复合词的构词功能及其减退现象、新的构词现象的使用、借词构词功能的提升情况；

⑤词义结构特征的变异现象及演变原理。

（3）濒危民族语言的语法现象及濒危程度，主要体现在语法形态变化现象的退化、新的语法现象的出现或借入等方面。

①名词类词形态变化语法现象的调研；

1）复数形态变化语法现象及其演变；

2）格形态变化语法现象及其演变；

3）人称领属形态变化语法现象及其演变；

4）级形态变化语法现象及其演变。

②动词类词形态变化语法现象的调研；

1）态形态变化语法现象及其演变；

2）体指示代词不同指的词法意义及表达方式；

3）陈述式形态变化语法现象及其演变；

4）祈求式形态变化语法现象及其演变；

5）命令式形态变化语法现象及其演变；

6）假定式形态变化语法现象及其演变；

7）副动词形态变化语法现象及其演变；

8）形动词形态变化语法现象及其演变；

9）助动词形态变化语法现象及其演变。

③虚词类词形态变化语法现象的调研；

1）虚词类词语句中的使用现象及变化；

2）虚词类词语法功能与作用的退化现象。

④句子资料及语法现象的调研；

1）长篇语法话语资料的搜集整理，以及语法现象的分析研究；

2）短篇语法话语资料的搜集整理，以及语法现象的分析研究；

3）名词化短句资料的搜集整理及结构特征、变化现象的分析研究；

4）动词化短句资料的搜集整理及结构特征、变化现象的分析研究；

5）形容词化短句资料的搜集整理及结构特征、变化现象的分析研究；

6）副词化短句资料的搜集整理及结构特征、变化现象的分析研究；

7）复合句资料的搜集整理及结构特征、变化现象的分析研究；

8）句子词组资料的搜集整理及结构类型、变化原理的分析研究。

3. 濒危民族口头传承故事与公开出版物资料的搜集整理，以及语言文字使用情况、表述形式等的分析研究

（1）濒危民族口头传承故事语言资料的搜集整理及分析研究。

①濒危民族口头传承故事资料的搜集整理及语言现象的分析；

②濒危民族口头传承诗歌资料的搜集整理及语言现象的分析；

③濒危民族口头传承谚语资料的搜集整理及语言现象的分析；

④濒危民族口头传承歇后语资料的搜集整理及语言现象的分析；

⑤濒危民族口头传承成语资料的搜集整理及语言现象的分析；

⑥婚礼、丧葬、宗教信仰特殊用语的搜集整理及语言现象的分析；

（2）濒危民族口头传承故事出版物资料的搜集整理及分析研究。

①濒危民族口头传承故事出版物资料的搜集及语言文字使用情况的分析研究；

②濒危民族口头传承诗歌出版物资料的搜集及语言文字使用情况的分析研究；

③濒危民族口头传承谚语出版物资料的搜集及语言文字使用情况的分析研究；

④濒危民族口头传承歇后语出版物资料的搜集及语言文字使用情况的分析研究；

⑤濒危民族口头传承成语出版物资料的搜集及语言文字使用情况的分析研究；

⑥婚礼、丧葬、宗教信仰特殊用语出版物资料的搜集及语言文字使用情况的分析研究。

二　濒危民族语言调研方法

1. 调研项目的设定

调研项目的设定一定要秉持实事求是、求真务实的学术态度，要从调研对象的濒危或严重濒危民族语言的实际情况出发，在对其前期实地调查、调研资料、成果出版等基本信息全面了解和把握的前提下，科学设定实施该调研项目的具体计划。包括濒危或严重濒危民族语言研究状况的全面概述，以及调研选题的学术价值、调研总体框架、调研起止时间、预期调研目标、调研思路、调研途径、调研方法、调研手段、调研重点、调研难点、调研成果等的科学阐述和设定。另外，还包括经费预算及开支细则。

2. 调研团队的组织形式

调研团队负责人要科学规范、行之有效地制定具体调研步骤和实施细则。同时，要在全面了解和把握调研团队成员各自不同的功能作用的情况下，科学部署调研团队成员各自承担的调研任务及要完成的调研指标。制定好预期要完成的搜集整理第一手濒危或严重濒危民族语言资料的工作，以及要撰写完成的调研报告及调研成果任务。调研团队成员要由国家科研机构或相关高级别院所专家学者，以及地方科研部门、大专院校、民间科研团体、本民族代表性人物、非遗传承人等组成。并且，每一位调研团队成员应承担严格意义上的调研工作任务。

3. 调研项目的前期工作

调研项目启动之前，在调研项目负责人的亲自带领下，根据前期工作计划对调研项目团队成员进行各方面培训。其中，主要包括对于濒危或严重濒危民族语言使用关系进行了解的途径及方式、实地调研时对于调研对象的选定条件和要求、调研现场的选定与布置、调研项目内容的选定和事先规划、调研标准及数据资料的预先科学确定、调研方法和手段的科学定位、调研器材及设备的规范化使用、调研资料的科学整理及归纳分类、调研资料的分析研究、调研报告及调研成果的撰写要求和标准等内容。也涉及国际音标记音的精确使用、听音训练、词汇调研表的设定、调研词汇的选定范围、语法形态变化现象调研表的科学系统的设置、语言资料数据的建立标准与要求等内容。

4. 调研团队的成果的保存和开发性利用

（1）建立健全濒危或严重濒危民族语言调研资料永久保存数据库、资料库、网络信息库。其中，包括濒危或严重濒危民族语言语音资料、基本词汇资料、形态变化语法资料、方言土语资料、话语资料、会话资料、口头传承民间文学语言资料等的永久保存的数据库、资料库、网络信息库。

（2）公开出版有质量、有分量、有学术价值的调研报告，以及濒危或严重濒危民族语言专题性调查研究成果，包括对语音、词汇、语法、方言土语等的濒危或严重濒危现象展开全面系统研究的成果。

（3）通过我国濒危或严重濒危民族语言调查研究成果的广泛宣传，进一步强化民族语言保护和人口较少民族严重濒危语言抢救保护工作。同时，进一步加大向国外宣传我国优秀而先进的民族语言保护政策法规。

（4）要建立我国濒危或严重濒危民族语言数据库及网络信息库资料，让人类共享语言文化资源的科研服务体系，进而为人类语言科学的繁荣发展做贡献。

第三节 濒危民族语言及民间文学抢救保护调研表格

本节主要阐述 A、B、C、D、E 五套不同调研内容的表格结构类型。其中，A 类表包括 2 个表格，涉及濒危民族语言实地调查档案，以及濒危民族语言资料信息调查档案等内容；B 类表包括 30 个表格，主要涉及濒危民族语言基本词汇分类调查表，以及濒危民族语言方言土语和地方话比较调查表及其村话与家庭用语基本词汇调研表；C 类表包括 6 个表格，涵括濒危民族语言语音调研内容；D 类表包括 10 个表格，关系到濒危民族语言名词类词形态变化语法现象、动词类词形态变化语法现象、虚词类词形态变化语法现象等方面的调研内容；E 类表包括 10 个表格，涉及濒危口头传承民间文学实地调研档案表、濒危口头传承民间文学资料信息档案表、濒危口头传承民间文学分类调研表、神话分类调研及信息资料表、民间传说分类调研及信息资料表、民间故事分类调研及信息资料表、史诗分类调研及信息资料表、长诗分类调研及信息资料表、谚语分类调研及信息资料表、谜语分类调研及信息资料表等内容。

这些表格都是严格按照濒危或严重濒危民族语言及其口头传承民间文学等的实地调研内容，以及挖掘整理、抢救保护工作的基本思路来设定的。同时，着重考虑了阿尔泰语系语言及口头传承民间文学的濒危现象。

也就是说，这些调研表格的设定，主要是根据阿尔泰语系濒危或严重濒危民族语言，以及濒危或严重濒危的口头传承民间文学的实际情况。但是，开展实地调研时，完全可以从濒危或严重濒危语言及口头传承民间文学的不同情况出发，进行必要改动或增减相关调研内容。另外，考虑到印刷出版工作的方便，在语音调研表中，没有使用国际音标严式记音法，用的是宽式记音形式。濒危民族语言基本词汇分类调查表里，只是选择性地列举了不同词类的相关词条，并不代表各类词的所有调研内容或词条。还有，语法形态变化现象的调研内容也并不十分全面完整，也可以依据濒危或严重濒危民族语言的不同情况做必要修改补充。总之，这些调研表格，只是一个参考性的产物。

A 类表

就如前面所交代的，A 类表主要涉及濒危民族语言实地调查档案表，以及濒危民族语言资料信息调查档案表两项内容。

1. 濒危民族语言实地调研档案表（表1）

№		1	2	3	4	5	6
1	调查语言名称	（语系）	（语族）	（语言）	（方言）	（土语）	（其他）
2	地点	（省、自治区）	（市、盟）	（县、旗）	（乡、苏木）	（村、嘎查）	（自然村）
3	地区特点	（山区）	（林区）	（农区）	（草原）	（沿海）	（其他）
4	气候特点	（热带）	（热温带）	（温带）	（温寒带）	（寒带）	（其他）
5	生产特点	（狩猎）	（林业）	（农业）	（畜牧业）	（渔业）	（其他）
6	调查种类	（语音）	（词汇）	（语法）	（方言）	（土语）	（其他）
7	濒危等级	（一级）	（二级）	（三级）	（四级）	（五级）	（其他）
8	协助调查人	（民族）	（姓名）	（性别）	（年龄）	（职业）	（文化程度）
		（民族）	（姓名）	（性别）	（年龄）	（职业）	（文化程度）
		（民族）	（姓名）	（性别）	（年龄）	（职业）	（文化程度）
		（民族）	（姓名）	（性别）	（年龄）	（职业）	（文化程度）

续表

No		1	2	3	4	5	6
9	发音合作人	（民族）	（姓名）	（性别）	（年龄）	（职业）	（文化程度）
		（民族）	（姓名）	（性别）	（年龄）	（职业）	（文化程度）
		（民族）	（姓名）	（性别）	（年龄）	（职业）	（文化程度）
		（民族）	（姓名）	（性别）	（年龄）	（职业）	（文化程度）
10	调查工具	（录音机）	（摄像机）	（数码相机）	（笔记本电脑）	（笔记本）	（其他）
11	调查方法	（录音）	（摄像）	（照相）	（电脑记录）	（记录）	（其他）
12	其他	（?）	（?）	（?）	（?）	（?）	（?）

2. 濒危民族语言资料信息调研档案表（表2）

No		1	2	3	4	5	6
1	资料形式	（公开出版物）	（书名）	（出版单位）	（出版时间）	（作者）	（其他）
2		（内部出版物）	（）	（）	（）	（）	（）
3		（非出版物）	（）	（）	（）	（）	（）
4		（内部资料）	（名称）	（来源）	（产生时间）	（作者）	（其他）
5		（个人资料）	（）	（）	（）	（）	（其他）
6		（调查资料）	（）	（）	（）	（搜集人）	（其他）
7		（其他）	（）	（）	（）	（）	（）
8	资料内容	（语音）	（元音）	（辅音）	（声调）	（重音）	（其他）
9		（词条）	（）	（）	（）	（）	（）
10		（词法）	（）	（）	（）	（）	（）
11		（句法）	（）	（）	（）	（）	（）
12		（方言）	（）	（）	（）	（）	（）
13		（土语）	（）	（）	（）	（）	（）
14		（话语资料）	（）	（）	（）	（）	（）
15		（故事资料）	（）	（）	（）	（）	（）
16		（其他）	（）	（）	（）	（）	（）

B 类表

B 类表是基本词汇分类调研表，包括濒危语言基本词汇分类调研表、濒危语言自然现象类词汇分类调研表、濒危语言动物类词汇分类调研表、濒危语言植物类词汇分类调研表、濒危语言亲属及人际关系类词汇分类调研表、濒危语言衣食住行类词汇分类调研表、濒危语言职业及工具类词汇分类调研表、濒危语言社会关系类词汇分类调研表、濒危语言金融市场类词汇分类调研表、濒危语言交通通信类词汇分类调研表、濒危语言文化娱乐类词汇分类调研表、濒危语言人体结构类词汇分类调研表、濒危语言风俗习惯类词汇分类调研表、濒危语言宗教信仰类词汇分类调研表、濒危语言医学药物类词汇分类调研表、濒危语言基本数词类词汇分类调研表、濒危语言形象状态类词汇分类调研表、濒危语言行为动作类词汇分类调研表、濒危语言代词类词汇分类调研表、濒危语言副词类词汇分类调研表、濒危语言连词类词汇分类调研表、濒危语言助词类词汇分类调研表、濒危语言前置词与后置词类词汇分类调研表、濒危语言感叹词类词汇分类调研表、濒危语言语气词类词汇分类调研表等25个分类调研表，以及濒危语言方言基本词汇比较调研表、濒危语言土语基本词汇比较调研表、濒危语言地方话基本词汇比较调研表、濒危语言村话基本词汇调研表、濒危语言家庭用语基本词汇调研表等内容。

1. 濒危语言基本词汇分类调研表（表3）

编号	分类	词汇数量	濒危程度	特别说明
1	自然现象类词汇			
2	动物类词汇			
3	植物类词汇			
4	亲属及人际关系类词汇			
5	衣食住行类词汇			
6	职业及工具类词汇			
7	社会关系类词汇			
8	金融市场类词汇			
9	交通通信类词汇			
10	文化娱乐类词汇			
11	人体结构类词汇			

续表

编号	分类	词汇数量	濒危程度	特别说明
12	风俗习惯类词汇			
13	宗教信仰类词汇			
14	医学药物类词汇			
15	基本数词类词汇			
16	形象状态类词汇			
17	行为动作类词汇			
18	代词类词汇			
19	副词类词汇			
20	连词类词汇			
21	助词类词汇			
22	前置词与后置词类词汇			
23	感叹词类词汇			
24	语气词类词汇			
25	其他词类词汇			

2. 濒危语言自然现象类词汇分类调研表（表4）

编号	汉语词	濒危民族语言基本词汇 代表性说法	其他说法	特别说明
1	天空			
2	空气			
3	太阳			
4	阳光			
5	月亮			
6	月光			
7	月牙			
8	圆月			
9	星斗			
10	北斗星			
11	启明星			

续表

编号	汉语词	濒危民族语言基本词汇		特别说明
		代表性说法	其他说法	
12	流星			
13	银河			
14	光			
15	光线			
16	风			
17	龙卷风			
18	大风			
19	雨			
20	雨点			
21	虹			
22	云			
23	晚霞			
24	雾			
25	瘴气			
26	露水			
27	水珠			
28	霜			
29	雪			
30	雪花			
31	冰			
32	冰雹			
33	闪电			
34	雷			
35	雷声			
36	风			
37	旋风			
38	暴风雨			
39	暴风雪			
40	气候			

续表

编号	汉语词	濒危民族语言基本词汇 代表性说法	其他说法	特别说明
41	地			
42	地面			
43	地震			
44	土			
45	泥			
46	泥泞			
47	石头			
48	青石			
49	河流石			
50	沙子			
51	沙粒			
52	沙漠			
53	山			
54	山顶			
55	山坡			
56	山脚			
57	山谷			
58	山洞			
59	窟窿			
60	水			
61	瀑布			
62	海			
63	海滩			
64	潮水			
65	浪			
66	湖			
67	河			
68	河岸			
69	溪			

续表

编号	汉语词	濒危民族语言基本词汇 代表性说法	濒危民族语言基本词汇 其他说法	特别说明
70	激流			
71	泊			
72	死水			
73	泉			
74	渡口			
75	水泡			
76	火			
77	火光			
78	火星			
79	灰			
80	烟			
81	尘			
…	……			

3. 濒危语言动物类词汇分类调研表（表5）

编号	汉语词	濒危民族语言基本词汇 代表性说法	濒危民族语言基本词汇 其他说法	特别说明
1	动物			
2	野兽			
3	虎			
4	狮子			
5	豹			
6	狼			
7	狐狸			
8	熊			
9	猩猩			
10	鹿			
11	四不像			
12	猴			

第五章 濒危民族语言民间文学调研目的及调研表格 193

续表

编号	汉语词	濒危民族语言基本词汇 代表性说法	濒危民族语言基本词汇 其他说法	特别说明
13	象			
14	獾子			
15	兔子			
16	刺猬			
17	老鼠			
18	野猪			
19	猪			
20	蝙蝠			
21	鸟			
22	雁			
23	麻雀			
24	乌鸦			
25	燕子			
26	喜鹊			
27	老鹰			
28	鸡			
29	鸽子			
30	猫			
31	狗			
32	牛			
33	羊			
34	山羊			
35	骆驼			
36	马			
37	驴			
38	骡			
39	虫子			
40	蚕蛹			
41	蜜蜂			

续表

编号	汉语词	濒危民族语言基本词汇 代表性说法	其他说法	特别说明
42	蝴蝶			
43	毛毛虫			
44	蜻蜓			
45	苍蝇			
46	蛆虫			
47	蚊子			
48	蜘蛛			
49	蝴蝶			
50	蛾			
51	蚂蚱			
52	蚂蚁			
53	蟑螂			
54	臭虫			
55	虱子			
56	虮子			
57	蚯蚓			
58	蛇			
59	壁虎			
60	蜗牛			
61	鱼			
62	鱼子			
63	鲇鱼			
64	鲫鱼			
65	鳗鱼			
66	鲨鱼			
67	螃蟹			
68	螺			
69	贝			
70	虾			

续表

编号	汉语词	濒危民族语言基本词汇		特别说明
		代表性说法	其他说法	
71	青蛙			
72	蝌蚪			
73	尾巴			
74	角			
75	蹄子			
76	爪子			
77	翅膀			
78	毛			
79	皮			
80	蛋			
…	……			

4. 濒危语言植物类词汇分类调研表（表6）

编号	汉语词	濒危民族语言基本词汇		特别说明
		代表性说法	其他说法	
1	草			
2	木			
3	苗			
4	芽			
5	种子			
6	叶			
7	花			
8	果子			
9	竹子			
10	苇子			
11	松树			
12	白桦树			

续表

编号	汉语词	濒危民族语言基本词汇 代表性说法	其他说法	特别说明
13	柳树			
14	棉花			
15	牡丹			
16	菊花			
17	荷花			
18	梅花			
19	艾草			
20	向日葵			
21	稻谷			
22	麦子			
23	高粱			
24	大米			
25	小米			
26	花生			
27	梨			
28	苹果			
29	葡萄			
30	枣			
31	西瓜			
32	青菜			
33	白菜			
34	葱			
35	西红柿			
36	黄瓜			
37	豆角			
38	土豆			
...	......			

5. 濒危语言亲属及人际关系类词汇分类调研表（表7）

编号	汉语词	濒危民族语言基本词汇 代表性说法	其 他 说 法	特别说明
1	祖先			
2	爷爷			
3	奶奶			
4	父亲			
5	母亲			
6	伯父			
7	叔叔			
8	姑姑			
9	姨			
10	哥哥			
11	弟弟			
12	姐姐			
13	妹妹			
14	妻子			
15	丈夫			
16	儿子			
17	女儿			
18	公公			
19	婆婆			
20	女婿			
21	儿媳妇			
22	孙子			
23	曾孙			
24	大人			
25	年轻人			
26	小孩			
27	婴儿			

续表

编号	汉语词	濒危民族语言基本词汇 代表性说法	其他说法	特别说明
28	寡妇			
29	单身汉			
30	老太太			
31	老头			
32	男人			
33	女人			
34	孕妇			
35	双胞胎			
36	孤儿			
37	瞎子			
38	哑巴			
…	……			

6. 濒危语言衣食住行类词汇分类调研表（表8）

编号	汉语词	濒危民族语言基本词汇 代表性说法	其他说法	特别说明
1	衣服			
2	上衣			
3	裤子			
4	帽子			
5	鞋			
6	手套			
7	袜子			
8	皮带			
9	纽扣			
…	……			
11	食物			

续表

编号	汉语词	濒危民族语言基本词汇		特别说明
		代表性说法	其他说法	
12	牛奶			
13	面包			
14	肉			
15	酒			
16	盐			
17	茶			
18	饭			
…	……			
20	房子			
21	仓库			
22	院子			
23	门			
24	床			
25	桌子			
26	椅子			
27	厨房			
…	……			
29	车			
30	汽车			
31	公共汽车			
32	轿车			
33	自行车			
34	火车			
35	飞机			
36	船			
37	货轮			
…	……			

7. 濒危语言职业与工具类词汇分类调研表（表9）

编号	汉语词	濒危民族语言基本词汇 代表性说法	濒危民族语言基本词汇 其他说法	特别说明
1	职业			
2	干部			
3	农民			
4	工人			
5	军人			
6	教授			
7	老师			
8	学生			
9	同学			
10	朋友			
11	老乡			
12	艺人			
13	商人			
14	服务员			
15	司机			
16	车夫			
17	乞丐			
18	敌人			
…	……			
20	工具			
21	被子			
22	褥子			
23	床			
24	箱子			
25	碗			
26	筷子			
27	剪刀			
28	刀			
29	梳子			

续表

编号	汉语词	濒危民族语言基本词汇		特别说明
		代表性说法	其他说法	
30	水桶			
31	锥子			
32	锤子			
33	斧子			
34	钳子			
35	钉子			
36	锯			
37	梯子			
…	……			

8. 濒危语言社会关系类词汇分类调研表（表10）

编号	汉语词	濒危民族语言基本词汇		特别说明
		代表性说法	其他说法	
1	国家			
2	社会			
3	政府			
4	机关			
5	党			
6	阶级			
7	城市			
8	城墙			
9	巷			
10	公园			
11	省			
12	县			
13	乡			
14	农村			

续表

编号	汉语词	濒危民族语言基本词汇		特别说明
		代表性说法	其他说法	
15	屯子			
16	街道			
17	办事处			
18	派出所			
…	……			

9. 濒危语言金融市场类词汇分类调研表（表11）

编号	汉语词	濒危民族语言基本词汇		特别说明
		代表性说法	其他说法	
1	买卖			
2	价格			
3	税			
4	商店			
5	集市			
6	饭馆			
7	酒家			
8	当铺			
9	杂货店			
10	小卖部			
11	货币			
12	零钱			
13	算盘			
14	账			
15	秤			
…	……			

10. 濒危语言交通通信类词汇分类调研表（表12）

编号	汉语词	濒危民族语言基本词汇		特别说明
		代表性说法	其他说法	
1	路			
2	公路			
3	人行道			
4	拐角			
5	路灯			
6	车站			
7	机场			
8	码头			
9	渡口			
10	报纸			
11	信			
12	邮票			
13	航空信			
14	邮局			
15	电话			
16	电报			
…	……			

11. 濒危语言文化娱乐类词汇分类调研表（表13）

编号	汉语词	濒危民族语言基本词汇		特别说明
		代表性说法	其他说法	
1	文化			
2	学校			
3	幼儿园			
4	书			
5	本			
6	笔			
7	书店			

续表

编号	汉语词	濒危民族语言基本词汇		特别说明
		代表性说法	其他说法	
8	图书馆			
9	电影院			
10	音乐			
11	剧场			
12	歌			
13	舞			
14	戏			
15	琴			
16	球			
17	扑克			
…	……			

12. 濒危语言人体结构类词汇分类调研表（表14）

编号	汉语词	濒危民族语言基本词汇		特别说明
		代表性说法	其他说法	
1	人			
2	身体			
3	头			
4	耳朵			
5	眼睛			
6	眼珠			
7	眉毛			
8	鼻子			
9	嘴			
10	牙齿			
11	舌头			
12	腮			
13	脸			

续表

编号	汉语词	濒危民族语言基本词汇		特别说明
		代表性说法	其他说法	
14	脖子			
15	肩膀			
16	手臂			
17	手			
18	手掌			
19	手指头			
20	指甲			
21	肚子			
22	肚脐			
23	乳房			
24	腰			
25	大腿			
26	屁股			
27	小腿			
28	脚			
29	头发			
30	胡子			
31	汗毛			
32	骨头			
33	皮肤			
34	心脏			
35	肝脏			
36	胃			
37	脾			
…	……			

13. 濒危语言风俗习惯类词汇分类调研表（表15）

编号	汉语词	濒危民族语言基本词汇 代表性说法	其他说法	特别说明
1	风俗			
2	习惯			
3	节日			
4	大年、春节			
5	元旦			
6	清明节			
7	元宵节			
8	龙抬头			
9	端午节			
10	中秋节			
11	重阳节			
12	泼水节			
13	情人节			
14	丰收节			
15	感恩节			
16	敖包节			
17	狂欢节			
18	婚礼			
19	婚宴			
20	喜酒			
21	洞房			
22	闹新房			
23	坐月子			
24	满月			
25	生日			
26	礼节			
27	招待			

续表

编号	汉语词	濒危民族语言基本词汇		特别说明
		代表性说法	其他说法	
28	敬酒			
29	行礼			
30	磕头			
31	丧事			
32	葬礼			
33	寿衣			
34	穿孝			
35	扫墓			
36	守灵			
37	守寡			
…	……			

14. 濒危语言宗教信仰类词汇分类调研表（表16）

编号	汉语词	濒危民族语言基本词汇		特别说明
		代表性说法	其他说法	
1	宗教			
2	信仰			
3	迷信			
4	神			
5	佛			
6	喇嘛			
7	萨满			
8	塔			
9	寺			
10	庙			
11	经书			
12	香			

续表

编号	汉语词	濒危民族语言基本词汇		特别说明
		代表性说法	其他说法	
13	祭祀			
14	灵魂			
15	鬼			
…	……			

15. 濒危语言医学药物类词汇分类调研表（表17）

编号	汉语词	濒危民族语言基本词汇		特别说明
		代表性说法	其他说法	
1	医院			
2	急诊室			
3	医生			
4	护士			
5	药			
6	膏药			
7	草药			
8	毒药			
9	麻醉药			
10	病			
11	疾病			
12	流行病			
13	病床			
14	手术			
15	伤口			
16	按摩			
17	拔罐子			
18	针灸			
…	……			

16. 濒危语言基本数词类词汇分类调研表（表18）

编号	汉语词	濒危民族语言基本词汇		特别说明
		代表性说法	其他说法	
1	一			
2	二			
3	三			
4	四			
5	五			
6	六			
7	七			
8	八			
9	九			
10	十			
11	十一			
12	十五			
13	二十			
14	三十			
15	四十			
16	五十			
17	六十			
18	七十			
19	八十			
20	九十			
21	百			
22	千			
23	万			
24	亿			
25	第一			
26	第二			
27	第三			
28	一次			
29	二次			

续表

编号	汉语词	濒危民族语言基本词汇 代表性说法	濒危民族语言基本词汇 其他说法	特别说明
30	三次			
31	星期一			
32	星期六			
33	星期日			
34	冠军			
35	季军			
36	亚军			
…	……			

17. 濒危语言形象状态类词汇分类调研表（表19）

编号	汉语词	濒危民族语言基本词汇 代表性说法	濒危民族语言基本词汇 其他说法	特别说明
1	好			
2	坏			
3	快			
4	慢			
5	高			
6	低			
7	红			
8	白			
9	黑			
10	黄			
11	蓝			
12	绿			
13	青			
14	深			
15	浅			
16	宽			

续表

编号	汉语词	濒危民族语言基本词汇		特别说明
		代表性说法	其他说法	
17	窄			
18	长			
19	短			
20	软			
21	硬			
22	粗			
23	细			
24	弯			
25	直			
26	臭			
27	香			
28	腥			
29	大			
30	小			
31	矮			
32	胖			
33	瘦			
34	厚			
35	薄			
36	圆			
37	三角			
…	……			

18. 濒危语言行为动作类词汇分类调研表（表20）

编号	汉语词	濒危民族语言基本词汇		特别说明
		代表性说法	其他说法	
1	咬			
2	嚼			

续表

编号	汉语词	濒危民族语言基本词汇		特别说明
		代表性说法	其他说法	
3	吃			
4	喝			
5	喊			
6	说			
7	笑			
8	呕吐			
9	吐痰			
10	舔			
11	哭			
12	叫			
13	听			
14	看			
15	摸			
16	推			
17	拉			
18	抓			
…	拿			
20	放			
21	抱			
22	背			
23	穿			
24	脱			
25	站立			
26	坐			
27	走			
28	跑			
29	切			
30	砍			
31	开			

续表

编号	汉语词	濒危民族语言基本词汇		特别说明
		代表性说法	其他说法	
32	关			
33	出			
34	进			
35	住			
36	睡			
37	醒			
38	想			
…	……			

19. 濒危语言代词类词汇分类调研表（表21）

编号	汉语词	濒危民族语言基本词汇		特别说明
		代表性说法	其他说法	
1	你			
2	我			
3	他			
4	你们			
5	我们			
6	他们			
7	这			
8	那			
9	这些			
10	那些			
11	这样			
12	那样			
13	这边			
14	那边			
15	这里			
16	那里			

续表

编号	汉语词	濒危民族语言基本词汇 代表性说法	濒危民族语言基本词汇 其他说法	特别说明
17	谁			
18	哪个			
…	……			

20. 濒危语言副词类词汇分类调研表（表22）

编号	汉语词	濒危民族语言基本词汇 代表性说法	濒危民族语言基本词汇 其他说法	特别说明
1	经常			
2	早就			
3	已经			
4	刚才			
5	马上			
6	赶快			
7	非常			
8	很			
9	太			
10	厉害			
11	都			
12	突然			
13	稍微			
14	一定			
…	……			

21. 濒危语言连词类词汇分类调研表（表23）

编号	汉语词	濒危民族语言基本词汇 代表性说法	濒危民族语言基本词汇 其他说法	特别说明
1	和			
2	与			

续表

编号	汉语词	濒危民族语言基本词汇 代表性说法	其他说法	特别说明
3	又			
4	如果			
5	虽然			
6	但是			
7	不过			
8	然后			
9	那么			
10	而且			
…	……			

22. 濒危语言助词类词汇分类调研表（表24）

编号	汉语词	濒危民族语言基本词汇 代表性说法	其他说法	特别说明
1	是			
2	等			
3	得			
4	的			
5	地			
6	也			
7	罢			
…	……			

23. 濒危语言前置词与后置词类词汇分类调研表（表25）

编号	汉语词	濒危民族语言基本词汇 代表性说法	其他说法	特别说明
1	朝着			
2	向着			
3	往			

续表

编号	汉语词	濒危民族语言基本词汇		特别说明
		代表性说法	其他说法	
4	当儿			
5	间隙			
6	顺着			
7	沿着			
8	跟着			
9	依照			
10	为			
...	......			

24. 濒危语言感叹词类词汇分类调研表（表26）

编号	汉语词	濒危民族语言基本词汇		特别说明
		代表性说法	其他说法	
1	嗯			
2	嗳			
3	啊			
4	呀			
5	啊			
6	咳			
7	哟			
8	哼			
9	呸			
10	哈哈			
11	哎			
12	喂			
13	唉			
14	哎哟			
15	吁			

续表

编号	汉语词	濒危民族语言基本词汇 代表性说法	其他说法	特别说明
16	哦哟			
17	嘶			
…	……			

25. 濒危语言语气词类词汇分类调研表（表27）

编号	汉语词	濒危民族语言基本词汇 代表性说法	其他说法	特别说明
1	吗			
2	吧			
3	呵			
4	呀			
5	别			
6	不			
7	是			
8	呗			
9	喂			
…	……			

26. 濒危语言方言基本词汇比较调研表（表28）

编号	汉语词	濒危语言第一方言词汇	濒危语言第二方言词汇	濒危语言第三方言词汇
1				
2				
3				
…				
3000				

27. 濒危语言土语基本词汇比较调研表（表29）

编号	濒危语言第一土语词汇	濒危语言第二土语词汇	濒危语言第三土语词汇	汉语词
1				
2				
3				
...				
3000				

28. 濒危语言地方话基本词汇比较调研表（表30）

编号	濒危语言第一地方话词汇	濒危语言第二地方话词汇	濒危民族语第三地方话词汇	汉语词
1				
2				
3				
...				
2000				

29. 濒危语言村话基本词汇调研表（表31）

编号	濒危语言第一村话词汇	濒危语言第二村话词汇	濒危语言第三村话词汇	汉语词
1				
2				
3				
...				
1500				

30. 濒危语言家庭用语基本词汇调研表（表32）

编号	濒危语言第一家庭用语词汇	濒危语言第二家庭用语词汇	濒危语言第三家庭用语词汇	汉语词
1				
2				

续表

编号	濒危语言第一家庭用语词汇	濒危语言第二家庭用语词汇	濒危语言第三家庭用语词汇	汉语词
3				
…				
1000				

C 类表

C 类表是为濒危语言语音系统及语音结构特征的实地调研而设定。其中包括濒危语言元音音位调研表，濒危语言辅音音位调研表，濒危语言复元音和长元音结构类型调研表，濒危语言复辅音和长辅音结构类型调研表，濒危语言元音和谐及元音接触关系调研表、濒危语言词重音现象调研表等内容。

1. 濒危语言元音音位调研表（表33）

音标\特征	舌尖前 展唇	舌尖前 圆唇	舌尖后 展唇	舌尖后 圆唇	舌面前 展唇	舌面前 圆唇	舌面中 展唇	舌面中 圆唇	舌面后 展唇	舌面后 圆唇	舌位 最高	舌位 次高	舌位 高中	舌位 正中	舌位 低中	舌位 次低	舌位 最低
1 ɿ	★										★						
2 ʮ			★								★						
3 i					★						★						
4 I					★							★					
5 e					★								★				
6 ɛ					★										★		
7 a					★												★
8 y						★					★						
9 ø						★							★				
10 ə							★							★			
11 ʉ								★			★						
12 ɵ								★					★				
13 ɑ									★								★
14 u										★	★						
15 o										★			★				

220 中国濒危民族语言文化研究

2. 濒危语言辅音音位调研表（表34）

音标 \ 特征	01 清	02 塞音 不送气	03 浊 送气	04 音 不送气	05 塞擦音 清 送气	06 音 不送气	07 擦音 浊 送气	08 音 不送气	09 鼻音	10 颤音	11 闪音	12 边音	13 擦音 清音	14 音 浊音	15 半元音 浊音	16 双唇音	17 唇齿音	18 舌尖齿间音	19 舌尖前音	20 舌尖中音	21 舌尖后音	22 舌叶音	23 舌面前音	24 舌面中音	25 舌面后音	26 小舌音	27 喉壁音	28 声门音
1 b		★														★												
2 p	★															★												
3 m									★							★												
4 w															★													
5 f													★				★											
6 d				★																★								
7 t	★																			★								
8 n									★											★								
9 l												★								★								
10 r										★										★								
11 s													★							★								
12 z														★						★								
13 ʐ													★						★									
14 g				★																					★			
15 k	★																								★			
16 h													★															★

第五章 濒危民族语言民间文学调研目的及调研表格

续表

音标\特征	01 清 送气	02 塞音 不送气	03 浊音 送气	04 不送气	05 清 送气	06 塞擦音 不送气	07 浊音 送气	08 不送气	09 鼻音	10 颤音 浊音	11 闪音	12 边音	13 擦音 清音	14 擦音 浊音	15 半元音 浊音	16 双唇音	17 唇齿音	18 舌尖齿间音	19 舌尖前音	20 舌尖中音	21 舌尖后音	22 舌叶音	23 舌面前音	24 舌面中音	25 舌面后音	26 小舌音	27 喉壁音	28 声门音
17 ŋ									★																★			
18 q					★																					★		
19 ɢ			★																							★		
20 x													★															
21 ʐ														★														
22 s													★															
23 ɖ								★											★									
24 ts					★															★								
25 tɕ								★													★							
26 tʃ					★																	★						
27 dʑ								★															★					
27 tɕ													★										★					
28 ɕ													★										★					
29 j																							★					
30 ɦ														★														
31 ʔ		★																										★
32 ɦ														★														★

3. 濒危语言复元音和长元音结构类型调研表（表35）

单元音＼单元音		1 a	2 ə	3 i	4 e	5 o	6 u	7 ɵ	8 ʉ	9 y	10 ø	11 œ	12 æ
1	a	☆		★		★	★						
2	ə		☆	★					★				
3	i	★	★	☆		★	★		★		★	★	
4	e				☆								
5	o			★		☆	★						
6	u	★		★			☆						
7	ɵ			★				☆					
8	ʉ			★					☆				
9	y					★				☆			
10	ø			★							☆		
11	œ			★								☆	
12	æ												☆

（1）☆ 表示长元音；（2）★ 表示复元音。

4. 濒危语言复辅音和长辅音结构类型调研表（表36）

单辅音＼实例		1 b	2 p	3 m	4 w	5 f	6 d	7 t	8 n	9 l	10 r	11 s	12 g	13 k	14 h	15 ŋ	16 dʒ	17 tʃ	18 ʃ
1	b	☆					★	★									★	★	
2	p		☆					★					★					★	
3	m	★	★	☆			★	★		★	★						★		
4	w				☆					★	★								
5	f					☆				★									
6	d						☆			★									
7	t		★		★		☆						★				★		
8	n						★	★	☆	★	★			★	★		★	★	
9	l			★			★	★		☆	★		★	★			★		
10	r						★	★	★	★	☆		★	★	★		★	★	★
11	s						★	★		★		☆	★	★	★		★		
12	g	★	★	★		★	★		★		★	☆	★	★	★		★	★	

续表

单辅音	1	2	3	4	5	6	7	8	9	10	11	12	13	14	15	16	17	18
实例	b	p	m	w	f	d	t	n	l	r	s	g	k	h	ŋ	ʤ	ʧ	ʃ
13 k		★	★	★		★					★	★	☆	★	★		★	★
14 h	★	★	★	★		★					★	★	★	☆	★	★	★	★
15 ŋ			★									★	★	★	☆	★	★	★
16 ʤ			★	★			★		★	★	★				☆			
17 ʧ			★	★			★		★	★	★					☆		
18 ʃ												★	★					☆

5. 濒危语言元音和谐及元音接触关系调研表（表37）

单元音	1	2	3	4	5	6	7	8	9	10
	a	ə	i	e	o	u	ɵ	ʉ	y	
1 a		★		★	★	★	★		★	
2 ə			★	★				★	★	
3 i	★	★	★	★	★	★	★	★	★	
4 e	★	★	★	★	★	★	★	★	★	
5 o	★		★	★	★	★			★	
7 u	★		★	★	★	★			★	
8 ɵ		★	★	★			★	★	★	
9 ʉ		★	★	★			★	★	★	
10 y	★	★	★	★	★	★	★	★	★	

6. 濒危语言词重音现象调研表（表38）

语言或方言 \ 重音位置	1 词首音节	2 词第二音节	3 词第三音节	4 词中	5 词倒数第二音节	6 词末音节	7 其他
1 鄂伦春语		★					
2 鄂温克语		★					
3 其他							

D 类表

D 类表关系到濒危语言形态变化语法现象的调研内容。主要涉及濒危语言名词类词复数形态变化语法现象调研表、濒危语言名词类词格形态变化语法现象调研表、濒危语言名词类词人称领属形态变化语法现象调研表、濒危语言名词类词级形态变化语法现象调研表，以及濒危语言动词类词态形态变化语法现象调研表、濒危语言动词类词体形态变化语法现象调研表、濒危语言动词类词式形态变化语法现象调研表、濒危语言动词类词形动词形态变化语法现象调研表、濒危语言动词类词副动词形态变化语法现象调研表、濒危语言动词类词助动词形态变化语法现象调研表等内容。

1. 濒危语言名词类词复数形态变化语法现象调研表（表39）

复数		形态变化语法词缀	使用情况举例说明
1	复数	s	
2		t	
3		r	
4		l	
5		təs	
6		sal、sel、sol、sul	
…		……	

2. 濒危语言名词类词格形态变化语法现象调研表（表40）

格分类		形态变化语法词缀	使用情况举例说明
1	主格		
2	领格		
3	宾格		
4	造格		
5	位格		

续表

	格分类	形态变化语法词缀	使用情况举例说明
6	从格		
7	方向格		
8	与格		
9	比格		
10	方面格		
11	有格		
12	所有格		
13	离格		
14	不定位格		
15	不定向格		
16	不定宾格		
17	确定位格		
18	确定宾格		
19	确定位格		
20	其他		

3. 濒危语言名词类词人称领属形态变化语法现象调研表（表41）

	人称领属分类		形态变化语法词缀	使用情况具体说明
1	单数	第一人称		
2		第二人称		
3		第三人称		
4	复数	第一人称		
5		第二人称		
6		第三人称		
7	其他	……		

4. 濒危语言名词类词级形态变化语法现象调研表（表42）

	级分类	形态变化语法词缀	使用情况具体说明
1	一般级		

续表

	级分类	形态变化语法词缀	使用情况具体说明
2	最低级		
3	低级		
4	次低级		
5	中级		
6	次高级		
7	高级		
8	最高级		
9	其他		

5. 濒危语言动词类词态形态变化语法现象调研表（表43）

	态分类	形态变化语法词缀	使用情况具体说明
1	主动态		
2	被动态		
3	使动态		
4	互动态		
5	共动态		
6	他动态		
7	自动态		
8	其他		

6. 濒危语言动词类词体形态变化语法现象调研表（表44）

	体分类	形态变化语法词缀	使用情况具体说明
1	执行体		
2	完成体		
3	未完成体		
4	进行体		
5	一次体		
6	多次体		
7	反复体		
8	连续体		
9	持续体		

续表

	体分类	形态变化语法词缀	使用情况具体说明
10	开始体		
11	终止体		
12	中断体		
13	愿望体		
14	假充体		
15	快速体		
16	趋向体		
17	其他体		

7. 濒危语言动词类词式形态变化语法现象调研表（表45）

	式分类		形态变化语法词缀	使用情况具体说明
1	陈述式现在时	单数式	第一人称		
2			第二人称		
3			第三人称		
4		复数式	第一人称		
5			第二人称		
6			第三人称		
7	陈述现在将来时	单数式	第一人称		
8			第二人称		
9			第三人称		
10		复数式	第一人称		
11			第二人称		
12			第三人称		
13	陈述式过去时	单数式	第一人称		
14			第二人称		
15			第三人称		
16		复数式	第一人称		
17			第二人称		
18			第三人称		

续表

	式分类		形态变化语法词缀	使用情况具体说明
19	陈述式将来时	单数式 第一人称		
20		第二人称		
21		第三人称		
22		复数式 第一人称		
23		第二人称		
24		第三人称		
25	祈求式	单数式 第一人称		
26		第二人称		
27		第三人称		
28		复数式 第一人称		
29		第二人称		
30		第三人称		
31	命令式	单数式 第一人称		
32		第二人称		
33		第三人称		
34		复数式 第一人称		
35		第二人称		
36		第三人称		
37	禁令式	单数式 第一人称		
38		第二人称		
39		第三人称		
40		复数式 第一人称		
41		第二人称		
42		第三人称		
43	假定式	单数式 第一人称		
44		第二人称		
45		第三人称		
46		复数式 第一人称		
47		第二人称		
48		第三人称		

8. 濒危语言动词类词形动词形态变化语法现象调研表（表46）

	形动词分类	形态变化语法词缀	使用情况具体说明
1	现在时形动词		
2	将来时形动词		
3	现在将来实形动词		
4	过去时形动词		
5	其他形动词		

9. 濒危语言动词类词副动词及形态变化语法现象调研表（表47）

	副动词分类	形态变化语法词缀	使用情况具体说明
1	联合副动词		
2	完成副动词		
3	延续副动词		
4	让步副动词		
5	条件副动词		
6	紧接副动词		
7	并进副动词		
8	界限副动词		
9	立刻副动词		
10	趁机副动词		
11	目的副动词		
12	前行副动词		
13	渐进副动词		
14	终极副动词		
15	结果副动词		
16	因果副动词		
17	其他副动词		

10. 濒危语言动词类词助动词形态变化语法现象调研表（表48）

	助动词分类	形态变化语法词缀	使用情况具体说明
1	否定助动词		

续表

	助动词分类	形态变化语法词缀	使用情况具体说明
2	肯定助动词		
3	判断助动词		
4	允许助动词		
5	能愿助动词		
6	疑问助动词		
7	应答助动词		
8	其他助动词		

E 类表

E 类表主要涉及少数民族濒危口头传承民间文学实地调研档案表、少数民族濒危口头传承民间文学资料信息档案表、少数民族濒危口头传承民间文学分类调研表、少数民族神话分类调研及信息资料表、少数民族民间传说分类调研及信息资料表、少数民族民间故事分类调研及信息资料表、少数民族史诗分类调研及信息资料表、少数民族长诗分类调研及信息资料表、少数民族谚语分类调研及信息资料表、少数民族谜语分类调研及信息资料表等内容。

1. 少数民族濒危口头传承民间文学实地调研档案表（表49）

	No	1	2	3	4	5	6
1	民族称谓	（自称）	（自称）	（他称）	（他称）	（他称）	（其他）
2	民族系数	（语系）	（语族）	（语言）	（方言）	（土语）	（其他）
3	地点	（省、自治区）	（市、盟）	（县、旗）	（乡、苏木）	（村、嘎查）	（自然村）
4	地区特点	（山区）	（林区）	（农区）	（草原）	（沿海）	（其他）
5	气候特点	（热带）	（热温带）	（温带）	（温寒带）	（寒带）	（其他）
6	生产特点	（狩猎）	（林业）	（农业）	（畜牧业）	（渔业）	（其他）
7	调查种类	（语音）	（词汇）	（语法）	（方言）	（土语）	（其他）
8	濒危等级	（一级）	（二级）	（三级）	（四级）	（五级）	（其他）

续表

No		1	2	3	4	5	6
9	协助调查人	（民族）	（姓名）	（性别）	（年龄）	（职业）	（文化程度）
		（民族）	（姓名）	（性别）	（年龄）	（职业）	（文化程度）
		（民族）	（姓名）	（性别）	（年龄）	（职业）	（文化程度）
		（民族）	（姓名）	（性别）	（年龄）	（职业）	（文化程度）
10	讲述故事	（民族）	（姓名）	（性别）	（年龄）	（职业）	（文化程度）
		（民族）	（姓名）	（性别）	（年龄）	（职业）	（文化程度）
		（民族）	（姓名）	（性别）	（年龄）	（职业）	（文化程度）
		（民族）	（姓名）	（性别）	（年龄）	（职业）	（文化程度）
11	调查工具	（录音机）	（摄像机）	（数码相机）	（笔记本电脑）	（笔记本）	（其他）
12	调查方法	（录音）	（摄像）	（照相）	（电脑记录）	（记录）	（其他）
13	其 他	（?）	（?）	（?）	（?）	（?）	（?）

2. 少数民族濒危口头传承民间文学资料信息档案表（表50）

※※※※※※※※※※※※※※※※※※※※※※※※※※※※

No		1	2	3	4	5	6
1	资料形式	（公开出版物）	（书名）	（出版单位）	（出版时间）	（作者）	（其他）
2		（内部出版物）	（）	（）	（）	（）	（）
3		（非出版物）	（）	（）	（）	（）	（）
4		（内部资料）	（名称）	（来源）	（产生时间）	（作者）	（其他）
5		（个人资料）	（）	（）	（）	（）	（其他）
6		（调查资料）	（）	（）	（）	（搜集人）	（其他）
7		（其他）	（）	（）	（）	（）	（）

※※※※※※※※※※※※※※※※※※※※※※※※※※※※

No	分 类	1	2	3	4	5
8	资料内容	（口头神话）	（天地类）	（起源类）	（图腾类）	（祖源类）	（其他类）
9		（民间传说）	（）	（）	（）	（）
10		（民间故事）	（）	（）	（）	（）
11		（史 诗）	（）	（）	（）	（）
12		（长 诗）	（）	（）	（）	（）
13		（谚 语）	（）	（）	（）	（）
14		（谜 语）	（）	（）	（）	（）
15		（其 他）	（）	（）	（）	（）

3. 少数民族濒危口头传承民间文学分类调研表（表51）

	分类	1	2	3	4	5
1	神 话	（天地类）	（起源类）	（图腾类）	（祖源类）	（其他类）
2	民间传说	（ ）	（ ）	（ ）	（ ）	（ ）
3	民间故事	（ ）	（ ）	（ ）	（ ）	（ ）
4	史 诗	（ ）	（ ）	（ ）	（ ）	（ ）
5	说唱故事	（ ）	（ ）	（ ）	（ ）	（ ）
6	长 诗	（ ）	（ ）	（ ）	（ ）	（ ）
7	谚 语	（生活类）	（生产类）	（自然类）	（社会类）	（其他类）
8	谜 语	（ ）	（ ）	（ ）	（ ）	（ ）
9	其 他	（ ）	（ ）	（ ）	（ ）	（ ）

4. 少数民族神话分类调研及信息资料表（表52）

	信息资料 分类	1 传播地区	2 传播范围	3 传播形式和手段	4 传播人群	5 （其他）
1	天地神话	（ ）	（ ）	（ ）	（ ）	（ ）
2	起源神话	（ ）	（ ）	（ ）	（ ）	（ ）
3	图腾神话	（ ）	（ ）	（ ）	（ ）	（ ）
4	祖源神话	（ ）	（ ）	（ ）	（ ）	（ ）
5	自然神话	（ ）	（ ）	（ ）	（ ）	（ ）
6	动物神话	（ ）	（ ）	（ ）	（ ）	（ ）
7	植物神话	（ ）	（ ）	（ ）	（ ）	（ ）
8	英雄神话	（ ）	（ ）	（ ）	（ ）	（ ）
9	鬼神神话	（ ）	（ ）	（ ）	（ ）	（ ）
10	其 他	（ ）	（ ）	（ ）	（ ）	（ ）

5. 少数民族民间传说分类调研及信息资料表（表53）

	信息资料 分类	1 传播地区	2 传播范围	3 传播形式和手段	4 传播人群	5 （其他）
1	人物传说	（ ）	（ ）	（ ）	（ ）	（ ）

续表

分类 \ 信息资料	1 传播地区	2 传播范围	3 传播形式和手段	4 传播人群	5 （其他）
2 史事传说	( )	( )	( )	( )	( )
3 地方传说	( )	( )	( )	( )	( )
4 动物传说	( )	( )	( )	( )	( )
5 植物传说	( )	( )	( )	( )	( )
6 风俗传说	( )	( )	( )	( )	( )
7 祖先传说	( )	( )	( )	( )	( )
8 鬼神传说	( )	( )	( )	( )	( )
9 其他	( )	( )	( )	( )	( )

6. 少数民族民间故事分类调研及信息资料表（表54）

分类 \ 信息资料	1 传播地区	2 传播范围	3 传播形式和手段	4 传播人群	5 （其他）
1 幻想故事	( )	( )	( )	( )	( )
2 人物故事	( )	( )	( )	( )	( )
3 动物故事	( )	( )	( )	( )	( )
4 妖怪故事	( )	( )	( )	( )	( )
5 生活故事	( )	( )	( )	( )	( )
6 爱情故事	( )	( )	( )	( )	( )
7 笑话故事	( )	( )	( )	( )	( )
8 民间寓言	( )	( )	( )	( )	( )
9 其他	( )	( )	( )	( )	( )

7. 少数民族史诗分类调研及信息资料表（表55）

分类 \ 信息资料	1 传播地区	2 传播范围	3 传播形式和手段	4 传播人群	5 （其他）
1 创世史诗	( )	( )	( )	( )	( )
2 英雄史诗	( )	( )	( )	( )	( )

续表

信息资料 分类		1 传播地区	2 传播范围	3 传播形式和手段	4 传播人群	5 (其他)
3	民族史诗	( )	( )	( )	( )	( )
4	其 他	( )	( )	( )	( )	( )

8. 少数民族长诗分类调研及信息资料表（表56）

信息资料 分类		1 传播地区	2 传播范围	3 传播形式和手段	4 传播人群	5 (其他)
1	抒情长诗	( )	( )	( )	( )	( )
2	叙事长诗	( )	( )	( )	( )	( )
3	生活长诗	( )	( )	( )	( )	( )
4	英雄长诗	( )	( )	( )	( )	( )
5	赞美长诗	( )	( )	( )	( )	( )
6	烂漫长诗	( )	( )	( )	( )	( )
7	其 他	( )	( )	( )	( )	( )

9. 少数民族谚语分类调研及信息资料表（表57）

信息资料 分类		1 传播地区	2 传播范围	3 传播形式和手段	4 传播人群	5 (其他)
1	生活谚语	( )	( )	( )	( )	( )
2	劳动谚语	( )	( )	( )	( )	( )
3	自然谚语	( )	( )	( )	( )	( )
4	社会谚语	( )	( )	( )	( )	( )
5	时政谚语	( )	( )	( )	( )	( )
6	风俗谚语	( )	( )	( )	( )	( )
7	宗教谚语	( )	( )	( )	( )	( )
8	教育谚语	( )	( )	( )	( )	( )
9	其 他	( )	( )	( )	( )	( )

10. 少数民族谜语分类调研及信息资料表（表58）

	信息资料 分类	1 传播地区	2 传播范围	3 传播形式和手段	4 传播人群	5 （其他）
1	生活谜语	( )	( )	( )	( )	( )
2	劳动谜语	( )	( )	( )	( )	( )
3	自然谜语	( )	( )	( )	( )	( )
4	社会谜语	( )	( )	( )	( )	( )
5	风土谜语	( )	( )	( )	( )	( )
6	数字谜语	( )	( )	( )	( )	( )
7	其 他	( )	( )	( )	( )	( )

附录

一、我国境内语言文化进入濒危状态的少数民族

序号	民族	人口	使用人口	主要分布地区	濒危语言	严重濒危语言	必须抓紧抢救的濒危语言
1	锡伯	188824	2.5万	新疆、辽宁、黑龙江	☆		
2	阿昌	33936	2万	云南	☆		
3	普米	33600	2万	云南	☆		
4	塔吉克	41028	2万	新疆	☆		
5	怒	28759	2万	云南	☆		
6	鄂温克	30505	2万	内蒙古、黑龙江	☆		
7	德昂	17935	1万	云南		★	
8	裕固	13719	1万	甘肃		★	
9	京	22519	1万	广西		★	
10	基诺	20899	1万	云南		★	
11	乌孜别克	12370	1万	新疆		★	
12	保安	16505	9000	甘肃		★	
13	门巴	8923	5000	西藏		★	
14	独龙	7426	4000	云南		★	
15	鄂伦春	8196	2500	内蒙古、黑龙江			※
16	俄罗斯	15609	2000	黑龙江、内蒙古			※
17	珞巴	2965	2000	西藏			※
18	高山	4461	2000	台湾、福建			※

续表

序号	民族	人口	使用人口	主要分布地区	濒危语言	严重濒危语言	必须抓紧抢救的濒危语言
19	塔塔尔	4890	500	新疆			※
20	赫哲	4640	500	黑龙江			※
21	满	10682262	100	辽宁、吉林、黑龙江、内蒙古、河北、北京			※

注：※ 表示进入濒危后期（严重濒危），★ 表示进入濒危中期，☆ 表示进入濒危前期。

二

我国北方民族语言所属地州市

语 族	语 言	民 族	省 区	地 州 市
突厥语族	哈萨克语	哈萨克族	甘肃	酒泉市
突厥语族	哈萨克语	哈萨克族	新疆	乌鲁木齐市
突厥语族	哈萨克语	哈萨克族	新疆	克拉玛依市
突厥语族	哈萨克语	哈萨克族	新疆	哈密地区
突厥语族	哈萨克语	哈萨克族	新疆	昌吉回族自治州
突厥语族	哈萨克语	哈萨克族	新疆	博尔塔拉蒙古自治州
突厥语族	哈萨克语	哈萨克族	新疆	伊犁哈萨克自治州
突厥语族	哈萨克语	哈萨克族	新疆	伊犁地区
突厥语族	哈萨克语	哈萨克族	新疆	塔城地区
突厥语族	哈萨克语	哈萨克族	新疆	阿勒泰地区
突厥语族	柯尔克孜语	柯尔克孜族	黑龙江	齐齐哈尔市
突厥语族	柯尔克孜语	柯尔克孜族	新疆	阿克苏地区
突厥语族	柯尔克孜语	柯尔克孜族	新疆	克孜勒苏柯尔克孜自治州
突厥语族	柯尔克孜语	柯尔克孜族	新疆	喀什地区
突厥语族	柯尔克孜语	柯尔克孜族	新疆	伊犁地区
突厥语族	柯尔克孜语	柯尔克孜族	新疆	塔城地区
突厥语族	撒拉语	撒拉族	甘肃	临夏回族自治州
突厥语族	撒拉语	撒拉族	青海	西宁市
突厥语族	撒拉语	撒拉族	青海	海东地区
突厥语族	撒拉语	撒拉族	新疆	伊犁地区
突厥语族	塔塔尔语	塔塔尔族	新疆	乌鲁木齐市

续表

语　族	语　言	民　族	省　区	地　州　市
突厥语族	塔塔尔语	塔塔尔族	新疆	昌吉回族自治州
突厥语族	塔塔尔语	塔塔尔族	新疆	伊犁地区
突厥语族	塔塔尔语	塔塔尔族	新疆	塔城地区
突厥语族	塔塔尔语	塔塔尔族	新疆	阿勒泰地区
突厥语族	图佤语	蒙古族	新疆	阿勒泰地区
突厥语族	维吾尔语	维吾尔族	新疆	克拉玛依市
突厥语族	维吾尔语	维吾尔族	新疆	吐鲁番地区
突厥语族	维吾尔语	维吾尔族	新疆	哈密地区
突厥语族	维吾尔语	维吾尔族	新疆	昌吉回族自治州
突厥语族	维吾尔语	维吾尔族	新疆	博尔塔拉蒙古自治州
突厥语族	维吾尔语	维吾尔族	新疆	巴音郭楞蒙古自治州
突厥语族	维吾尔语	维吾尔族	新疆	阿克苏地区
突厥语族	维吾尔语	维吾尔族	新疆	克孜勒苏柯尔克孜自治州
突厥语族	维吾尔语	维吾尔族	新疆	喀什地区
突厥语族	维吾尔语	维吾尔族	新疆	和田地区
突厥语族	维吾尔语	维吾尔族	新疆	伊犁哈萨克自治州
突厥语族	维吾尔语	维吾尔族	新疆	伊犁地区
突厥语族	维吾尔语	维吾尔族	新疆	塔城地区
突厥语族	维吾尔语	维吾尔族	新疆	阿勒泰地区
突厥语族	乌孜别克语	乌孜别克族	新疆	乌鲁木齐市
突厥语族	乌孜别克语	乌孜别克族	新疆	昌吉回族自治州
突厥语族	乌孜别克语	乌孜别克族	新疆	喀什地区
突厥语族	乌孜别克语	乌孜别克族	新疆	伊犁地区
突厥语族	乌孜别克语	乌孜别克族	新疆	阿勒泰地区
突厥语族	西部裕固语	裕固族	甘肃	张掖地区
蒙古语族	保安语	保安族	甘肃	临夏回族自治州
蒙古语族	保安语	保安族	青海	黄南藏族自治州
蒙古语族	达斡尔语	达斡尔族	内蒙古	呼伦贝尔盟
蒙古语族	达斡尔语	达斡尔族	黑龙江	齐齐哈尔市
蒙古语族	达斡尔语	达斡尔族	黑龙江	黑河市

续表

语 族	语 言	民 族	省 区	地 州 市
蒙古语族	东部裕固语	裕固族	甘肃	张掖地区
蒙古语族	东乡语	东乡族	甘肃	临夏回族自治州
蒙古语族	康家话	回族	青海	黄南藏族自治州
蒙古语族	蒙古语	蒙古族	内蒙古	呼和浩特市
蒙古语族	蒙古语	蒙古族	内蒙古	包头市
蒙古语族	蒙古语	蒙古族	内蒙古	乌海市
蒙古语族	蒙古语	蒙古族	内蒙古	赤峰市
蒙古语族	蒙古语	蒙古族	内蒙古	通辽市
蒙古语族	蒙古语	蒙古族	内蒙古	呼伦贝尔盟
蒙古语族	蒙古语	蒙古族	内蒙古	兴安盟
蒙古语族	蒙古语	蒙古族	内蒙古	锡林郭勒盟
蒙古语族	蒙古语	蒙古族	内蒙古	乌兰察布盟
蒙古语族	蒙古语	蒙古族	内蒙古	伊克昭盟
蒙古语族	蒙古语	蒙古族	内蒙古	巴彦淖尔盟
蒙古语族	蒙古语	蒙古族	内蒙古	阿拉善盟
蒙古语族	蒙古语	蒙古族	辽宁	阜新市
蒙古语族	蒙古语	蒙古族	辽宁	朝阳市
蒙古语族	蒙古语	蒙古族	吉林	松原市
蒙古语族	蒙古语	蒙古族	黑龙江	大庆市
蒙古语族	蒙古语	蒙古族	甘肃	酒泉市
蒙古语族	蒙古语	蒙古族	青海	海西蒙古族藏族自治州
蒙古语族	蒙古语	蒙古族	新疆	博尔塔拉蒙古自治州
蒙古语族	蒙古语	蒙古族	新疆	巴音郭楞蒙古自治州
蒙古语族	蒙古语	蒙古族	新疆	塔城地区
蒙古语族	蒙古语	蒙古族	青海	黄南藏族自治州
蒙古语族	土族语	土族	甘肃	武威地区
蒙古语族	土族语	土族	甘肃	临夏回族自治州
蒙古语族	土族语	土族	青海	海东地区
满通语族	鄂伦春语	鄂伦春族	内蒙	呼伦贝尔盟
满通语族	鄂伦春语	鄂伦春族	黑龙江	大兴安岭地区

续表

语　族	语　言	民　族	省　区	地　州　市
满通语族	鄂温克语	鄂温克族	内蒙古	呼伦贝尔盟
满通语族	鄂温克语	鄂温克族	黑龙江	齐齐哈尔市
满通语族	赫哲语	赫哲族	黑龙江	双鸭山市
满通语族	赫哲语	赫哲族	黑龙江	佳木斯市
满通语族	锡伯语	锡伯族	新疆	伊犁地区
满通语族	锡伯语	锡伯族	新疆	塔城地区
未定	朝鲜语	朝鲜族	辽宁	沈阳市
未定	朝鲜语	朝鲜族	辽宁	鞍山市
未定	朝鲜语	朝鲜族	辽宁	抚顺市
未定	朝鲜语	朝鲜族	辽宁	本溪市
未定	朝鲜语	朝鲜族	辽宁	丹东市
未定	朝鲜语	朝鲜族	辽宁	营口市
未定	朝鲜语	朝鲜族	辽宁	辽阳市
未定	朝鲜语	朝鲜族	辽宁	盘锦市
未定	朝鲜语	朝鲜族	辽宁	铁岭市
未定	朝鲜语	朝鲜族	吉林	朝阳市
未定	朝鲜语	朝鲜族	吉林	吉林市
未定	朝鲜语	朝鲜族	吉林	四平市
未定	朝鲜语	朝鲜族	吉林	辽源市
未定	朝鲜语	朝鲜族	吉林	通化市
未定	朝鲜语	朝鲜族	吉林	白山市
未定	朝鲜语	朝鲜族	吉林	松原市
未定	朝鲜语	朝鲜族	吉林	白城市
未定	朝鲜语	朝鲜族	吉林	延边朝鲜族自治州
未定	朝鲜语	朝鲜族	黑龙江	哈尔滨市
未定	朝鲜语	朝鲜族	黑龙江	齐齐哈尔市
未定	朝鲜语	朝鲜族	黑龙江	鸡西市
未定	朝鲜语	朝鲜族	黑龙江	鹤岗市
未定	朝鲜语	朝鲜族	黑龙江	双鸭山市
未定	朝鲜语	朝鲜族	黑龙江	大庆市

续表

语　族	语　言	民　族	省　区	地　州　市
未定	朝鲜语	朝鲜族	黑龙江	伊春市
未定	朝鲜语	朝鲜族	黑龙江	佳木斯市
未定	朝鲜语	朝鲜族	黑龙江	七台河市
未定	朝鲜语	朝鲜族	黑龙江	牡丹江市
未定	朝鲜语	朝鲜族	黑龙江	黑河市
未定	朝鲜语	朝鲜族	黑龙江	绥化市
未定	朝鲜语	朝鲜族	山东	青岛市
未定	朝鲜语	朝鲜族	山东	烟台市
未定	朝鲜语	朝鲜族	山东	威海市

资料来源：孙宏开主编：《中国的语言》，商务印书馆2004年版。

三

我国少数民族文字目录

文字名称	记录语言	分布地区	使用民族	文字地位
蒙古文	蒙古语	内蒙古、黑龙江、吉林、辽宁、北京、甘肃、青海、新疆等8省区市的蒙古族集中地区	蒙古族	现行官方文字
维吾尔文	维吾尔语	新疆	维吾尔族	现行官方文字
哈萨克文	哈萨克语	新疆伊犁哈萨克自治州和新疆、甘肃各哈萨克自治县	哈萨克族	现行官方文字
朝鲜文	朝鲜语（韩国语）	中国延边及朝鲜、韩国	朝鲜族	现行官方文字
柯尔克孜文	柯尔克孜语	新疆柯尔克孜族地区	柯尔克孜族	现行官方文字
锡伯文	锡伯语	新疆伊犁州察布查尔县	锡伯族	现行官方文字
西夏文	西夏语（古代）	西夏时代（1038—1227）在宁夏、甘肃和内蒙古西部广泛使用，是西夏的"国字"。西夏灭亡后在北京、河北一带仍有人使用，至明代中期消亡	党项人	古文字
八思巴文	古代蒙古语、汉语、藏语、梵语、波斯语、维吾尔语	元朝时期的全国版图	元朝国家官方文字	古文字

续表

文字名称	记录语言	分布地区	使用民族	文字地位
察合台文	察合台语（古代）	察合台汗国、叶尔羌汗国和铁木儿帝国、莫卧儿王朝，即现今新疆、中亚地区和印度北部等地区	古代维吾尔、乌兹别克和突厥化的蒙古人等	古文字
回鹘文	古代维吾尔语	主要是回鹘活动的地区，即今新疆、甘肃的高昌回鹘，甘州回鹘、喀喇汗王朝。此外，金帐汗国（钦察汗国）、帖木耳帝国和察合台汗国也曾使用	回鹘人	古文字
女真文	女真语（古代）	金代统治地区，金朝灭亡后，东北女真人沿用女真文至明朝前期	女真人	古文字
契丹小字	契丹语（古代）	文字创制后与契丹大字并行于契丹（辽）国中	中国东北部的契丹贵族	古文字
佉卢文	印度西北俗语、犍陀罗语、尼雅方言	中国西域于阗地区	古代印欧系民族	古文字
粟特文	粟特语（古代）	产生于塔吉克斯坦北部和乌兹别克斯坦南部，文字由商贸传入我国新疆地区，用以书写佛教文献和世俗文书，约在11世纪消亡	粟特人	古文字
满文	满语	自1599年创制，早期在东北满族聚居区满使用，而后至全国，成为清代"国语"	满族	古文字
突厥文	古代突厥语、回鹘语、黠戛斯语等。	7—10世纪通行于我国北方的蒙古高原，即鄂尔浑河、叶尼塞河流域、甘肃、新疆北部。勒拿河—贝加尔湖地区、中亚、东欧也有突厥文文献被发现	古代突厥、回鹘、黠戛斯人、骨利干人、彼切尼克人等	古文字

续表

文字名称	记录语言	分布地区	使用民族	文字地位
焉耆—龟兹文	焉耆语和龟兹语（古代）	唐代在新疆库本、焉耆和吐鲁番等地使用，书写佛经、文学作品和世俗文书	古代吐火罗人	古文字
于阗文	于阗塞语或称印度—斯基泰语	公元6—10世纪使用于西域于阗地区	古代塞克人	古文字

资料来源：《中国少数民族文字字符总集》，教育部语信司，2004年。

四

我国语言系属及分类

中国有 55 个少数民族。回族和满族一般使用汉语，其他少数民族都有自己的民族语言，有的民族还有两种以上，如裕固族使用东部裕固语和西部裕固语，瑶族分别使用勉语、布努语和拉珈语等。中国的全部少数民族语言分属五个语系。

1. 汉藏语系

（1）壮侗语族：壮语、侗语、傣语、布依语、水语、仫佬语、毛南语、拉珈语、仡佬语、黎语等。

（2）藏缅语族：藏语、嘉戎语、门巴语、珞巴语、土家语、羌语、普米语、独龙语、怒语、彝语、傈僳语、纳西语、哈尼语、拉祜语、白语、基诺语、景颇语、载佤语、阿昌语等。

（3）苗瑶语族：苗语、布努语、勉语、畲语等。

2. 阿尔泰语系

（1）突厥语族语言：维吾尔语、哈萨克语、柯尔克孜语、乌孜别克语、塔塔尔语、撒拉语、图瓦语、西部裕固语。

（2）蒙古语族语言：蒙古语、达斡尔语、东乡语、东部裕固语、土族语、保安语。

（3）满通古斯语族语言：满语、锡伯语、赫哲语、鄂温克语、鄂伦春语。

3. 南亚语系
孟高棉语族语言：佤语、崩龙语、布朗语。

4. 南岛语系
印度尼西亚语族语言：排湾语、布嫩语、阿眉斯语等。

5. 印欧语系
（1）伊朗语族语言：塔吉克语。
（2）斯拉夫语族语言：俄罗斯语。

6. 未定系属关系的语言
（1）朝鲜语。
（2）京语。

我国的语言系属及分布

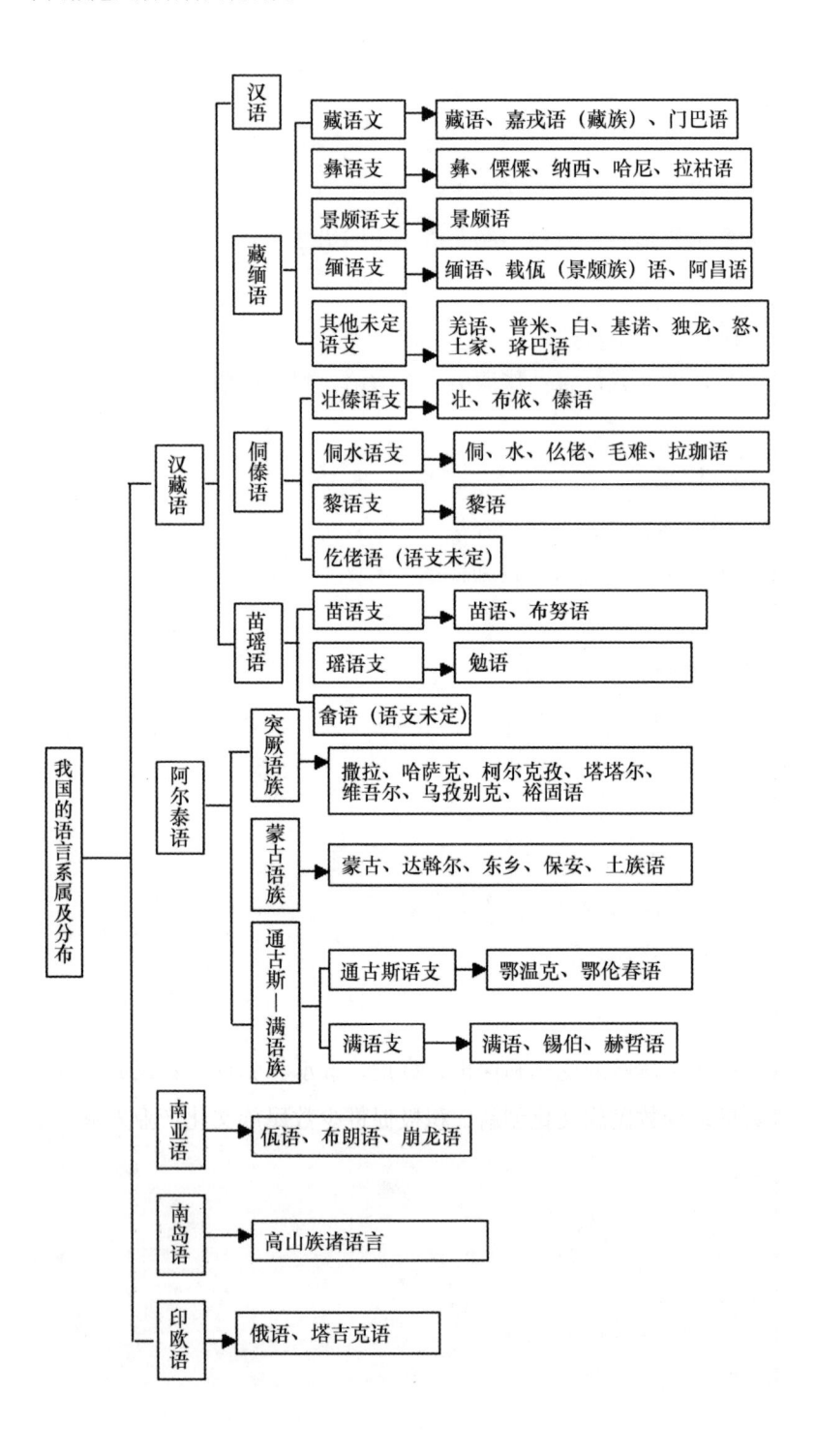

- 汉藏语
  - 汉语
  - 藏缅语
    - 藏语文 → 藏语、嘉戎语（藏族）、门巴语
    - 彝语支 → 彝、傈僳、纳西、哈尼、拉祜语
    - 景颇语支 → 景颇语
    - 缅语支 → 缅语、载佤（景颇族）语、阿昌语
    - 其他未定语支 → 羌语、普米、白、基诺、独龙、怒、土家、珞巴语
  - 侗傣语
    - 壮傣语支 → 壮、布依、傣语
    - 侗水语支 → 侗、水、仫佬、毛难、拉珈语
    - 黎语支 → 黎语
    - 仡佬语（语支未定）
  - 苗瑶语
    - 苗语支 → 苗语、布努语
    - 瑶语支 → 勉语
- 阿尔泰语
  - 畲语（语支未定）
  - 突厥语族 → 撒拉、哈萨克、柯尔克孜、塔塔尔、维吾尔、乌孜别克、裕固语
  - 蒙古语族 → 蒙古、达斡尔、东乡、保安、土族语
  - 通古斯—满语族
    - 通古斯语支 → 鄂温克、鄂伦春语
    - 满语支 → 满语、锡伯、赫哲语
- 南亚语 → 佤语、布朗语、崩龙语
- 南岛语 → 高山族诸语言
- 印欧语 → 俄语、塔吉克语

五

国务院发布《关于进一步繁荣发展少数民族文化事业的若干意见》

中新网7月23日电 据中国政府网消息，国务院日前发布：《国务院关于进一步繁荣发展少数民族文化事业的若干意见》。

意见提出到2020年，实现民族地区文化基础设施相对完备，覆盖少数民族和民族地区的公共文化服务体系基本建立，主要指标接近或达到全国平均水平，少数民族群众读书看报难、收听收看广播影视难、开展文化活动难等问题得到较好解决，少数民族优秀传统文化得到有效保护、传承和弘扬等具体目标。

意见制订了加快少数民族和民族地区公共文化基础设施建设，繁荣发展少数民族新闻出版事业，大力发展少数民族广播影视事业，加大对少数民族文艺院团和博物馆建设扶持力度，大力开展群众性少数民族文化活动，加强对少数民族文化遗产的挖掘和保护，尊重、继承和弘扬少数民族优秀传统文化，大力推动少数民族文化创新，积极促进少数民族文化产业发展，加强边疆民族地区文化建设，努力推进少数民族文化对外交流等具体政策措施，以繁荣发展少数民族文化事业。

意见还要求从完善少数民族文化事业发展政策法规、深化少数民族和民族地区文化事业单位体制机制改革、加强少数民族文化事业发展经费保障及加大政府对少数民族文化事业的投入、加大少数民族文化人才队伍建设力度等方面完善少数民族文化事业发展的体制机制，并对加强对少数民族文化工作的领导、开创少数民族文化工作的新局面提出具体要求。《关于进一步繁荣发展少数民族文化事业的若干意见》，中新网7月23日电，据中国政府网消息，国务院日前发布发展少数民族文化事业的若干意见。以下为全文：

各省、自治区、直辖市人民政府，国务院各部委、各直属机构：

为全面贯彻党的十七大精神，深入贯彻落实科学发展观，进一步繁荣发展少数民族文化事业，推动社会主义文化大发展大繁荣，促进各民族共同团结奋斗、共同繁荣发展，现提出如下意见。

1. 繁荣发展少数民族文化事业具有重要意义

1.1. 文化是民族的重要特征，是民族生命力、凝聚力和创造力的重要源泉。少数民族文化是中华文化的重要组成部分，是中华民族的共有精神财富。在长期的历史发展过程中，我国各民族创造了各具特色、丰富多彩的民族文化。各民族文化相互影响、相互交融，增强了中华文化的生命力和创造力，不断丰富和发展着中华文化的内涵，提高了中华民族的文化认同感和向心力。各民族都为中华文化的发展进步做出了自己的贡献。

1.2. 党和国家历来高度重视和关心少数民族文化事业。新中国成立以来特别是改革开放以来，少数民族文化事业取得了历史性的重大成就。少数民族文化工作体系不断完善，少数民族语言文字得到保护和发展，少数民族优秀传统文化得到传承和弘扬，少数民族文学艺术日益繁荣，少数民族和民族地区文化产业初具规模，文化体制改革不断深化，对外交流不断加强。少数民族文化事业的发展在提高各族群众文明素质，促进民族地区经济社会发展，推动民族团结进步事业，繁荣社会主义先进文化方面，发挥了重要作用。

1.3. 繁荣发展少数民族文化事业，是一项长期而重大的战略任务。在少数民族文化事业取得巨大进步的同时，也必须充分认识存在的一些亟待解决的突出困难和特殊问题。文化基础设施条件相对落后，公共文化服务体系比较薄弱，文化机构不够健全，人才相对缺乏，文化产品和服务供给能力不强，文化遗产损毁、流失、失传等现象比较突出，境外敌对势力加紧进行文化渗透等。因此，必须从贯彻落实科学发展观、巩固民族团结、兴起社会主义文化建设新高潮、推动社会主义文化大发展大繁荣的高度，深刻认识繁荣发展少数民族文化事业的特殊重要性和紧迫性，把繁荣发展少数民族文化事业作为一项重大的战略任务，采取更加切实、更加有效的政策措施，着力加以推进。

2. 繁荣发展少数民族文化事业的指导思想、基本原则和目标任务

2.1. 指导思想。全面贯彻党的十七大精神，高举中国特色社会主义伟大旗帜，以邓小平理论和"三个代表"重要思想为指导，深入贯彻落实科学发展观，牢牢把握社会主义先进文化的前进方向，紧紧围绕共同团结奋斗、共同繁荣发展的民族工作主题，以建设社会主义核心价值体系为主线，以完善公共文化服务体系为重点，以加强基础设施建设为手段，以推动文化创新为动力，以改革体制机制为保障，以满足各族群众日益增长的精神文化需求为出发点和落脚点，促进少数民族文化建设与全国文化建设、与民族地区经济社会建设、与民族地区教育事业协调发展，促进民族团结、实现共同进步，更加自觉、更加主动地为推动社会主义文化大发展大繁荣做贡献。

2.2. 基本原则。坚持为人民服务、为社会主义服务的方向和百花齐放、百家争鸣的方针，尊重差异、包容多样，既要继承、保护、弘扬少数民族文化，又要推动各民族文化相互借鉴、加强交流、和谐发展。坚持面向现代化、面向世界、面向未来，把握规律性，保持民族性，体现时代性，推动少数民族文化的改革创新，不断解放和发展少数民族文化生产力。坚持贴近实际、贴近生活、贴近群众，生产更多各族群众喜闻乐见的优秀精神文化产品。坚持社会效益和经济效益相统一，把社会效益放在首位，充分发挥政府和市场的作用，促进少数民族文化事业和文化产业协调发展。坚持基本公共服务均等化，优先发展少数民族和民族地区文化事业，保障少数民族和民族地区各族群众的基本文化权益。坚持因地制宜、分类指导，不断完善扶持少数民族文化事业发展的政策措施。

2.3. 目标任务。到2020年，民族地区文化基础设施相对完备，覆盖少

数民族和民族地区的公共文化服务体系基本建立，主要指标接近或达到全国平均水平，少数民族群众读书看报难、收听收看广播影视难、开展文化活动难等问题得到较好解决，少数民族优秀传统文化得到有效保护、传承和弘扬。实施一批重大文化项目和工程，推出一批体现民族特色、反映时代精神、具有很高艺术水准的文化艺术精品，创作生产更多更好适应各族群众需求的优秀文化产品。文化工作体制机制创新取得重大突破，科学有效的宏观管理体制和微观服务运行机制基本形成，政策法规更臻完备，政府文化管理和服务职能显著增强。文化市场体系更加健全，以公有制为主体、多种所有制共同发展的少数民族文化产业格局更加合理。少数民族文化对外交流迈出重大步伐，国际影响力和竞争力进一步提高。

3. 繁荣发展少数民族文化事业的政策措施

3.1. 加快少数民族和民族地区公共文化基础设施建设。大力推进民族地区县级图书馆文化馆、乡镇综合文化站和村文化室、广播电视村村通工程、农村电影放映工程、农家书屋工程、文化信息资源共享工程等建设，保障民族地区基层文化设施有效运转。地广人稀的民族地区配备流动文化服务车和相关设备，建设和完善流动服务网络。大力推进数字和网络技术等现代科技手段的应用和普及，形成实用、便捷、高效的公共文化服务体系。国家实施各项重大文化工程时，切实加大对少数民族和民族地区的倾斜力度。

3.2. 繁荣发展少数民族新闻出版事业。加大对民族类新闻媒体的扶持力度，加快设备和技术的更新改造，提高信息化水平和传播能力，扩大覆盖面和受益面。对涉及少数民族事务的重大宣传报道活动、少数民族文字重大出版项目，给予重点扶持。逐步实现向少数民族群众和民族地区基层单位免费赠阅宣传党和国家大政方针、传播社会主义核心价值体系、普及科学文化技术知识的图书、报刊和音像制品等出版物。加强少数民族语文翻译出版工作，逐步提高优秀汉文、外文出版物和优秀少数民族文字出版物双向翻译出版的数量和质量。扶持民族类重点新闻网站建设，支持少数民族文字网站和新兴传播载体有序发展，加强管理和引导。少数民族出版事业属公益性文化事业，中央和地方财政要加大对纳入公益性出版单位的少数民族出版社的资金投入力度，逐步增加对少数民族文字出版的财政补贴。

3.3. 大力发展少数民族广播影视事业。巩固广播电视村村通工程、农村电影放映工程建设成果，扩大民族地区广播影视覆盖面，对设施维护进行适当补助，确保长期通、安全通。提高少数民族语言广播影视节目制作能力，加强优秀广播影视作品少数民族语言译制工作。提高民族地区电台、电视台少数民族语言节目自办率，改善民族地区尤其是边远农牧区电影放映条件，增加播放内容和时间。推出内容更加新颖、形式更加多样、数量更加丰富的少数民族广播影视作品，更好地满足各族群众多层次、多方面、多样化精神文化需求。

3.4. 加大对少数民族文艺院团和博物馆建设扶持力度。重点扶持体现民族特色和国家水准的少数民族文艺院团建设，积极鼓励少数民族文艺院团发展。扶持民族自治地方重点民族博物馆或民俗博物馆建设，鼓励社会力量兴办各类民族博物馆。民族自治地方的综合博物馆要突出少数民族特色，适当设立少数民族文物展览室、陈列室。加强少数民族文物征集工作，改善馆藏少数民族文物保存条件，做好少数民族文物鉴定、定级工作，提升管理、研究和展示服务水平。

3.5. 大力开展群众性少数民族文化活动。鼓励举办具有民族特色的文化展演和体育活动，支持基层开展丰富多彩的群众性少数民族传统节庆、文化活动，加强指导和管理。尊重群众首创精神，发挥各族群众在文化建设中的主体作用，努力探索保护和传承少数民族优秀传统文化的有效途径。进一步办好全国少数民族文艺会演和全国少数民族传统体育运动会。

3.6. 加强对少数民族文化遗产的挖掘和保护。结合第三次全国文物普查和非物质文化遗产普查，开展少数民族文化遗产调查登记工作，对濒危少数民族重要文化遗产进行抢救性保护。加大现代科技手段运用力度，加快少数民族文化资源数字化建设进程。进一步加强人口较少民族文化遗产保护。扶持少数民族古籍抢救、搜集、保管、整理、翻译、出版和研究工作，逐步实现少数民族古籍科学管理和有效保护。加强少数民族非物质文化遗产发掘和保护工作，对少数民族和民族地区非物质文化遗产保护予以重点倾斜，推进少数民族非物质文化遗产申报联合国教科文组织"人类非物质文化遗产代表作名录"和国家级非物质文化遗产名录，加大对列入名录的非物质文化遗产项目保护力度。积极开展少数民族文化生态保护工作，有计划地进行整体性动态保护。加强保护具有浓郁传统文化特色的少数民族建筑、村寨。

3.7. 尊重、继承和弘扬少数民族优秀传统文化。加强宣传引导，营造尊重和弘扬少数民族优秀传统文化的社会氛围。国家保障各民族使用和发展本民族语言文字的自由，鼓励各民族公民互相尊重、互相学习语言文字。尊重语言文字发展规律，推进少数民族语言文字的规范化、标准化和信息处理工作。在有利于社会发展和民族进步前提下，使各民族饮食习惯、衣着服饰、建筑风格、生产方式、技术技艺、文学艺术、宗教信仰、节日风俗等，得到切实尊重、保护和传承。加强对工业化、信息化、城镇化、市场化、国际化深入发展形势下少数民族文化发展特点和规律研究，不断开辟传承和弘扬少数民族优秀传统文化的有效途径，推进和谐文化和中华民族共有精神家园建设。

3.8. 大力推动少数民族文化创新。促进现代技术和手段在少数民族文化发展中的应用，鼓励具有民族特色和时代气息的优秀文化作品创作，提高少数民族文化产品数量和质量。加大对少数民族艺术精品创作扶持力度，打造一批有影响的少数民族文学、戏曲、影视、音乐等文化艺术品牌。国家舞台艺术精品工程要进一步向少数民族和民族地区倾斜。国家各级各类文化奖项，少数民族文化作品获奖应占合理比重，对优秀少数民族文化作品及有突出贡献的文化工作者给予奖励和表彰，进一步激发少数民族文化创作的积极性、主动性和创造性。

3.9. 积极促进少数民族文化产业发展。把握少数民族文化发展特点和规律，建设统一、开放、竞争、有序的文化市场体系，培育文化产品市场和要素市场，形成富有效率的文化生产和服务运行机制。充分发挥少数民族文化资源优势，鼓励少数民族文化产业多样化发展，促进文化产业与教育、科技、信息、体育、旅游、休闲等领域联动发展。确定重点发展的文化产业门类，推出一批具有战略性、引导性和带动性的重大文化产业项目，建设一批少数民族文化产业园区和基地，在重点领域取得跨越式发展。

3.10. 加强边疆民族地区文化建设。支持边疆地区少数民族语言文字新闻出版业发展，增加公共文化产品特别是少数民族语言文字文化产品有效供给。进一步提高边疆民族地区广播电视覆盖率和影响力。发挥边疆少数民族人文优势，加强与周边国家文化交流，促进和谐周边环境建设。加强边疆民族地区文化产品进出口市场监管，清除各类非法印刷品，加强卫星接收设施监督管理工作，防止非法盗版、接收、传播境外广播电视节目，有效防范境外敌对势力文化渗透活动，维护边疆地区文化安全。

3.11. 努力推进少数民族文化对外交流。切实增加少数民族文化在国家对外文化交流中的比重。每年安排一定数量的少数民族文化活动参与中外互办文化年和在国外举办的中国文化节、文化周、艺术周、电影周、电视周、文物展、博览会以及各类演出、展览等，促进形成全方位、多层次、宽领域的对外文化交流格局。打造一批少数民族文化对外交流精品，巩固少数民族文化对外交流已有品牌，进一步提升少数民族文化国际影响力。大力推动少数民族文化与海外华人华侨、台湾同胞、港澳同胞的交流，增强中华文化的认同感，为促进国家和平统一服务。

4. 完善少数民族文化事业发展的体制机制

4.1. 完善少数民族文化事业发展政策法规。加强少数民族文化立法工作，适时研究制订有关少数民族文化保护和发展的法律法规和政策措施。加快制定和完善从事少数民族文化工作的专业（技术）人员职称评定政策和资质认证、机构和团体建设等方面的相关标准和办法。研究、制定或修订有关文化事业和文化产业政策法规时，要充分考虑少数民族文化的特殊性，增加专条专款加以明确。推动国家扶持与市场运作相结合，从制度上更好发挥市场在少数民族文化资源配置中的基础性作用，引导社会力量参与少数民族文化建设，形成有利于科学发展的宏观调控体系。

4.2. 深化少数民族和民族地区文化事业单位体制机制改革。实行公益性事业与经营性业务分类管理，对公益性事业单位实行聘用制度、岗位管理制度和岗位绩效工资制度。引入竞争机制，采取政府招标、项目补贴、定向资助等形式，对重要少数民族文化产品、重大公共文化项目和公益性文化活动给予扶持。支持少数民族文化单位按照有关规定转企改制，在一定期限内给予财政、税收等方面的优惠政策，做好劳动人事、社会保障的政策衔接，按照新人新办法、老人老办法的原则制定相关政策。

4.3. 加强少数民族文化事业发展经费保障，加大政府对少数民族文化事业的投入。中央和省级财政在安排促进民族地区发展和宣传文化发展相关经费时，逐步加大对少数民族文化事业的支持力度。继续实行相关税收优惠政策，鼓励和扶持少数民族和民族地区文化事业和文化产业发展。

4.4. 加大少数民族文化人才队伍建设力度。努力造就一支数量充足、素质较高的少数民族文化工作者队伍，营造有利于优秀人才脱颖而出的体制机制和社会环境，着力培养一大批艺术拔尖人才、经营管理人才、专业技术人才。积极保护和扶持少数民族优秀民间艺人和濒危文化项目传承人，对为传承非物质文化遗产做出突出贡献的传承人，按照国家有关规定给予表彰。支持高等院校和科研机构参与抢救濒危文化，推动相关学科建设，培养濒危文化传承人。

5. 加强对少数民族文化工作的领导

5.1. 切实把少数民族文化工作摆上更加重要的位置。各地区、各部门要进一步提高对少数民族文化工作重要性的认识，增强责任感和紧迫感，切实把少数民族文化工作纳入重要议事日程，纳入当地经济社会发展总体规划，纳入科学发展考评体系。加强对少数民族文化工作的调查研究，定期听取工作汇报，做出部署，狠抓落实。关心支持少数民族和民族地区文化工作部门和单位的建设，及时研究解决存在的突出困难和特殊问题，充分调动和有效保护少数民族文化工作者的积极性、主动性、创造性。

5.2. 推动形成分工协作、齐抓共管的良好局面。在党委统一领导下，建立健全政府统筹协调、业务部门主管、有关部门密切配合、社会各界广泛参与的少数民族文化工作格局。各有关部门编制规划、部署工作,要把少数民族文化工作作为重要内容,加大支持力度,确保目标任务完成。加强舆论宣传,营造有利于少数民族文化事业发展的社会氛围。充分发挥各方面的积极作用,不断开创少数民族文化工作的新局面。

各地区、各部门要按照本意见的精神,结合实际,制定贯彻实施的具体措施和办法。有关部门要加强对本意见贯彻执行情况的督促检查。

六
语言普查提纲

我国是多民族的国家，汉族使用汉语，其他55个少数民族不同程度地使用本民族语言。我国总体的语言状况是，汉语普通话和规范汉字是全国通用的语言文字，各少数民族语言文字是少数民族地区通用或使用的语言文字。根据现有调查材料，我国使用的语言大约有130种。少数民族的多数人口仍以本民族语言为主要社会交际工具，目前使用少数民族母语的约6000万人。

普通话是汉民族共同语，也是国家通用语言。根据《国家通用语言文字法》的规定，普通话是国家机关执行公务、学校教育教学、广播电视媒体播音，及公共服务行业等正式场合使用的语言。汉语方言在非正式的民间和日常生活中仍较广泛地使用，特别是对汉族地区的各种地方传统文化艺术形式的表现和传承具有重要的作用。

文字是记录语言的书写符号，是书面语言的表达形式。我国目前在正式书面交际场合使用的文字有汉字，蒙、藏、维、哈、朝、彝、傣等传统少数民族文字，壮文等中华人民共和国成立以后政府帮助创制或改革的少数民族文字。在非正式使用场合，汉族地区使用某些可以记录汉语方言的俗字，少数民族地区也一定程度地使用各种用于日常生活和宗教活动的民间文字。

语言是构成民族的一个重要特征，母语是民族内部相互交际和认同的重要工具。语言和方言也是本民族传统文化的重要载体，多数非物质文化产品是通过语言文字创作、记录、传播和传承的，语言文字的多样性是构成文化多样性的重要内容。因此，汉语方言和少数民族语言文字及其产品是我国民族民间文化保护工程重要的保护对象。

一　语言调查内容及基本要求

语言调查内容包括语言使用背景、语言结构和语言（文字）产品三个部分。以下所列举的调查内容和基本要求只是一个提纲，具体实施方案需另拟。

（一）语言使用背景

1. 语言使用民族；

2. 语言使用地区；

3. 方言分布情况；

4. 文字和书面语；

5. 语言使用人口，包括不同民族之间和本民族代与代之间是否使用该语言进行交际；

6. 语言使用领域，包括行政、教育、媒体、出版、文艺、宗教等社会领域的使用情况；

7. 本民族对于该语言使用和发展的语言态度。

（二）语言结构系统

1. 语音

通过一定数量的词汇调查归纳出该语言的语音系统，北方阿尔泰语系语言通常归纳元音、辅音系统，南方汉藏、南亚语系语言通常归纳声母、韵母和声调系统，并对音位系统作必要的说明。

重音、语调等韵律特征。

词内音节之间的语音结合规律。

声母和韵母或辅音和元音组合的音节结构表。

2. 语法结构

记录800—1000个语法例句，通过语法例句和长篇话语材料归纳出该语言的词法、句法和形态系统。

2.1 词法结构（主要适用于阿尔泰语系语言和藏缅语）

名词和人称代词不同性别、数、格、人称领属、指小等的词法意义及表达方式；

指示代词不同指的词法意义及表达方式；

疑问代词、反身代词的用法及表达方式；

数词的基数、序数、概数、倍数、约数等表达方式；

量词对体词和谓词的分类、计量、摹状、指称作用；

形容词表示程度或级的差异的表达方式；

动词不同时体、态、式或语气、情貌、趋向、人称和数的表达方式；

连系（判断）动词、存在动词、助动词的用法及形态变化；

谓语动词和非谓语动词的用法和形态标记；

附着于形容词和动词的状貌词的用法；

副词表达不同程度、范围、时间、语气的用法。

2.2 句法结构（主要适用于汉语方言、侗台语、苗瑶语和南亚语）

各种名词性短语的类型、语序和语法标记；

各种动词性短语的类型、语序和语法标记；

各种形容词性短语的类型、语序和语法标记；

介词（前置词、后置词）、助词、连词等虚词的句法作用；

单句的基本类型（陈述句、疑问句、命令句、否定句、省略句等）和语法标记；

复合句的类型（并列复句、主从复句等）和语法标记。

2.3 语法形态

语音屈折（语音、声调、重音交替和重叠等）手段的运用；

附加成分（词缀）手段的运用；

虚词手段的运用；

语序手段的运用。

3. 词汇类型

记录 3500—4000 个常用词，整理构词法，分析词汇的构成。

派生词（使用构词前缀、后缀、中缀）的构成情况；

复合词（词根的组合）的构成情况；

单纯词的语音构成情况（如四音格词）；

词汇中的借词情况；

核心词词表（包括方言土语）和对照简明词典，对照简明词典的词目不少于 10000 条。

对于有方言或土语分歧的语言来说，以上语言结构的调查内容需要按方言或土语分别实施。

（三）语言产品类型

主要包括口语产品和书面语产品。

1. 口语产品类型

1.1 口传文学如历史故事、神话、歌曲、长诗等以及各种用少数民族语言说、唱、演的文艺形式；

1.2 语言情景会话和本民族特有事物、事件的描述；

1.3 礼仪、祭祀等过程中的口语活动。

2. 书面语产品类型

2.1 用本民族文字记录的文学作品；

2.2 用本民族文字记录的经书；

2.3 用本民族文字记录的其他文献。

二 语言调查方法

由于语言调查要求的专业性和技术性较高，在实际语言的田野调查之前，需要进行语言调查知识和语料分析技术的培训。

1. 语音调查

将事先准备的 3000—5000 词的词表（不同系属的语言有一定的词汇差异）用严式国际音标记录每个词的元音、辅音的读音（汉藏语系语言通常可以按声母、韵母和声调记录），从中可以归纳整理出语言的语音系统。描写音系可以将处于互补关系的音素归纳为宽式音标的音位系统，但是需要说明不同音位变体的实际音值。同时要对所有词汇用数字录音机录音。根据音位系统设计一套记录口语的拉丁字母形式的记音符号。

2. 词汇调查

上述词表是按语义类设计的，因此可以大致反映语言的基本词汇系统。此外词汇调查还需注意：

（1）分析复合词中的词根词素；

（2）同一个词的不同义项；

（3）词汇意义、感情色彩和语用意义有微小差异的近义词；

（4）归纳各种用于构词的附加成分；

（5）词之间的搭配组合关系。

如果编写常用词词典，还需要扩大调查的词汇量，注意搜集每个词的例句和用法，同时要对所有词汇和注释用数字录音机录音。

3. 语法调查

用国际音标记录事先设计的数百句可以反映各种语法现象的例句，对例句逐句做词素、词、句的直译和意译，词法形态和表句法关系的虚词用国际通用的语法代码标注，归纳不同的句型、句式及其表现形态。同时注意句子的语用环境和特点。需要对所有例句用数字录音机录音。

4. 话语（语篇）调查

记录母语人讲述的不同题材的长篇话语材料。对话语材料逐句做词素、词、句的直译和意译，并用国际通用的语法代码和语用代码标注，以便进行话语分析。调查文献材料需要进行逐字逐句及篇章的母语和汉语的解释。记录的话语材料和情景对话用数字录音机录音和数字录像机录像。

5. 语料的整理与分析

语音系统和词汇（词典）及句法库建议使用 SIL International 设计的 speech analyzer 和 shoebox 软件分析和管理。

七

就起草一份保护土著语言和濒危语言的国际准则性文件可能涉及的技术和法律问题开展初步研究，包括对教科文组织实施的有关计划成果进行研究

一 说明

依据：176EX/79、179EX/10 和 181EX/14 号决定。

背景：这一项目是根据执行局第 181EX/14 号决定列入第三十五届会议临时议程的。执行局在第 179EX/10 号决定中，请总干事一旦筹得必要的预算外资金便召开专家会议，并向执行局第一八一届会议提出报告。由于没有得到所期待的预算外资金，负责协助总干事完成就起草一份保护土著语言和濒危语言的国际准则性文件可能涉及的技术和法律问题开展初步研究，包括对教科文组织实施的有关计划成果进行研究的有关独立专家会议没能举行，有关研究报告也不得不在没有外部专家协助的情况下，仅根据秘书处掌握的资料编写。该研究报告的内容见本文件附件。

目的：根据第 181EX/14 号决定，总干事应就起草一份保护土著语言和濒危语言的国际准则性文件可能涉及的技术和法律问题开展初步研究，包括对教科文组织实施的有关计划成果进行研究并将有关研究报告提交执行局审议。

需做出的决定：第 5 段。

1. 按照《组织法第Ⅳ条第 4 款所述向会员国提出建议书和国际公约之规则》，以及执行局的各项决定（第 176EX/59、第 179EX/10 和第 180EX/11 号决定），总干事已向执行局第一八一届会议提交了关于起草一份保护土著语言和濒危语言的国际准则性文件可能涉及的技术和法律问题的初步研究报告，包括关于教科文组织实施有关计划成果的研究报告。

2. 这项研究是执行局第 176EX/59 号决定要求开展的，总干事已向执行局第一七九和第一八零届会议提交了阶段性报告。此外，就此问题进行的初步探讨意见，包括对该领域已有的准则性文书的分析，均已在第一七九届会议上提供给了执行局。

3. 根据第 176EX/59、第 179EX/10 和第 180EX/11 号决定，编写本研究应得到专家会议的协助，而这次会议的预算外资金虽已宣布，但一直未提供给秘书处。在此情况下，秘书处不得不在没有预期专家协助的情况下编写这份研究，以便能在规定的期限内将其提供给大会进行讨论①。

4. 尽管对秘书处提交的研究报告的质量表示赞赏，执行局仍认为专家的协助对于完成研究而言是非常关键的，而且在第一八一届会议上要求一旦筹得必要的预算外资金便与会员国磋商，召开一次各地区专家会议，其中包括土著人民的代表。遗憾的是，一直未能获得这些资金。

5. 大会可以考虑通过一项符合执行局第一八一届会议有关决定的决议：
大会：

1. 审议了就起草一份保护土著语言和濒危语言的国际准则性文件可能涉及的技术和法律问题开展的初步研究，包括对教科文组织实施的有关计划成果进行的研究（第 35C/14 号文件）。

2. 请总干事为完成这项研究，按照第 179EX/10 号决定的要求，在筹集到必要的预算外资金后即与会员国磋商，召开一次由各个地区的专家包括原住民代表参加的会议。

3. 请总干事继续确保监测（i）现有准则性文件对保护语言的影响；

---

① 《组织法第Ⅳ条第 4 款所述向会员国提出建议书和国际公约之规则》第Ⅱ部分第 3 条。

(ii) 各国和各地区的语言保护和语言整治政策；以及（iii）这方面的国际合作计划，并确保捐助者为此提供资金；

4. 请总干事继续进行《世界濒危语言地图册》方面的工作，不断更新该地图册。

二 引言

1. 本研究报告是在执行局第一七六届会议审议了委内瑞拉倡议的一个项目后，按照《组织法第Ⅳ条第4款所述向会员国提出建议书和国际公约之规则》编写的。总干事已向执行局第一七九和第一八零届会议提交了有关本项目的临时报告，就此问题进行的初步探讨意见，包括对该领域已有的准则性文书的内容进行的深入分析，均已通过179EX/INF.6号文件提供给了执行局第一七九届会议。

2. 这项研究报告的编写工作本来应由一次专家会议①来协助完成，这次会议的预算外资金虽已宣布，但一直未提供给秘书处。在此情况下，为了最终能提供给大会进行讨论②，秘书处不得不在目前规定的期限内编写这份研究报告，而没能得到预期的专家协助。

3. 研究报告介绍了语言领域现有的所有准则性文书，一方面区分它们是否具有约束性，另一方面视其涉及（i）说话者（个人）的语言权力，这主要由联合国经济及社会理事会（ECOSOC）落实，（ii）土著人民的权力，主要也属于经社理事会职权和（iii）在教科文组织的职权范围内的保护和促进工作加以区分。研究报告也按执行局第176EX/59号决定的要求提交了由教科文组织实施的各项语言计划。

4. 随后，研究报告对起草一份新的准则性文书的可行性作了研究，对其可能达到的目标、范围、职能、运作机制和性质等问题进行了分析。

---

① 第176EX/59、第179EX/10和第180EX/11号决定。
② 《组织法第Ⅳ条第4款所述向会员国提出建议书和国际公约之规则》第Ⅱ部分第3条。

5. 研究报告第五部分提出了有关的结论。

三 现有的国际准则性文书[①]

与语言有关的人权

6. 许多得到广泛批准的国际准则性文书涉及人权（故而涉及个人的权利）都包括涉及语言的条款。这些条款包括：（ⅰ）在公立学校用母语接受教育的权利，如若少数民族的成员有此意愿；（ⅱ）为语言少数族群建立和管理学校的权利；（ⅲ）公平享有国家提供之经费的权利；（ⅳ）在法律诉讼和行政程序中使用少数民族语言（如不可能，则有权要求提供口译）；（ⅴ）以自己选择的语言在所有媒体发表作品的权利，只要遵守起码的标准即可；（ⅵ）不应因语言而在与工作、社会保险、卫生、家庭生活、教育、参与文化生活、公平审判、言论自由和参与公共生活有关的权利方面受到歧视；（ⅶ）在参与文化生活的权利方面有权保留自己的语言；（ⅷ）言论（研究，口头或通过艺术或其选定的媒体接收、传递信息和思想）的自由；（ⅸ）参与公共事务和为公众服务的权利，不因语言而受歧视；最后（ⅹ）不得拒绝赋予儿童使用自己语言的权利。

7. 有关（无论所涉人员是否属于少数族群）的主要准则性文书如下：

具有约束力的准则性文书

《公民权利及政治权利国际公约》（PIDCP）（1966年）和《经济、社会、文化权利国际公约》（PIDESC）（1966年）

《儿童权利公约》（1989年）

欧洲地区语言或少数族群语言宪章（1992年）是欧洲委员会精心制订和实施的一个条约，它对保护和促进地区语言和历史原因造成的少数族群语言做出了规定，其宗旨是保留和发展欧洲的传统和文化遗产，确保在私人和

---

① 179 EX/INF.6号文件第18段至第72段载有对现有涉及语言的国际准则性文书条款的详细分析。

公共生活中使用地区或少数族群语言的权利永不失效，就这样一份地区文书，应补充到哪里呢？该《宪章》首先包括各缔约国保证遵循的目标和原则，而后是促进在公共生活中使用地区语言或少数族群语言应采取的一系列措施，它已于1998年3月1日生效，获得了24个国家的批准。

不具约束力的准则性文书

《联合国在民族或族裔、宗教和语言上属于少数群体的人的权利宣言》（1992年）

《维也纳宣言和行动纲领》（1993年）

土著人民的权利

8. 除了涉及人权的国际文书外，还有一些国际准则性文书里有涉及土著人民权利的规定。因为如果土著族群能够自然而然地享有涉及语言方面的人权和属于少数族群的人的公认权利，这样在某些文书里他们也被视为"民族"，在某种程度上有权提出特殊的要求。如果对他们与其特殊地位相关的特别语言权利加以考虑，这问题就会很复杂。

9. 就这些权利做出规定但其实施不归教科文组织负责的主要准则性文书如下：

具有约束力的准则性文书

《消除一切形式种族歧视国际公约》（1965年）

国际劳工组织的《独立国家土著和部落居民公约》（第169号）（1989年）

《儿童权利公约》（1989年）

不具约束力的准则性文书

《联合国土著人民权利宣言》（2007年），新近通过的该准则性文书第13条认为"土著人民有权振兴、使用、发展和向后代传授其历史、语言、口述传统思想体系、书写方式和文学作品，有权自行为社区、地方和个人取名并保有这些名字"（第1小段）和"各国应采取有效措施，确保此项权利得到保护，并确保土著人民在政治、法律和行政程序中能够理解他人和被他人理解，必要时为此提供口译或采取其他适当办法"（第2段）。鉴于该《宣言》

的内容，它的实施、发展和落实工作归联合国经济及社会理事会（ECOSOC）负责。

隶属教科文组织主管领域的文书

10. 虽说许多涉及语言的准则性规定都是有关人权或土著人民的文书的组成部分，但教科文组织在隶属其主管领域的文书中纳入了其他一些规定，这样它们的实施和落实监督则由本组织来负责。这些文书依据的基本智力框架如下：《教科文组织组织法》（1947年）及其促进"文化之广泛传播"和"人皆享有充分与平等受教育机会"之理念以及《国际文化合作原则宣言》（1966年），它承认"各种文化之尊严与价值均受到尊重和保护"并宣布了宗旨"是人人能够获得知识（……），并对文化生活的提高作出贡献"。

11. 有关的准则性文书如下：

具有约束力的准则性文书

《反对教育歧视公约》（1960年）：第一条确定了歧视的定义，即主要基于语言的"任何区别、排斥、限制或特惠"，其目的或效果为拒绝教育上的待遇平等，特别是（甲）拒绝提供平等接受教育的机会或（乙）限制只能接受低标准的教育。第二条确定了不应视为歧视的情况：为语言上的理由，设立或维持分开的教育机构。第五条确认少数民族的成员"有权进行他们自己的教育活动"，包括管理学校和使用或教授他们自己的语言。

《保护非物质文化遗产公约》（2003年），该准则性文书只把语言作为非物质文化遗产媒介［第二条中关于定义的第（二）款］纳入该准则性文书。语言一旦在非物质文化遗产中起到媒介作用，各国就会按照《公约》对其采取保护措施亦可得到国际的援助。

《保护和促进文化表现形式多样性公约》（2005年），除了某些目标和指导原则直接涉及语言的保护外，该《公约》中与语言最有联系的条款是关于缔约国在国家一级的权利的第六条第二款。关于缔约国"权利"及其可选择采取的措施中"……包括其语言使用方面的规定"。另外，该条第（八）款对旨在加强媒体多样性的措施作了规定，它也应包括语言的多样性。

不具约束力的准则性文书

《教科文组织世界文化多样性宣言》（2001年），《宣言》第一条将文化多样性界定为人类的共同遗产，这种说法显然包括语言多样性。第五条指出，每个人都应当能够"用其选择的语言，特别是用自己的母语"来表达自己的思想和传播自己的作品。然后，第六条要求尊重言论自由，传媒的多元化，语言多元化，确保文化多样性。还应指出的是，《宣言》的行动计划目标包括了保护"人类的语言遗产"（第5段），在各级教育中提倡语言多样化和尊重母语（第6段）；促进数字空间的语言多样化（第10段）；制定关于口述和非物质遗产的政策和战略（第13段），最后是保护传统知识，特别是土著人民的传统知识（第14段）。

《普及网络空间及促进并使用多种语言的建议书》（2003年），该准则性文书叙述部分第8段确认全球信息网络中的语言多样性可对知识社会的发展起到决定性的影响，当然，其先决条件是基础教育和扫盲。在政策和各种技术方面提出了许多措施（第1至第4段）。

12. 因此，正如我们所能看到的那样，从各国的义务角度看，已有的保护语言生存的准则性工具的数量是可观的。除了客观地评估这些准则性工具的实施是否有效（无论是联合国通过的还是教科文组织通过的，其中大多数正在或是刚刚通过其《实施准则》，迄今均尚未开展），无论如何很难确定这些准则性工具有哪些不足，教科文组织再制订一份新文书是否会更有价值。不过，我们不得不看到列入濒危语言目录的数量日渐增加，土著语言，至少其中有一些是属于"濒危语言"之列。

四 教科文组织在这个领域里实施的计划

13. 许多有关语言的活动在教科文组织所有部门中都在开展。其中也包括一些跨部门性活动，目前在语言和多语言使用跨部门平台的框架内执行。此外，好几个中央综合部门（公众宣传局、会议处、人力资源局等）也为加强秘书处多语言使用方面的能力在做贡献。

14. 各部门的计划内容简单归纳如下①：

a）文化部门，为保护语言而开展的保护、促进和宣传计划以及能力建设活动。更新《世界濒于消失语言分布图》和"译文索引"翻译版的世界书目的内容。在准则行动方面，实施 2003 年和 2005 年《公约》。

b）教育部门，鼓励使用母语教学和促进教育中的多语言使用。相关活动包括制定政策、宣传和推广活动，以及搜集好的做法等方面内容。

c）自然科学部门，与《生物多样性公约》（1992 年）第 8（j）条联系起来看待保护濒危语言问题，以及保护地方和土著语言问题。与文化部门合作，着眼于生物多样性 2010 的需要，制定一套用于监测"语言多样性和土著语言使用人数现状和趋势的指标系统"。

d）社会科学部门，在多文化社会中开展倡导人权和尊重文化多样性的宣传活动。开展关于语言多样性的研究和制定能有效促进多语言使用的政策。关于保护和促进语言采用"文化性"方式和"基于权利"方式之间联系的研究。

e）传播和信息部门，对用地方语言的内容制作提供支持（培训内容创作者、支持内容的制作和改善其传播渠道）、开发互联网的多语言内容、促进全纳性的知识社区、促进国际公众对媒体土著内容的关注。

f）跨部门活动，Babel 计划——信息和传播技术（TIC）为文化间对话服务、地方和土著知识系统（LINKS）、《国际母语日》。2008 年的《国际语言年》活动是检验各部门间合作，特别是通过语言和多语言使用跨部门平台机制开展合作质量的一个重要实验室。

五　关于制定一份新的准则性文件的时机

15. 依据 179EX/INF. 6 号文件为这一思考提供的素材，再加上其他相关的思考要素，诸如联合国教科文组织 2008 年 8 月 28—29 日东京会议的讨论

---

① 有关此点的更名情况，请见 176EX/INF6 号文件第 87 段。

情况，执行局第一八〇届会议的专题讨论①，在确定2008年国际语言年纪念活动时产生的各种思考等，总干事感到在语言领域制定一份新的准则性文件在当今全球化背景之下已经是一个迫切需要解决的问题，是关系到广大会员国最高利益的一个问题。对这个问题的分析可从对以下几点考虑着手：这个文件的（i）目标、（ii）作用、（iii）基本原则、（iv）运作机制，以及（v）这个新的准则工具的性质。

目标和范围

16. 在这个准则工具确定目标和范围之前，有三个需要决策者必须予以明确并做出选择的问题。第一个问题涉及澄清和界定"土著语言和濒危语言"这一表述措辞确切含义的问题。这个问题的提出是因为"土著语言"的定义在语言学家中尚有异议。实际上有些土著居民社区现在所讲的语言已是外来语，或者是像克里奥尔人所讲的语言那样，是一种土著语和外来语混合的语言。此外，这样一种表述还可能蕴含着某种高低等级的含义，甚至对某些语言的歧视之意，因为既然要特别地保护土著语言，那么这就是直接地损及了所有语言平等的原则。诚然，由于土著人民总体上曾是压迫和文化剥夺的受害者，这是支持一种特殊待遇的有力论据，但似乎把拟制定文件的题目表述重新措辞，以避免任何不恰当的或不合时宜的理解，可能更为可取一点。

17. 与上述同理，对于"濒危语言"的定义也必须在方法学上做出一个选择。《濒危语言分布图》第三版（也是迄今的最新版本）采用的是教科文组织2003年召集专家组制定的标准。这些标准均收入《语言的生命力和语言的消失》一文。然而，此处亦然，也存在着其他可能的替代方法选择。这些方法要求建立关于濒临"危险"程度的测定标准和监测系统。换言之，如果我们接受这样的认识前提，即并非所有土著语言都是濒危的，而相当多濒危的语言并不是土著语言的话，那么这里的问题就是，同一个法规文件能否

---

① 180EX/INF.8 文件—专题辩论：保护土著语言和濒危语言，以及语言在可持续发展框架内促进全民教育的作用。

既针对土著语言也针对濒危语言的问题？除此之外，人们称为"濒危语言"的语义可能导致许多不同的理解，我们也需要给它定一个普适的定义。最为重要的是，如何确定一种语言受威胁达到何种程度才能享受这个未来准则性文件规定的保护措施的问题，迄今仍然没有任何答案。

18. 第二个至关重要的问题是关于这个准则工具的范畴问题，是在"文化"和"法理"的范畴之间的选择问题。我们感觉这个新的文件更应首先具有"文化"的范畴（以所有语言或一些语言为主体）。因为如果教科文组织采纳了以讲相关语言人群（特别是属于少数族群的人，或讲一种处于少数地位的语言的人，抑或属于土著居民的人）的权利为基础的思路逻辑，这个文件就可能不会产生什么"附加价值"，而且不管如何，教科文组织是不具备执行和监督这样一个文件的职能的。采取以讲相关语言人的"权利"为基础的思路逻辑，实际上更多的是强调旨在保护这个或那个人群的权利的政策方面，而不是立基于作为文化多样性核心内容的语言多样性的根本价值。

19. 第三个要解决的关键问题实际是选择一个以语言为客体的准则工具，还是一个以语言多样性本身为主体，以保护包括那些跨国流行但并未受到任何存在威胁的大语言在内的所有语言的多样性及其和谐共处为宗旨的文件。显然，在这种情况下，这个文件主要目的是促进那些旨在能兼顾保护语言多样性和促进多语言使用的政策，也就是促进一种多元且和谐的语言治理格局。

20. 上述都是前提性的选择，它们将决定其后整个思路的走向。如果我们选择了制定一个文化型准则性文件的话，2003年公约的第一条对确定新文件在这一领域中的目标无疑是一个有益的参照：

在讲相关语言社区的全面参与下保护和促进濒危语言（当然为此需确定用于认定可享受保护措施所受威胁程度的标准）。

确保对其他语言的尊重。

不仅向各国政府，而且更重要的是向讲各种语言的社区本身宣传语言多样性和多语言使用的价值观。

为开展国际合作和国际援助提供一个框架。

作用

21. 关于这样一个法规工具的作用问题，总干事的观点就像他在执行局第一七九届会议专题辩论中发言指出的那样，认为几乎所有的旨在阻止或扭转语言消失趋势的措施决定，无论现在和将来都应该属于国家的职责。因此，制定这样一个国际准则性文件的作用就在于确认和界定国家在保证各种语言在贸易、教育、文学艺术、传媒、行政机关、议会、法庭（也就是说这是一些涉及但也超越了通常所说的教科文组织"职责范围"的领域）等领域的使用方面应承担的义务。要做到这一点就要求在下述领域采取具体的措施：

—— 宣传语言多样性的价值和使用母语的重要性。

—— 鼓励在公共领域里使用尽可能多种类的语言。

—— 培训社区负责语言事务的人员。

—— 在教育领域里制定新的语言政策。

—— 对教师进行使用母语进行初等教育教学和从事教材编写工作的培训。

—— 为没有书面文字的语言编造文字系统。

—— 制定保障所有语言均享受平等待遇的法律。

—— 为所涉及的语言（一个或多个）建立文献档案。

—— 制定有关地方乡土知识和土著知识系统的政策和计划，以期发挥语言的作用，促进可持续发展。

—— 寻求各种途径和形式的援助，包括资金或技术、公共部门或私营部门的援助。

—— 推动讲相关语言社区人民积极和有实效地参与保护进程所有阶段的工作。

—— 为促进在此领域技术知识和经验交流，确定开展国际合作的形式和开展国际援助的方式。

原则

22. 要考虑制定任何领域的准则性文件，首先就要确定这份文件主张的基本原则是什么。例如，我们这里可考虑如下的一些原则。

语言平等的原则（所有语言在根本上是平等的）。

语言多样性的原则（语言多样性是人类遗产的组成部分）。

每种语言作为文化遗产一个因素的重要性的原则（每种语言都是不同社区和人群文化遗产的一个重要组成部分）。

国家责任的原则（所有国家都应努力为所有希望充分使用体现它们特性的语言的社区和人群提供帮助）。

尊重其他语言的原则和跨文化性的原则。

尊重有关语言方面的人权，特别是尊重文化权利的原则。

机制

23. 关于该准则性文件的运作机制，似乎可在概念上阐明该文件的目标、职能及原则的基础上拿出多种选择方案。如主要是采取特定的"文化"方式和侧重于语言的方式来制定这一文件，那么，该文件就应规定缔约国要广泛履行保护和促进濒危语言和/或/其中包括/土著语言的义务，制定国家政策和措施（这一点应在一定程度上使用多种语言），以及为此开展国际合作。关于文件的结构性机制，提供一个附录也许是实用的，缔约国可在附录中阐述及其领土上使用的现有语言，并指出需要促进和/或保护的语言（在需要时，根据《保护濒于灭绝动植物种公约》，说明濒危语言的不同程度）。还有另一种可能性，就是必须列进一份本国语言清单（或其他类似文件），并说明濒危语言的活力水平或不同程度。就这些机制而言，应当解决的难题之一是，新的文件将怎样让社区各界参与决策和有关的实施活动。语言学家确认，应当由社区本身选择是否或怎样振兴和保持自己的语言，这方面通过的任何文件实际上都要考虑与讲这些语言的人所在社区一道开展工作，鉴别濒危语言及制定振兴和保持这些语言的适当政策。另外，无疑还要采取收集文件资料方式，制定保存记忆正在消失中的语言的方法。

性质

24. 是否制定一份准则性文件（宣言、建议书或公约，也就是说，基本不具约束力的文件）的这一问题特别复杂。这方面供选择的余地主要取决于各国参与的程度，同时要考虑各种背景、政治动机和在相关领域可筹集到的本国资源。

25. 应当强调指出的是，所有会员国及社区各界还要就"国际语言年"（AIL）提到的语言问题做大量的动员工作。另外，这一"国际语言年"还表明，如人们都共同普遍关心语言问题，但在开展分析研究和预期的政策措施方面则存在许多差异和分歧。在这种情况下，要制定一份具有约束性质的文件看来是十分困难的。

26. 当然，一份准则性文件无疑是一种促进动员和寻求共同解决办法的有效手段。但是，也有其他手段可以向会员国和讲这些语言的人所在社区提供支持，帮助他们制订其关于振兴、保持及收集语言资料的计划。这方面要做的大量工作就是激励各国加入这份可能出台的准则性文件，执行那些高效率的运作措施，并提醒各会员国根据现有的有关人权文书履行赋予他们的各项义务，以及找到一种鼓励他们遵守这些文本的手段。这兴许是人们应当优先努力工作的方向，因为经验证明，成套的准则性文件给人以强烈感受，但实际落实工作则十分不力。

六　结束语

27. 关于是否适宜现在启动拟定一份准则性文件（其中事必造成财务和人事方面的影响）的程序问题，根据以上所述，在综合观察有关以下方面的世界形势后，可考虑设想就该问题做出以下决定：

（1）对现有保护语言方面的准则性文件，尤其是教科文组织主持下通过的文件（《反对教育歧视公约》（1960 年）、《保护非物质文化遗产公约》（2003 年）、《保护和促进文化表现形式多样性宣言》（2005 年）、《普及网络空间及促进并使用多种语言的建议书》（2003 年）的影响，以及联合国经济及社会理事会（ECOSOC）负责指导落实《联合国土著民族权利宣言》的趋势；

（2）现有的或落实各国和各地区保护语言政策，主要是保护土著语言和濒危语言及语言整治情况；

（3）执行语言和使用多种语言方面的国际合作计划，特别是开展多边合作，以及确保捐助者为此提供资金。

28. 这样一种评估特别有必要，因为某些因素在今后数年会产生重大影响。例如，联合国经过几十年谈判后，大会通过的《联合国土著人民权利宣言》就开辟了经由联合国经社理事会制定新的准则性行动的路子。这一成功之路显而易见，但仍需对它的持久影响进行评估，2008 年"国际语言年"在世界各地引发一些行动倡议：如非洲语言学会于 2009 年 1 月 19—21 日在巴马科举办了题为"使用多种语言国际论坛"的研讨会，这次研讨会得出结论，可相继考虑召开世界使用多种语言大会，以仿照《欧洲地区语言或少数民族语言宪章》（1992 年），来拟定关于促进保护语言多样性和促进使用多种语言的地区宪章。应当密切关注这些行动倡议，但在决定采取何种其他战略方面不得匆忙行事。正在制定中的新的文化统计框架及出版发行《文化多样性世界报告》和《濒危语言分布图》也将为改变这方面的情况做出贡献。

29. 因此，总干事建议在 35C/5 框架内，在 2010—2011 年实施一项相关战略及用于督促检查以下方面的资源，并特别关注土著语言和濒危语言，(i) 现有准则性文件对保护语言的影响；(ii) 各国和各地区的语言保护和语言整治政策；以及 (iii) 这方面的国际合作计划，并确保捐助者为此提供资金。

希望执行局采取的行动

30. 鉴于上述情况，执行局可以考虑做出如下决定：

（1）审议了关于拟订一份保护土著语言和濒危语言的国际准则性文件所可能涉及的技术和法律问题的初步研究报告，以及关于教科文组织实施有关计划成果的研究报告（第 181EX/14 号文件）；

（2）决定以"统一督促检查语言领域，特别是保护土著语言和濒危语言方面的现行准则性文件与政策实施情况"为题目，将对这个问题的审议列入大会第三十五届会议的临时议程；

（3）请总干事向大会第三十五届会议提交一项有关的战略，以确保在

2010—2011年全面地督促检查（i）现有准则性文件对保护语言的影响、（ii）各国和各地区的语言保护和语言整治政策以及（iii）这方面的国际合作计划，并确保捐助者为此提供资金；

（4）建议大会做一项继续就可否在语言方面制定一项新的准则性文件进行思考，并继续开展这方面的业务活动，包括跨部门活动的决定。

八

世界上 7000 种人类语言的
计数方法 > English

语言是人类交流信息的工具，是文化的载体。我们的世界是许多不同民族的家园，各有各的文化架构；每一种语言，无论其政治重要性如何，也不管其使用人数多寡，都必须受到尊重，都应该得到平等对待。由于政治、经济和其他因素的压力，在过去的半个世纪里，世界上数百个小语种正面临灭绝的威胁。

美洲土著语言学会（SSILA）前会长迈克尔·克劳斯教授曾经指出："除非目前的方向调转，否则那些不再由儿童作为母语学习的语言将会面临灭绝的命运，这就像物种缺乏繁殖能力一样。"我们是否认为埃亚克语或者乌比赫语的灭绝没有像大熊猫或者加州秃鹰的灭种那么会令人悲伤？我们应该关注这种趋势，否则，这个世界将会变得没有那么有趣，那么美好。

根据美国世界少数民族语文研究院（SIL）2017年第二十版《世界的民族语言》的统计资料：非洲有2110种语言，美洲有933种语言，亚洲有2322种语言，欧洲有234种语言，太平洋地区有1250种语言。可是因急速的全球化，有些语言学家预测：22世纪，现存7099种的一半即将消失。世界上现在还在使用的大约7099种语言是人类的一个共同文化宝库。为了维护全球语言的多样性，联合国已将1992年定为《濒危语言年份》。近二十多年来，已经有相当部分的国家紧急行动起来，采取措施拯救和记录濒危语言。

世界上数以千计的民族使用着各种各样的计算系统：十二进制、十进制、八进制、六进制、五进制、四进制、二进制、不完全十进制、混合型计数法、用身体部位标记数目等。某种南美土著语言仅能辨别"一"和"许多"这两个词，在巴西和秘鲁的亚马孙流域地区有几种土著语言甚至没有计数的概念，这些有趣的奇特现象就像一个万花筒，反映了人类计数概念的多样性和不同的发展阶段。

不用说，对于这些珍贵的语言学资料必须尽快加以记录和整理，因为少数民族所使用的固有计算方法特别容易被邻近政治上和经济上占优势语言的计算方法所代替，年青一代通常倾向于放弃传统的计数方法，转而借用邻近优势语言的计数方法。这种现象在太平洋的美拉尼西亚、南亚和东南亚、中美和南美以及非洲的某些地区特别明显。

一种原始的计数系统甚至比语言的其他部分更容易受到生存威胁，即使该语言本身并未遭遇生存危机。这是因为在快速全球化的过程中，一种少数民族语言传统计算方法使用者通常只剩下族群中老年的一辈，而年青一代通常因羞于在公众场合使用土里土气的传统计算方法而更喜欢采用英语或邻近优势语言的计算方法。其结果就是大多数小语种的传统计算方法快速地被占优势语言的计算方法所取代。即使使用人口众多语言的计数方法也存在濒危的危险，例如：日语和泰语的固有数词就基本上被汉语的数词取代（Comrie，2005）。甘瑞教授为此得出结论说："数词系统甚至比语言受到的生存威胁更大。"数词与语法的其他部分内的互相影响，很可能形成独一无二的句法规律。尽管如此，在许多语法书中经常忽视对计数方法的描述，甚至完全不涉及。

本网站主要目的是要记录、整理当前世界上仍然在使用的7000多种人类语言的各种各样的计数系统，并将描述的重点放在那些鲜为人知的、尚未被描述的和濒临灭绝的语言上，希望在这些传统计数系统被人忘记之前，把它们记录下来。

对计数概念及计数系统的研究，不仅是一个十分有趣的课题，而且会给那些从事语言学、人类学、民族学、历史和数学哲学等学科的学者们提供有学术价值的参考资源。

本项目的承担者对世界上所有语言的谱系分类，语音系统和计算概念特别感兴趣，并耗30年致力于世界诸语言的记数系统的记录和分析，迄今已成功搜集了世界上大约4300种语言的基本计数方法的相关资料。大部分资料是由各国语言学家、人类学家和在各相关学科领域的学者们所提供。大部分资料是用标准的国际音标记录或音位标音。

由于那些使用人口很少的小语种的传统计算方法正在快速地被优势语种的计算方法所取代，所以这是一项紧迫的任务，要在这些重要的语言学资料被完全遗忘之前，把它们记录下来。然而，余下的大约3000种语言的计算系统目前尚无法获知，为此我们需要各国语言学界朋友们进一步的慷慨支持，提供他们所研究的语言的计算系统。

九
中国民族语言文字研究事业 70 年辉煌历程

我国是一个统一的多民族国家，具有民族多、语言多、文字多的特色。除汉族外，有占全国总人口 8% 的 55 个少数民族。少数民族主要生活在 5 个自治区 30 个自治州 116 个自治县 3 个自治旗 1248 个少数民族乡镇。55 个少数民族中，除回族全部转用汉语言文字外，其他民族不同程度地使用母语和本民族文字。在长期的历史进程中，我国各民族自然形成你中有我、我中有你，谁也离不开谁的和谐共存的社会生活氛围，并用共同的劳动和智慧创造出丰富多彩、灿烂辉煌的语言文字文化世界，进而为人类文明的进步和发展，为中华文明的传承和弘扬，发挥着越来越重要的作用。众所周知，我国除了汉族之外，有蒙、回、藏、维、苗、彝、壮、布依、朝鲜、满、侗、瑶、白、土家、哈尼、哈萨克、傣、黎、傈僳、佤、畲、高山、拉祜、水、东乡、纳西、景颇、柯尔克孜、土、达斡尔、仫佬、羌、布朗、撒拉、毛南、仡佬、锡伯、阿昌、普米、塔吉克、怒、乌孜别克、俄罗斯、鄂温克、德昂、保安、裕固、京、塔塔尔、独龙、鄂伦春、赫哲、门巴、珞巴、基诺 55 个少数民族。我国少数民族基本上均有本民族语言，其中蒙、藏、维、哈萨克、朝鲜、壮、满、柯尔克孜、彝、傣、拉祜、景颇、锡伯、俄罗斯等还有本民族文字。我国是世界上民族文字种类最丰富的国家，在历史上创制和使用的民族文字还有佉卢文、于阗文、焉耆—龟兹文、粟特文、八思巴文、突厥文、回鹘文、契丹文、女真文、西夏文、东巴文、傈僳文、察合台文，以及老藏文、老满文、老苗文、老傣文、老壮文、老彝文、老瑶文、老布依文、老哈尼文及其南方民族的方块文字系列等。中华人民共和国成立后，国家实行各民族平等团结、共同发展的大政方针，从此少数民族享有了使用和发展自己语言文字的自由。而且，在优秀而先进的民族政策的关怀和指引下，从中华人民共和国成立之初就开始对少数民族不适应时代发展的旧文字进行改革或重新创制新文字，现在有 22 个民族使用 28 种文字。也就是说，有的民族使用两种或两种以上文字，如蒙族就使用蒙文和托忒蒙文两种文字，傣族使用 4 种文字等。同时，国家决定在"两会"等重大会议上提供蒙、藏、维、哈、朝、彝、壮 7 种民族语言文字的文件和同声传译服务，国家通用货币人民币上同汉字一起印上蒙、藏、维、壮四种民族文，由此充分体现出国家实行的各民族平等的优秀而先进的民族政策。另外，对于人口较少又没有本民族文字的民族，提倡自愿自择原则选用其他民族文字的民族政策。如内蒙古和黑龙江及新疆的鄂温克族分别选用了汉文、蒙文、锡伯文和哈萨克文，鄂伦春族和赫哲族选用了汉文。甚至有文字的民族也自愿自择地选用本民族文字或其他民族文字。如蒙古族除使用蒙文之外，还使用汉文或其他民族文字，锡伯族除本民族文之外还有人选用了汉文、哈萨克文和维吾尔文等。我国用民族文记录印刷的文献资料浩如烟海、蕴涵丰富、异彩纷呈，是中华民族大家庭巨大精神财富，充分展现出你中有我、我中有你，谁也离不开谁的多元一体而源远流长的中华历史文化与文明。因此，我们说，多语言、多文字是我国的基本国情，也是我们的一笔弥足珍贵的宝贵财富。

  1949 年到 2019 年的 70 年当中，在国家优秀而先进的民族政策的引领下，加上国家民委及各有关职能部门的积极支持和大力帮助，以及我国民族语言文字科研机构和专家学者们的艰苦卓绝的努力，我国民族语言文字科研工作取得了令世界瞩目的辉煌成果。其发展历程可以分以下三个阶段进行分析讨论。

一　民族语言文字研究事业的起步阶段

从1949年到1979年的30年是我国民族语言文字研究事业的第一阶段，也是中华人民共和国成立后民族语言文字研究事业的起步阶段。这30年，也是我国第一批民族语言文字专家学者及人才队伍的培养，民族语言文字使用情况的初步全面调研，民族语言文字识别及政府在政策法律上的认定，民族语言口语资料的搜集整理和初步分析研究，旧民族文字或者说老民族文字的进一步规范、改革、修订、完善、优化，同时淘汰和废弃不适应本民族发展的落后文字，创制拼音字母拼写新文字的特殊时期。

这是我国发展史上一个极其特殊的时期，那时中华人民共和国刚刚成立，三座大山造成的灾难还没有从根本上消除，又面临百业待兴的极其困难的历史时期。就在这种社会背景和条件下，国家拿出相当可观的专项经费，积极扶持少数民族语言文字研究事业，设立各级研究机构、培育民族语言文字研究科研队伍、建设具有中国特色民族语言文字研究学科。而且，在具体工作实践中，将民族工作与民族语文工作紧密联系，组织现有的为数不多的民族语言文字专家，从全国各民族地区招收精通母语和本民族文字的中青年骨干，以及立志于为我国民族语言文字研究事业奉献青春和智慧的青年学生，通过集中学习语言学理论、接受专业化集训、短期快速培训、专家一对一的针对性指导等不同形式和手段，在仅仅两年多的时间里培养了一批民族语言文字研究人员和中青年科研队伍。这项工程，具有极其重要的现实意义和长远的科学价值，有极强的实践性与科学实证性密切相统一的特点。紧接着在民族语言文字专家们的带领和亲自指导下，在极其艰苦的条件中民族语言文字工作人员分成若干个工作组，乘坐牛车、马车或骑马、骑驯鹿，甚至是徒步分赴我国各民族生活的边疆偏远农村牧区，开展了可以载入人类文明史册的民族语言文字全面系统、深入细致、扎实有效的空前大调查，除个别地区的民族语言文字及方言土语之外，还搜集整理了相当丰富的民族文字及民族语言语音、词汇、语法和方言土语第一手资料。在此基础上，充分尊重少数民族意愿，依据少数民族语言语音、词汇、语法结构特征，以及民族语言间存在的亲缘关系，分类出属于不同语系、不同语族、不同语支的语言谱系关系。也就是说，首先将我国民族语言包括汉语在内确定为 56 种，其次将 56 种民族语言科学分类为汉藏、阿尔泰、南亚、南岛和印欧五大语系。其中，汉语之外的 55 个民族语言分别归类为汉藏语系藏缅语族 5 个语支 17 种语言、壮侗语族 4 个语支 11 种语言、苗瑶语族 3 个语支 2 种语言，阿尔泰语系突厥语族 2 个语支 7 种语言、蒙古语族 6 种语言、满通古斯语族 2 个语支 5 种语言，还有南亚语系 3 种语言、南岛语系 1 种语言和印欧语系 2 种语言，以及完全失去语言使用功能和作用的 1 种语言和未识别语言系属的 1 种语言等。

　　1950 年 11 月中共中央发布的《培养少数民族干部试行方案》中指出："中央民族学院及其分院应设立关于少数民族问题研究室，中央民族学院应负责研究少数民族语言文字"。1951 年 2 月，中央做出"在政务院文化教育委员会内设民族文字指导委员会，指导和组织关于少数民族语言文字研究工作，帮助尚无文字的民族创立文字，帮助文字不完备的民族逐渐充实其文字"等决定。1954 年 5 月中央还责成中国科学院语言研究所等单位帮助无文字少数民族创制文字。为此于 1955 年 12 月在北京召开的首届民族语文科学讨论会上，制定了民族语文工作第一个五年计划和 12 年远景规划，以及在 1956—1958 年三年里开展民族语言文字普查，并为少数民族创立或改革文字等工作方案。其实，从 1951 年初根据中央有关文件精神，中国科学院已设立相关科研管理部门及民族语言研究所，从中央民族学院到地方民族院校陆续建立民族语文研究专门机构及民族语文系科专业，进而很快形成我国民族语言文字研究有生力量和主力军。另外，还向民族地区派遣由民族语言文字专家学者组成的若干工作组开展语言文字使用摸底调查，为创制文字做前期准备工作。1956 年，中央民族事务委员会和中央民族学院组建民族语言研究所，全面负责组织和协调民族语言普查及文字创制改革工作。就在这一年春天，在中央民族事务委员会和中国科学院直接领导下，700 余名民族语言文字专家学者及相关工作人员，同地方民族语言文字工作人员组成7个工作组奔赴边疆民族地区，深入山寨草原农村开展民族语言文字普查工作。到1959年，共调查42个民族的语言文字使用情况，获得1500多个调查点的语言文字资料，基本上把握了民族语言文字的分布与使用情况。在广泛征求少数民族对母语和本民族文字使用意见的基础上，根据他们的意愿，为南方的壮等10个民族创制了14种文字，还为景颇等民族改革了原来的文字。

在当时，中国少数民族语言学科的鲜明特色，主要体现在自成体系的共时描写、历时比较、对比研究等理论方法上，进而自然形成中国特色民族语言研究初步学科体系。那些参与民族语言文字使用调研，以及给少数民族新创文字和改革旧文字的专家学者，紧密结合实际工作在《中国语文》和《民族语文》及民族院校刊物上，先后发表了一系列民族语言研究概况、民族语言文字使用、新创文字和改革文字的重要性方面的学术论文和文章。民族语言研究在语言描写、历史比较和语言类型研究等方面取得了显著成绩。更加可贵的是，在第一手调研资料基础上，撰写完成了民族语言概论，甚至撰写完成了相关民族语言简志初稿及有关词汇集、比较词典等方面的初稿。同时，发表了一系列音系分析和语法描写研究论文、调研报告、专著等。其中，语音研究成果有《云南省西双版纳允景洪傣语的音位系统》（1956）、《藏语的声调》（1956）、《载瓦语的声调》（1956）、《壮语音系汇编》（1961）、《我国汉藏语系元音的长短》（1962）《哈尼语元音的松紧》（1964）、《藏语的复辅音》（1965），全面研究或语法研究及比较研究的成果有《撒尼彝语研究》（1951）、《彝语语法研究》（1955）、《扬武哈尼语初探》（1955）、《布依语语法研究》（1956）、《藏语拉萨日喀则昌都话的比较研究》（1958）、《景颇语语法纲要》（1959）、《傈僳语语法纲要》（1959）、《苗语语法纲要》（1963）、《鄂伦春语概况》（1965）等。这些成果的刊发，很大程度上推动了我国民族语言语音语法研究事业。

可以说，在民族语言文字研究的第一阶段，在我国第一代民族语言文字专家的带领下，不仅圆满完成了第一次大调查工作任务，同时为我国民族识别工作提供了有利的科学依据。与此同时，在工作时间中，培养出了我国第二代民族语言文字科研工作者，搜集整理并保存了数量可观而弥足珍贵的第一手民族语言口语资料和文献资料，为我国少数民族语言研究奠定了十分雄厚的资料基础，开创了我国民族语言文字研究事业的美好前景。从20世纪50年代开始，我国还陆续成立了不同层级的民族语言研究机构。在北京大学、中央民族学院和地方民族院校先后建立了少数民族语言文字系科，有计划、有目的、有步骤地培养急需的专业化人才，不断壮大刚刚崛起的民族语言文字研究队伍。还先后多次召开不同规模、不同层级、不同形式和内容的民族语言文字学术讨论会，广泛而深入地交流民族语言文字研究经验和理论方法。所有这些，使我国民族语言文字研究作为一项新的科学事业迅速崛起，并快速发展壮大。

总之，我国民族语言文字研究事业的起步阶段，在民族语言文字研究第二代科研队伍的培养和建立、民族语言文字科研队伍的建设、民族语言文字使用情况的全面普查、民族语言系属关系的确定、民族文字的创制改革、民族语言语音系统和词汇结构及语法关系的初步分析研究、民族语言文字学科体系的初步构建等方面取得了突出的学术业绩。而且，我国民族语言文字科研工作从开创之初，就同我国民族政策、民族理论、民族关系、民族识别、民族平等、民族自决、民族地区经济社会的发展，以及同国家语文规划工作紧密联系，从而发挥了不可忽视而极其重要的作用。由此，我们讲民族语言文字工作，具有鲜明的民族性、地域性、社会性、代表性、科学性、发展性和生命力。

二 民族语言文字研究事业走向成熟和辉煌的阶段

从1979年到2012年的33年是我国民族语言文字研究事业走向成熟和辉煌的历史阶段。在这一时期，我国民族语言文字研究事业取得了鼓舞人心的辉煌成就。也就是说，改革开放之后，我国民族语言文字研究焕发出强大活力。1979年，在昆明召开的全国民族科学规划会上，明确部署民族语言补充调研和尚未调查的民族语言开展全面深入调查的工作任务。次年

1月，在北京举行的第三次全国民族语文学术会上，再次强调民族语言文字调研工作的必要性和重要性。为落实这一工作任务，从20世纪80年代初至90年代初的10年间，我国民族语言文字专家学者分赴民族地区展开更加求真务实、全面彻底、深入扎实的民族语言补充调查。在此其间，还完成了国家民委五种丛书重大研究课题《中国少数民族语言简志系列丛书》科研任务，1981—1986年共出版55种民族语言简志。同时，完成国家社科基金"七五"规划重点项目"中国少数民族语言使用情况和文字问题调查研究"，出版该项目成果《中国少数民族语言使用情况》（1994）、《中国少数民族语言文字使用和发展问题》（1993）和《中国少数民族文字》（1992）等。与此相关，也有论述民族语言文字的使用、发展、变化和相互接触与影响方面的科研成果《论民族语言调查研究》（1998）、《中国少数民族语言文字应用研究》（1999）、《中国少数民族语言活力研究》（2000）、《现代哈萨克语实用语法》（2004）、《新时期中国少数民族语言使用情况研究丛书》（2007—2011）、《中国少数民族语言使用现状及其演变研究》（2010）及其《北京话中的满语》（1992）、《汉朝语言文字关系史》（1992）等。另外，还有讨论社会语言生活和语言研究理论与实践的《构建多语和谐的社会语言生活》（2009）、《中国民族语言学理论与实践》（2002）等著作，以及分析民族语文政策对策的相关成果《语言与法律研究新视野》（2003）、《民族语文政策法规汇编》（2006）、《中国民族语文政策与法律述评》（2007）及其《中国民族语文工作》（2005）等。所有这些，很大程度上提高了民族语言文字使用情况、语言活力、发展演变规律、语言接触关系、语言政策法规等方面的科学研究工作。

1991年，首届全国民族语文工作会上提出"民族语文工作要为民族地区社会发展服务，要'实事求是、分类指导'"工作思路，这使民族语言文字使用调查调研呈现出多层面、多领域、多元化、多视角的特点。特别是，1992年启动的国家社科基金项目和中国社科院重点项目"中国新发现语言调查研究"，不仅对新发现方言等做了针对性调研，先后还出版了《倬僙语研究》（1997）、《回辉话研究》（1997）、《村语研究》（1998）、《康家语研究》（1999）、《布央语研究》（1999）、《图瓦语研究》（1999）、《苏龙语研究》（2004）、《浪速语研究》（2005）、《满语研究》（2005）、《白马语研究》（2006）、《普标语研究》（2007）等30余部新发现语言研究著作。在这一时期启动的国家社科基金资助项目"中国少数民族语言方言研究"也很快获得丰硕成果，相继出版十多种新发现语言方言研究成果。在该阶段，还实施了一系列民族语言语音、词汇、语法研究，以及濒危或严重濒危语言研究的国家社科基金项目、中国社会科学院项目、各大院校及地方课题。其成果基本上在20世纪80年代至21世纪初公开出版。其中，语音研究专著有《苗瑶语古音构拟》（1995）、《汉藏语言演化的历史音变模型》（2002）等；语法研究著作有《朝鲜语语法》（1984）、《壮语语法研究》（1985）、《满语语法》（1986）、《苗语语法》（1986）、《哈尼语语法》（1990）、《蒙语语法》（1991）、《景颇语语法》（1992）、《彝语语法》（1998）、《鄂伦春语研究》（2001）等及《中国少数民族语言研究系列丛书》《中国少数民族语言简志系列丛书修订本》（5册，2008）（多卷本，2006）；词汇研究及辞书成果有《朝鲜语词汇学》（1991）、《景颇语词汇学》（1995）、《现代哈萨克语词汇学研究》（2000）等，以及《朝鲜语语言学词典》（1984）、《汉藏大辞典》（3册，1985）、《苗瑶语方言词汇集》（1987）、《中国突厥语族语言词汇集》（1990）、《蒙古语族语言词典》（1990）、《满汉大辞典》（1993）、《中国少数民族语言系列词典丛书》（多卷本，1992—2005）等。还有，在同语系、同语族、同语支语言间比较研究的内容，如《藏缅语族语言研究》（1990）、《侗台语族概论》（1996）、《突厥语比较语言学》（1997）、《满通古斯诸比较研究》（1997）及《汉藏语概论》（1991年）、《阿尔泰语言学导论》（2004）、《中国孟高棉语族语言与南亚语系》（1995）等。也有像《汉语苗瑶语同源例证》（1981）、《朝鲜语发展史》（1981）、《论蒙古语族的形成和发展》（1983）、《论蒙古语族的形成和发展》（1984）、《苗瑶语古音构拟》（1995）、《突厥历史语言学概论》（1995）、《汉藏语同源研究》（4册，2000—2011），以及《中国少数民族语言》（1987）、《中国民族语言学史》（1993）、《二十世纪的中国少数民族语言研究》（1998）、《中国的语言》

(2007)、《中国民族语言学研究》(2008)、《中国少数民族语言研究 60 年》(2009) 等，对我国民族语言的历史来源、形成原理、发展规律与研究历史展开全面讨论、深入探讨、综合研究的科研成果及古音构拟的学术著作。另外，还有从濒危或严重濒危语言理论视角展开讨论的《锡伯语口语研究》(1995)、《楠木鄂伦春语研究》(2009)、《濒危语言研究》(2001)、《濒危语言个案研究》(2004)、《察布查尔锡伯自治县锡伯族语言文字使用情况调查》(2011) 等学术研究的成果。这一时期，还出版了数量可观、涉及语种较多的民族语言教程和教材、读本、会话资料、句子及口语资料及有关研究专著等。毋庸置疑，这些科研工作及取得的学术业绩，打开了民族语言研究的非常理想的新局面。而且，在《民族语文》及各大民族院校刊物上，先后刊发数量十分庞大的学术论文。

民族语言文字研究的第二阶段，强有力地推动了新创文字和改进文字的推广、语言规范和标准使用、语言态度及语言活力、语言影响与变迁、民族语文教学与学习、语言资源及方言土语文化资源的开发利用、少数民族双语现象的讨论及双语教学工作、新词术语的科学化把握、民族语言文字立法研究、民族语文政策对策研究等方面科研工作的发展。1995 年，在北京成立了少数民族语标准化使用特别分委员会，以及蒙古族、藏族、维吾尔族、哈萨克族、朝鲜族等民族语言名词术语规范化研究机构等，先后编纂出版一系列规范化和标准化民族语词典、字典和教科书，进而对规范名词术语和社会用字起到积极作用。特别是，民族地区设立的相关专业机构和工作组，先后制定并发布标准化的蒙古族、藏族、维吾尔族、哈萨克族、朝鲜族、彝族、傣族等民族文字计算机字体字形及编码，同时为蒙古族、藏族、彝族、维吾尔族、哈萨克族、柯尔克孜族等民族使用的文字制定了国家标准化字符集、键盘和字模，其中藏文和蒙文字符集达到国际标准化水平。另外，还制定了民族名称和地名拼写标准规定，并研制开发了民族文字信息处理技术程序和系统。到 20 世纪 90 年代初，在我国基本建成蒙古族、藏族、维吾尔族、哈萨克族、朝鲜族、彝族、壮族、柯尔克孜族和锡伯族等民族文电子化处理系统。在此基础上，创建了一批民族文字数据库，使民族文字新型技术手段在具体工作实践中发挥了全新意义的积极作用。1998年,国家教育和语委接受民族语言文字规范化和信息化管理任务后,不断强化与此相关的各方面工作力度。2004年,根据新制定的《民族语言文字规范标准建设与信息化课题指南》,先后启动与民族文字符集平台、民族文字规范化及标准化、民族文字资源库建设、民族语言文字保护与应用等建设密切相关的93项课题。以这些课题为契机,建立健全了我国民族文字种类最多、字符最全的字符集,研发了民族文字电子出版系统及统一平台的识别系统,构建了数十万条数据和涉及100多种语言及方言的藏缅、苗瑶、侗台3个语族语言语音及词汇数据库。从20世纪90年代到21世纪初,还陆续出版《东巴经全集》《水书全集》《布洛陀集释》《贝叶经全集》《毕摩文献全集》等数量可观的南方民族早期文字文献资料集。与此同时,还出版了《女真语言文字研究》(1980)、《纳西象形文字谱》(1981)、《文海研究》(1983)、《回鹘式蒙古文文献汇编》(1983)、《蒙古文字学》(1984)、《契丹小字研究》(1985)、《古壮字文献选注》(1992)、《彝族古籍文献概要》(1993)、《东巴经典选译》(1994)、《中国少数民族古籍概论》(1995)、《金代女真语》(2004)、《中国历代民族古文字文献探幽》(2008)等,以及《女真语辞典》(1984)和《清史满语辞典》(1990)等古文字古文献研究成果。随着国家新闻出版总署启动"散失海外的中国珍稀文献出版工程",这些年我国民族文字专家相继在国内分析研究或整理出版在美国、俄罗斯、英国、法国、日本等国家图书馆或各大院所收藏的极其珍贵的纳西东巴经书、西夏文文献、藏文文献、满文文献资料,进而很大程度上推动了我国少数民族文字文献研究事业。其中,包括《俄藏黑水城文献》(6册,1996)、《英藏墨水城文献》(2004)、《哈佛藏纳西东巴经书》(6册,2011)等。在这里还应该提到的是,中国民族古文字研究会会刊《中国民族古文字研究》于1987年起公开印刷发行后,在每年一期的会刊上连年刊发民族文字前言研究前言理论成果,由此深受民族古文字专家学者的青睐并得到很高评价,进而自然成为民族文字学家们发表新观点、新思想、新理论的学术讨论园地。

综上所述,从改革开放到2011年的33年间,我国民族语言文字科研工作取得了丰硕成果。并且，主要体现在连年启动的一系列重大研究课题、刊发数量巨大的学术论著及相关语言文字资料和辞书成果上。尤其是，民族语言语音和词汇及语法的全面系统研究、空白语言和方言的全面补充调查研究、不同语系和语族语言间的比较研究、相关语言间对比研究、民族语言文字系列词典的编辑出版、濒危或严重濒危语言抢救性搜集整理、语言接触与变化原理的讨论、古文字文献资料的搜集整理和分析研究，以及语言类型学、语言统计学、实证语言学、社会语言学、语言文化学、语言与民族关系学、人名与地名学、翻译语言学等领域均取得相当丰厚的学术成绩，提出了一系列新观点和新理论。尤其可贵的，通过科研工作实践成就了我国第二代民族语言文字研究专家队伍，同时不失时机地培养出了第三代民族语言文字研究中青年有生力量和科研团队，其中就有数量可观而优秀的博士和博士后中青年科研人员。在这里还应该提出的是，在此阶段先后启动的民族文字规范化、标准化、信息化、数据化研究，以及语言文字政策法规研究等，很大程度上提升了该项研究事业的现代化、科学化、法制化研究理论水平，优化了民族语言结构关系属性的量化分析程序和自动化分析程度，建构了民族语言描写研究和比较研究理论框架，初步建立民族语言语音声学分析工作平台，进而为我国民族语言文字科学研究事业奠定了坚实的学术理论基础，打造出我国民族语言文字研究的理论体系和话语权。

三 民族语言文字研究事业走入新时代的理论创新阶段

从2012年到2020年的8年是我国民族语言文字研究事业迈入新时代、全面开展理论创新的新阶段。众所周知，2012年以后，我国迈入中国特色社会主义建设的新时代，也意味着我国民族语言文字科研工作迈入了新的更加理想的发展时期，进而迎来实现民族语言文字研究事业伟大复兴的更加光明的未来。以第一阶段搜集整理的极其丰富的第一手资料及初步分析研究的成果为基础，以第二阶段取得的多层面、多视角、全范围研究的丰硕成果与理论探讨为前提，使第三阶段的民族语言文字研究工作焕发出强大生机和强盛的活力及生命力，与祖国强势推进的新科学技术革命一起迈入了新时代。特别是，国家不断强化的哲学社会科学科研工作，不断加大的科研经费，以及不断强调的理论创新，使我国民族语言文字专家学者，更加充分地认识到初心和使命，更加珍惜新时代带来的更加优越、优厚、优势科研环境，用更加崇高的奉献精神和爱国情怀投身于科研工作实践和理论创新。民族语言文字学专家学者充分感受到，在我国科学技术突飞猛进的新时代，科学道路的自信、学术理论的创新、学科体系的优化、优秀科研人才队伍的形成，给他们带来更加理想的科研环境和条件，使他们承前启后、继往开来、不负使命，在新的历史条件下不断产出具有新思想、新观点、新理论的创新科研成果，为全面建成小康社会和建设社会主义现代化强国团结奋进，为实现中华民族伟大复兴的中国梦而努力奋斗。

在这8年里，为不断强化民族语言文字科研工作的理论创新，启动了国家社科基金、中国社科院、国家语委、国家民委及以地方社科院、社科联及各大院校的一系列重大招标项目和重点项目，其中包括"基于大型词汇语音数据库的汉藏历史比较语言学研究"（2012）、"中国少数民族语言语音声学参数统一平台建设研究"（2012）、"汉语和少数民族语言的手语语料库建设研究"（2012）、"语音对应的汉语与民族语关系研究"（2013）、"中国民族语言语法标注文本及软件平台建设"（2013）、"地理信息平台藏语方言数据库建设"（2014）、"中国语言及方言的语言接触类型和演化建模研究"（2014）、"贵州少数民族语言资源有声数据库建设"（2014）、"中国濒危语言数字博物馆建设的理论与实践研究"（2014）、"数位典藏的理论探讨和软件平台建设及其实践语言研究"（2014）、"中国境内语言语法化词库建设"（2015）、"南方少数民族类汉字及其文献保护与传承研究"（2016）、"南方少数民族小文种文献保护与整理研究"（2017）、"中缅泰老越印度六国跨境傣泰语言比较研究"（2017）、"蒙古族语言生活调查"（2017）、"中国民族语言形态句法类型学研究"（2018）、"西南各民族及'一带一路'邻国语言文字中汉字音的数字化整理与研究"（2018）、"河西走廊民族语言的跨学科研究"（2018）、"朝鲜汉字资源文献整理与研究"（2018）、"中国满通古斯语族语言语料数据库建设及研究"（2018）、"标注语料库的蒙古语句法计量研究"（2019）等，以及2015国家语委重大项目"中国语言资源保护工程"的"少数民族语言文化典藏""中国少数民族濒危语言志"等。可以看出，这一时期的研究更多体现出民族语言声学研究、民族语言数据库建设、民族语言平台建设及软件平台建设、民族语语料库建设、数位典藏理论探讨、民族语言接触类型与演化模式研究、语言类型学研究、语法标注理论研究、语法规范化研究及语法化词库建设、语音语法形态变化规律研究、严重濒危语言抢救性研究、濒危小文中文献保护整理及民族语言文字史学研究等重大重要学术理论问题的讨论方面。

除了以上谈到的国家社科基金等部门的重大课题之外，还有一系列国家各有关部门交办或委托的重大项目，也有各有关科研院所或专家学者自选课题等。所有这些，使中华人民共和国成立以来经60余年积累和探索并不断繁荣发展的民族语言文字科研工作，得到更高层面、更广领域、更深理论、更加理想而科学有效的推进。更加鼓舞人心的是，与这些课题研究密切相关的科研成果，包括阶段性科研成果不断公开出版。其中就有新视角、新观念、新理论的研究成果《阿尔泰语系语言功能·类型学研究》（2009—2013，多卷系列丛书）、《中国少数民族语言参考语法研究系列丛书》（2009—2014）、《蒙古语族语言形态研究》（2014）、《实体语法理论—哈萨克语描写语法学方法论》（2015）、《面向信息处理的蒙古语名词语义研究》（2015）、《蒙古语依存句法自动分析研究》（2016）、《中国民族语言语法标注研究丛书》（10本，2016—2017）、《鄂温克语动词形态论》（2017）等，语音研究成果有《满语口语音典》（2014）、《面向语音合成的蒙古语韵律结构研究》（2015）、《汉藏语语音和词汇》（2017），《蒙古语语音声学研究》（2018）等，方言土语或口语研究成果有《阿拉善土语研究》（2013）、《新疆察哈尔土语研究》（2017）、《卫拉特方言词汇与地域文化》（2015）、《蒙古语口语研究》（2013），濒危或严重濒危语言文字研究及辞书成果有《满通古斯语族语言词源研究》（2014）、《濒危鄂温克语抢救性研究系列丛书》（20册，

2016—2018)、《中国少数民族语言366句会话句系列丛书》(42册,2014—2017)及《汉锡名词术语规范词典》(2014)、《鄂蒙词典》(2014)、《简明赫哲语词典》(2017)《达斡尔语词典》(2017)等,民族语言文字史学研究及全面分析论述的成果有《中国民族语言文字研究史论》(4卷,2013)、《满通古斯语族语言研究史论》(2014)、《中国朝鲜语发展历史研究》(2015)、《蒙古语计算语言学概论》(2018),另外还有《语言生活与语言政策》(2015)、《语言人类学》(2015)、《朝鲜语规范集》(2016)、《东乡语汉语接触研究》(2017)、《中国民族语言学大辞典》(2017)、《内蒙古方言地图资料集》(13卷,2018)等。其实,还有不少创新性成果,考虑到篇幅没有纳入其中。在此期间,还完成了"中国语言资源保护工程"重大项目400个民族语言点的采集与整理及语料库建设工作。与此同时,在各大核心期刊和学术刊物上还刊发了上万篇民族语言文字学术论文,这些论文涉及语言文字学科各个领域,有很多创新型理论成果。

这里还应该提到的是,国际上被视为东方学基础学科的中国民族古文字与文献研究"绝学"学科,进入新时代的今天同样焕发出全新的生命力,出版《匈奴语研究》(2013)、《古代语文论稿》(2014)、《契丹小字词汇索引》(2014)、《打开西夏文字之门》(2014)、《西夏文、契丹与女真文珍稀典籍》(2017)、《契丹小字再研究》(3册,2018)、《中国少数民族古籍珍品图典:民族古文字古籍整理研究100年通览》(2018)、《〈蒙古秘史〉词汇研究》(2018)等百余种专著和译著及其千余篇学术论文,其研究成果里包含的创新学术理论,在全国乃至全世界都产生了重要学术影响。尤其是,在西夏文、契丹文、女真文、八思巴文、纳西东巴文的科学整理和研究方面做出国际领先业绩。还先后实施了"新发现民族古文字调查研究与数据库建设"(2014)等重大项目。同时,培养造就了民族文字方面的诸多博士或博士后研究人才。另外,为适应古文字国际化电脑处理技术发展要求,我国不断优化各种古文字的编码系统,进而在互联网电子文献上实现了高效率无障碍传输,为民族古文字及其文化信息交流提供了更为广阔的空间。其中,就有藏文、蒙文、满文、傣文、佉卢字、西夏文、八思巴字、傈僳文和滇东北简苗文等。我国创制的女真字、契丹小字、契丹大字、突厥文、传统彝文、水书、纳西东巴文、傈僳音节文字等字符方案还获得国际标准化组织的高度评价和认同，抢占了这一领域的最大最强的话语权。同时，国家继续投入数量可观的专项经费，将流失国外的民族古籍资料拍摄回来出版刊布，为我们该学科发展提供重要契机。我国提出"一带一路"倡议后，"丝绸之路"沿线出土的极其丰富的语言文字文献资料，为历史上西域各民族历史文化活动、社会经济发展状况及语言文字使用、宗教信仰等研究都提供了弥足珍贵的资料。换言之，在过去的岁月，我国民族古文字研究取得了非凡成绩，尤其是在西夏文、契丹文、女真文、八思巴文、纳西东巴文的整理研究上一直处于国际领先地位。如前所说，中国是世界上文字种类最丰富的国家，民族文字记录的文献资料浩如烟海、蕴涵丰富、异彩纷呈，是中华民族极其珍贵的巨大精神财富。这些文献资料对探究民族起源史、民族发展史、民族文化史、民族文字学史、民族思想史、民族法学史，乃至自然科学史都有不可忽视的重要学术价值。早期民族文字研究，对于温故知新、古为今用，对于古今中华文明的深刻阐释，以及对于中华博大文化世界的科学认知均有重要学术理论意义，对社会的发展也会产生巨大推动作用。同时，民族早期文字所承载的信息为我国各民族语言起源研究同样提供重要线索与思考，对传统国学研究极具补正意义，也为科学论述多元一体的中华民族文化认同、建设各民族共有精神家园、积极培养中华民族共同体意识提供了重要科学依据和宝贵素材。民族早期文字研究，对不同民族精神文化的深入沟通和交流，构建和谐文明而团结友爱的互助关系产生积极影响，为我国丰富多彩而源远流长的各民族历史文化与文明的研究发挥重要作用，为我国古代史研究、阐释各民族间你中有我、我中有你、谁也离不开谁的历史文化提供重要理论依据。

毫无疑问，以上刊发的民族语言文字科研成果，不仅提出了语言资源综合开发学、语言记录学、语言认知共性论及语言空间认知学、语言类型结构论、区域语言共性结构论、形态句法类型学、实体语法理论、民族语言多元结构说、语音形态论、名词形态论、动词形态论、民族语言语法标注学、东北亚语言共性论、北极圈语言文化相关论、濒危语言综合研究论等一系列创新理论，也为构建中国特色的民族语言语料库、数据库、软件平台建设，以及实践语言研究提供了重要的科学依据。在此基础上，更高层面更有力度地强化、完善、提升了我国民族语言文字研究理论体系。另外，在这里还应该提出的是，我国民族语言专家学者用本民族文字或不同民族文字，或用外文国外刊发的学术论著也占有重要比重，进而对我国民族语言文字研究同样发挥着不可忽视的重要作用。

迈入新时代中国特色社会主义建设的今天，为进一步加强和完善学科平台建设，科学高效地开展民族语言文字学术交流活动，中国民族语言学会从2016年以后相继成立了描写语言学、语言类型学、民族语文应用、汉藏语言与文化、实验语言学5个专业委员会。为加强全国性和综合性民族语言文字重大问题的深度专题交流，拓展民族语言研究成果刊发渠道，2015年起还创办一年一期的《中国民族语言学报》会刊。与此同时，该学会为了进一步强化民族语言研究平台，于2014年在中央民族大学成立"中国少数民族语言研究基地"，开展汉藏、阿尔泰、南岛、南亚等四大语系80多种语言及文献资料的多民族、多语种、多元文化民族语言文字专业化人才培养教育工程。而且，现已培养2200余名专业化人才，其中有本科、硕士、博士、博士后人才。另外，在各有关方面的共同努力下，编写出版教育部规划教材、北京市精品教材、中央民族大学民族语言教材100余种。

那么，《民族语文》作为中国民族语言学权威刊物，紧密联系中国社科院创新工程，为打造理论创新品牌效应，对准国际前沿理论，以我国汉藏和阿尔泰两大语系语言及南亚、南岛和印欧相关语言研究为重点，在实事求是、"百花齐放""百家争鸣"学术思想指导下，优中选优地刊发具有创新精神的优秀学术论文，强力推进中国民族语言文字科学理论创新，为我国民族语言文字研究事业繁荣发展发挥了重要作用。《民族语文》不仅是专家学者发表前言理论观点的理想学术平台，也是培养高端人才的理想学术园地，还是国内外民族语言文字专家学者交流、沟通、了解、认识、把握和展望我国民族语言文字研究动态的一扇重要窗口，更是我国民族语言文字研究学术体系、学科体系、话语体系的重要学术平台。从这个意义上讲，该刊反映的是我国少数民族语言文字研究最高质量的最新学术思想理论，从而受到国内外中国民族语言文字研究专家学者的高度评价和肯定。

总之，中国民族语言文字研究事业走过了从无到有、从弱到强、从强到走向辉煌的70年。特别是，在老中青四代民族语言文字专家学者们的不忘初心牢记使命、甘于奉献、勇于创新的强大精神力量鼓舞下，取得一个又一个鼓舞人心的巨大学术理论成就，进而占领了民族语言文字研究的制高点，打造出中国特色的民族语言文字研究前瞻性、开拓性、创新性学术理论体系及理论框架，充分发挥了学术话语权，建构了强有力的话语体系。在新时代中国特色社会主义全新的创新理论指导下，我国民族语言文字专家学者不断增强"四个意识"，不断坚定"四个自信"，坚决做到"两个维护"，在思想上政治上行动上同以习近平同志为核心的党中央保持高度一致，不忘初心、牢记使命，不断提高思想理论水平和科研本领，为实现我国民族语言文字研究事业的全面振兴全方位振兴，为实现"两个一百年"奋斗目标和中华民族伟大复兴的中国梦而努力奋斗。

十

中国满通古斯语族语言文字研究 70 年辉煌历程

满通古斯语族语言研究是一个国际性学术命题，因为满通古斯诸民族除了我国境内使用的满语、锡伯语、鄂温克语、鄂伦春语、赫哲语，以及历史上的女真语之外，还有俄罗斯西伯利亚和远东地区的埃文基语、埃文语、涅基达尔语、那乃语、乌利奇语、奥罗克语、奥罗语、乌德盖语等，蒙古国的查嘎坦语，以及一直到 20 世纪 30 年代在日本北海道的网走地区使用的乌依勒塔语等。满通古斯诸语作为阿尔泰语系语言，与蒙古语族诸语、突厥语族诸语言均存在亲属关系之外，跟东北亚地区的朝鲜语、日本语、日本的阿依努语，乃至同北欧的萨米语、北美的爱斯基摩语和印第安语等也有不同程度的历史渊源。而且，这些渊源涉及这些语言的语音、词汇、语法等语言学科各学术领域。正因为如此，满通古斯语族语言研究自然成为国际性学术问题。对此，国内外专家学者从不同角度、不同层面、不同理论方法展开过富有成效的学术讨论和研究，并出版发行和发表了数量十分可观的学术研究论著、辞书、调研报告等，进而强有力地推动了该学术研究事业。特别是，自从中华人民共和国成立以来，在过去的 70 年当中取得了鼓舞人心的学术业绩。

中国的满通古斯语族语言，分满语支和通古斯语支两大类。其中，满语支包括满语和锡伯语，通古斯语支含鄂温克语、鄂伦春语、赫哲语。历史上的女真语，应属满语支语言。这是因为，在语音、词汇及语法方面，满语和锡伯语最为接近，而鄂温克语和鄂伦春语也是最为亲近的两种亲属语，赫哲语则介于这两对共同体之间，但在语音结构等方面更接近于鄂温克语和鄂伦春语。

满通古斯诸民族，在我国主要分布在黑龙江、吉林、辽宁、内蒙古、新疆、河北及北京等省区市。其中，满族主要生活在黑龙江、吉林、辽宁、河北和北京；锡伯族基本上居住在黑龙江、辽宁、新疆维吾尔自治区；鄂温克族生活在内蒙古和黑龙江，也有一小部分人生活在新疆伊犁地区；鄂伦春人在内蒙古和黑龙江境内生活；赫哲族一般在黑龙江同江地区。从满通古斯诸民族生活的地理位置来看，他们的生活格局应属小聚居、大分散的结构类型。由于生活地域分散，以及横跨我国东西两个疆界，所以语言使用难能连成片，不同语言区间出现的空间距离太大，从而直接影响相互交往和母语交流。同时，满通古斯诸语均处于某一强势语言的包围之中。例如，锡伯语在突厥语族语言使用区，满语和鄂伦春语及赫哲语处于汉语使用区，鄂温克语处于蒙古语和汉语区。这使满通古斯诸语受所属地区强势语言影响越来越多，其母语中借入的汉语、蒙语、维吾尔语、哈萨克语等的词语越来越多，产生的影响也越来越大、越来越深，进而导致满通古斯诸语成为濒危或严重濒危语言。我们认为，这种现象的出现，也和中国通古斯诸语没有文字，以及满文和锡伯文在教育教学及日常生活中没有充分发挥作用等有关，其结果是，这些民族的适龄儿童几乎从小学开始通过汉语文、蒙语文等接受文化知识教育。这种现象使满通古斯诸民族自然掌握多种民族语，成为使用多种语言和民族文字且具有多种思维功能的人。

众所周知，我国是一个多民族、多语种、多文字的国家。特别是，中华人民共和国成立以来推行的优秀而先进的民族政策，包括满通古斯语族语言在内，我国民族语言文字得到了很好的保护和传承。如赫哲语和鄂伦春语等人口较少民族语言，以及像满语人口虽多但母语使用者极少的民族语言，从中华人民共和国成立初期到21世纪初的50余年里得到了很好的保护和传承，一直保持着一定数量的使用人口。后来，随着改革开放的不断深入，民族地区经济社会的快速发展，全新科学技术产品为主的现代化生活的不断普及，包括以汉语汉字为主的电视电脑 iPad 手机的普遍使用，加上以上提到的文化教育及工作环境条件的不断提高，尤其是少数民族对自身发展的迫切需要，他们越来越多地学习掌握和使用汉语言文字。毫无疑问，所有这些直接影响了满通古斯诸民族语言文字的使用。在这种现实面前，国家和各有关政府部门出台一系列民族语言文字保护和使用政策规定，鼓励包括濒危或严重濒危民族语言在内的少数民族使用母语，不断强化民族语言文字的保护、传承和使用工作，发挥民族语言文字本身具有的实际作用和影响力。同时，不断强化民族语言文字教学人才及科研队伍的培养工作，不断加大民族语言文字实地调研、搜集整理和分析研究工作的投入力度。在 1949—2019 年的 70 年中，中国满通古斯语族语言文字的使用、保护、传承、搜集、整理、分析、研究工作，确实取得了令世界瞩目的辉煌成果。其发展历程，取得的成绩，可分以下三个阶段进行科学阐述。

一 满通古斯语族语言文字研究事业的起步阶段

从 1949 年到 1979 年的 30 年是中国满通古斯语族语言文字研究事业的第一阶段，也是中华人民共和国成立后该研究事业的起步阶段。在这 30 年中，一是培养了我国第一批满通古斯诸民族语言文字研究人才，二是开展了满通古斯诸民族语言文字使用情况较全面的实地调研，三是完成了满通古斯诸民族语言识别工作，四是初步完成该语族语言口语资料的搜集整理工作，五是对该语族不同语言语音系统、词汇结构、语法关系初步开展了分析研究工作，六是进一步规范了锡伯文的使用，七是成立以满文历史文献资料为主的第一历史档案馆满文资料室。

中华人民共和国成立初期的 30 年，中国处在非常特殊的发展阶段，那时新中国刚刚成立，且面临百业待兴的极其困难时期。就在这种社会背景和条件下，国家拿出相当可观的专项经费，积极扶持满通古斯诸民族语言文字研究事业，设立各级研究机构、培育语言文字研究科研队伍、建设具有中国特色的满通古斯诸民族语言文字研究学科。而且，在具体工作实践中，将满通古斯诸民族工作与语言文字使用调研工作紧密联系。当时还从东北三省、内蒙古自治区、新疆维吾尔自治区，以及北京市等省区市招收中青年骨干，以及从事民族语言文字研究的青年学生，有计划地安排他们集中学习语言学专业化理论知识，仅仅用了两年多就培养出一批从事满通古斯语族语言文字，包括满文文献资料研究的中青年科研人员。在此基础上，由民族语言文字研究专家亲自带领指导，把满通古斯诸民族语言文字科研人员分成若干个工作小组，分赴满通古斯诸民族生活的边疆农村、牧区、林区和三江流域，对这些民族语言的语音、词汇、语法开展中华人民共和国成立以来的，也是有史以来第一次大调查，搜集整理了相当丰富的第一手语言资料。在此基础上，依据这些语言本身具有的结构性特征，以及相互间建立的亲缘关系，如前所述分出不同层级和分支。首先，分出阿尔泰语系满通古斯语族语言，其中就包括满语、锡伯语、鄂温克语、鄂伦春语、赫哲语，以及历史上的女真语；其次，该语族语言内部分出满语支和通古斯语支两大类，满语支包括满语、锡伯语、女真语，通古斯语支有鄂温克语、鄂伦春语、赫哲语；最后，在通古斯语支语言内还划分出南北两种小语支，南通古斯语言涉及赫哲语，北通古斯语言含鄂温克语和鄂伦春语。从而根本上解决了该语族语言的归属问题和内部分类问题，给以后的学术交流、学术研究、学术发展提供了诸多便利条件。

在这一时期，从事女真文研究的专家学者，收集整理了一定数量的第一手女真文资料，进而开展了具有成效的科学研究工作。其中就有，讨论契丹字和女真大小字关系的论文《从契丹大小字到女真大小字》（1962），以及探讨女真语语法结构、女真文字的构造及读音系统的成果《女真语言文字研究》（1964）。在此基础上，撰写完成了女真语言文字研究专著书稿。另外，1973年在西安碑林石台孝经的卯眼内发现了女真文书残页资料，并整理出11件女真文残页，其中共有237行女真文，约有2300多个女真字。1979年吉林省舒兰县还发现刻于大定二十六年（1186）、有21个女真字的《昭勇大将军同知雄州节度使墓碑》，这些发现为女真文研究提供了相当珍贵的历史资料，注入了新的活力，促进了对有关女真碑文的重新考证的科研工作。在这一时期，还先后发表了《明代奴儿干永宁寺碑记校释》（1975）及《西安碑林发现女真文书、南宋拓全幅集王〈圣教序〉及版画》（1979）、《陕西碑林发现的女真字文书》（1979）等学术研究文章，提出金代女真字多数属于表意字，其中一个字一般代表一个词语等学术观点。这些成果，为女真大、小字的深入讨论提供了有力佐证。另外，也培养了女真文研究专门人才。

满通古斯诸语研究起步阶段，满文文献资料的整理研究也取得了初步阶段性成果。特别是，1961年和1975年先后开设的中央民族学院满文班和故宫满文培训班，培养了40余名满文文献资料、档案资料研究专业化人才，还启动了一系列满文历史文献资料整理工作。在台湾还出版了有一定学术价值的研究成果及译著，包括《清太祖朝老满文原档（译注Ⅰ、Ⅱ）》（1970）、《老满文原档论辑》（1971）、《满洲丛考》（1963），以及《达斡尔语与满蒙古语异同比较》（1977）等，从而对满文研究及满语与蒙古语族语言研究做出应有贡献。在这一时期，锡伯族语言文字研究，主要体现在将锡伯文《察布查尔报》的油印版改为铜模活字铅印版；成立察布查尔锡伯族自治县锡伯文改革委员会；培养锡伯文教学和科研人才；新疆人民出版社和新疆教育出版社先后设立锡伯文编译室及编辑室，编辑出版了锡伯文著作和小学教材及锡伯文《农民识字课本》；等等。毫无疑问，所有这些工作，对锡伯族学习使用锡伯文，乃至对锡伯语言文字的研究都产生了积极影响。结果，很快使锡伯族小学增至12所，学生数也达到4000余名，锡伯文扫盲教育率达到90%以上。由于锡伯文学习、掌握、使用不断得到普及，由锡伯文创作或搜集整理的文学作品、民间文学、诗歌、歌剧、话剧不断涌现，甚至印制了不少用锡伯文翻译的《三国演义》《红楼梦》《西游记》《封神演义》等古典名著，以及数量可观的锡伯文民间故事及词语集等。为使锡伯文更好地发挥作用，1955—1963年，对锡伯文使用中存在的问题开展了全面综合调研，还先后拟定了《斯拉字母锡伯文文字方案》（1955）和《拉丁字母锡伯文文字方案》（1958）等文字方案。当时，还发行了《锡伯文》（1963）之刊，广泛讨论锡伯文的文字改革问题。更可贵的是，在这一时期，对新疆伊犁锡伯语口语做了全面实地调研，搜集整理了大量十分珍贵的第一手口语资料，还撰写发表了《锡伯语概况》（1979）一文，全面阐述了锡伯语口语语音、词汇、语法基本结构关系及特征，使锡伯语口语和书面语比较研究得到突破性进展。该阶段，通古斯诸语研究主要体现在：（1）经过短期培训教育及时培养了鄂温克语、鄂伦春语、赫哲语调查研究的第一批专业化人才；（2）成立了满通古斯语族语言调研工作小组，起草了调研大纲，制订了调研计划和具体实施方案；（3）在有关专家的亲自带领和实践指导下对通古斯诸语语音、词汇、语法及其代表性方言，包括语言文字使用情况等，开展了富有成效的全面实地调研，搜集记录到相当全面的口语资料；（4）整理出一整套有关鄂温克语、鄂伦春语、赫哲语语音、词汇、语法，以及不同方言口语资料；（5）撰写完成了鄂温克语、鄂伦春语、赫哲语语音、词汇、语法研究的初步手稿；（6）内部印制了有关通古斯诸语语音语法资料集、词汇手册、调研报告，以及介绍性或概述性文章等。

总之，中华人民共和国成立初期到20世纪70年代末的30年里，中国满通古斯语族语言研究工作取得初步学术成绩，并表现在：（1）培养了我国第一批专业化人才队伍，组建了满通古斯语族语言调研小组及初步设立相关研究机构；（2）对满通古斯语族语言进行了全面调研，搜集整理了十分珍贵而数量可观的第一手口语资料；（3）科学解决了满通古斯语族语言系属问题，对不同语言进行了科学划定，并界定了它们间的不同层级的隶属关系；（4）女真语言文字研究，包括新发现文字资料的研究，取得阶段性成绩，并发表了有影响的代表性学术论文和文章；（5）启动了满文历史文献资料的初步整理工作，刊发了满文文献及档案资料的相关分析性研究成果；（6）锡伯文的使用和教学，锡伯文教材、报刊、文学作品的出版，锡伯文编辑机构的设置等工作取得积极推进；（7）撰写完成包括女真文在内的满通古斯语族语言的一系列研究初稿；（8）初步建立了满通古斯语族语言口语语音、词汇、语法、方言土语资料库。

二 满通古斯语族语言研究事业走向成熟和辉煌的阶段

从我国改革开放初期的1980年到2011年的32年是中国满通古斯语族语言研究事业走向成熟和辉煌的历史阶段。在这一时期，该研究领域取得了鼓舞人心的辉煌成就，焕发出强大活力和生命力。这一时期，成立了中国社会科学院民族研究所满通古斯语研究组、黑龙江省满语研究所中国第一历史档案馆满文部、辽宁省档案满文组、北京社会科学院满族研究所满语文研究室、中央民族大学满学所满语文研究室、内蒙古大学满语研究室等研究机构。先后多次开办满文满语学习班、培训班和速成班，培养相当一批满语满文专业人才、硕士研究生和博士研究生。由于满通古斯语族语言人才培养工作进行得十分及时，又有较扎实的理论基础，再加上在满语研究的第一阶段培养出的老一辈专家学者的指导，以及前期积累的研究资料、研究经验、研究理论方法，在这一历史阶段国内刊发了数量庞大的研究成果。尤其是，黑龙江满语研究所创办《满语研究》（1985）这一专业性学术刊物之后，有关满通古斯诸语的学术论文与日俱增，显示出强势发展势头和美好前景。此外，1980年召开的第三次全国民族语文学术讨论会上指出的，对于民族语言文字使用情况开展全面大调查的工作部署下，加上当时启动的国家民委五种丛书重大研究课题及国家社科基金、中国社会科学院、地方院校等实施的一系列重要重大课题，使满通古斯诸民族语言文字实地调研、分析研究工作全范围展开。中国满通古斯语族语言文字专家学者，充分发挥自身优势、攻坚克难、不断取得新成绩，强有力地推动该语族语言研究事业。其取得的辉煌成绩及公开刊发的成果，涉及包括女真语在内的满通古斯诸民族语言文字及其方言土语语音、词汇、语法研究、语言文字使用、语言活力、语言变迁、语言濒危、语言社会、语言文化、语言地域及语言地理等诸多学术研究领域。具体体现在以下几个方面。

一是在满通古斯语族语言研究领域，属于难度最大、历史最早而文献资料最为稀少且已成为最有学术价值的冷门学、绝学、濒危学的女真语言文字研究取得相当有价值、有代表性、有理论的学术探索和研究，进而刊发了一系列有权威性而具有里程碑意义的学术研究论著，乃至出版一些有影响力的文集和词典等。其中就有《女真语言文字研究》（1980）、《女真语音初探》（1982）、《〈女真馆杂字·来文〉研究》（1982）、《女真文辞典》（1984）、《女真译语、蒙古译语汇编》（1990）、《金代女真语》（2004）、《女真文字研究论文集》（1983）、《长白丛书·金碑汇释》（1989）等。与此同时，在国内外有影响力的学术刊物上，先后发表数十篇女真文研究的学术论文。所有这些论著，对女真语碑文、牌印、墨迹文与女真文献资料及新发现女真文等，进行了全面系统深入细致的学术讨论，进而科学论证了女真语基本结构及其特征，包括女真文的形成、字体结构、笔画特征、书写规则、使用原理，以及女真语语音、词汇、语法等诸多学术疑难问题。另外，在这一历史阶段，还发表了女真语同满通古斯语族语言，乃至同阿尔泰语系语言间做比较研究的学术论文，还为信息产业部制订并提供"女真文编码方案"，后来还提交给国际 WG2 编码组织，使女真文研究迈入信息化、科学化、现代化道路。以上所说，很大程度上推动了我国女真语言文字研究事业。

二是满语满文及满文文献资料研究方面。首先，集中科研力量，系统搜集整理了严重濒危的满语口语资料；其次，通过调研工作实践，并依托各有关科研院校，针对性地培养了一批具有过硬专业理论水平的满语言文字研究人才。其中，还包括硕士研究生和博士研究生及博士后科研人员等；再就是，紧密结合第一阶段和第二阶段搜集整理的极其丰厚的第一手调研资料，对不同地区的满语口语展开富有成效的分析研究，取得鼓舞人心的巨大学术成就。这其中，代表性成果有《三家子满语口语分析》（1981）、《现代满语研究》（1989）、《现代满语口语研究》（1989）、《满语语音研究》（1992）、《满语口语研究》（1995）、《黑龙江现代满语研究》（2001）、《满语研究》（新发现满语口语研究，2005）、《濒危满语口语调查研究》（2006）及《满文杂识》（2004）、《现代满语八百句》（1989）、《满语对话选粹》（2000）、《满语365句》（2009）等。此外，满语书面语研究、书面语教材编写、书面语词典编撰工作也取得了理想进展。如书面语语法研究、读本和教材中，就包括1983年和1986年先后出版的不同版本的《满语语法》及1997年出版的《满语研究通论》和《简明满文文法》（2002），还有1985年和1986年先后出版的两部《满语读本》及《满文教程》（1990）、《满文教材》（1991）、《满文讲义》（1996）、《自学速成满语基础讲义》（1988），不同版本的满语词典有《简明满汉词典》（1988）、《满汉大辞典》（1993）、《新满汉大词典》（1994）、《满文美术字》（1992）、《汉满词典》（2005）等。另外，清代文献资料研究也做出相当大的学术贡献。其成果突出表现在，当时出版的《清文清本纪研究》（1981）、《满汉异域录校注》（1983）、《谢遂职贡图满文图说校注》（1986）、《随军纪行译注》（1987）、《无圈点字书》（1987）、《崇德三年满文档案译编》（1988）、《清代满语文启蒙教材合编〈满语入门〉》（1989）、《康熙〈御制清文鉴〉研究》（2001）、《〈旧情语〉研究》（2002）、《〈满谜〉研究》（1993）、《旧清语辞典》（1987）、《清史满语辞典》（1990）、《满汉合璧六部成语》（1990）、《新编清语摘抄》（1992）等方面。在这一历史阶段，公开出版的还有满语同其他语言间比较研究或对比研究的成果，如《蒙古语满语比较研究》（1991）、《满语与锡伯语之间的关系》（1994）、《现代满语与汉语》（1993）、《北京土话中的满语》（1993）、《满族话和北京话》（1996）、《北京话的满语底层和〈轻音〉儿化探源》（1996）等。与此同时，在《民族语文》《满语研究》等权威性和专业性学术刊物上，先后刊发了有关满语书面语和口语语音、词汇、语法、方言土语、满文，以及语言历史、语言社会、语言文化、语言地名、语言接触与变迁、语言濒危、语言比较与对比研究等方面的学术论文一千余篇。特别是，黑龙江大学满文研究院以《满语研究》为重点，将先后刊发的学术论文按研究领域和内容进行分类，编辑出版满通古斯语族语言文化文库系列丛书。而且，启动并完成了国家社科基金、省部委、地方院校的一系列研究课题，包括参与并完成的一系列国际合作项目。毫无疑问，这些学术成绩的获得，为走入严重濒危而处于不景气的满语言文字研究工作注入了强大生命力，强有力地推动了中国满语言文字研究事业。

三是改革开放以后的 32 年当中，锡伯语研究也走过了一段学术辉煌历程。首先，在新疆成立了"锡伯语言学会"（1981）创办了《锡伯语言通讯》（1981），制定了《六年制（锡伯族）小学锡伯语文教学大纲》（1984）及《（新疆）察布查尔锡伯自治县语言文字学习使用管理暂时规定》（1989），召开了新疆首届锡伯语言文字工作会议（1989）；其次，圆满完成了"锡伯文信息处理与交换编码图形字符集""锡伯文字母区信息处理与交换键盘布局""锡伯文信息处理与交换点阵字模集与数据集"等课题，以及"锡伯文办公自动化系统""锡伯文轻印刷自动化系统""锡伯文报版印制自动化系统"等普及锡伯文自动化、现代化、科学化操作系统；再次，先后出版了《规范化的锡伯语名词》（1992）、《现代锡伯文文学语言正字法》（1993）等成果，从而严格规范了锡伯文字母、字体、音节、独立词、借词、常用词写法，开辟了锡伯文教学与使用规范化、标准化、法制化道路，进一步有力推动了锡伯语言文字研究工作的信息化处理工程，促进了锡伯语言文字研究工作趋于成熟化和理论化。另外，这一时期，不失时机地培养出一批有一定实践经验，又有扎实理论功底的锡伯族语言文字工作者。并在老一辈锡伯族语言文字专家带领下，对锡伯语口语和书面语的使用情况实施了全面调研，收集到大量十分珍贵的第一手口语资料及锡伯文使用方面的资料。对于这些资料的分析研究成果，以专著和论文形式由出版社和学术期刊先后公开出版和发表。这些论著的研究内容，涉及锡伯语语音、语法、词汇，以及正字法、语言文字使用等诸多方面。例如，其成果有《锡伯语简志》（1986）、《锡伯语语法》（1987）、《锡伯语口语研究》（1984）、《现代锡伯语口语研究》（2006）、《锡伯语满语口语基础》（2007）、《察县锡伯族语言文字使用现状调研》（2011），以及《锡伯语（满语）词典》（1987）、《锡伯语词汇》（1991）、《锡伯语汉语会话》（1992）、《汉锡简明对照词典》（1989）、《现代锡伯文学语言正字词典》（1994）、《锡伯文教程》1992、《锡汉教学词典》（1998）等。此外，1992—2006 年，先后还出版锡伯文培训学习时使用的两本教材，以及以满汉两种文字对照学习为目的重新编写出版的三套六册锡伯语文中小学教材。这些出版物还涉及《清代锡伯族档案史料选编》（上下册，1987）、《锡伯族档案史料》（上下册，1989）等锡伯文献资料的搜集整理和分析研究成果。在这一历史阶段，锡伯语言文字专家学者，以我国民族语言文字研究刊物为依托，刊发了上百篇讨论锡伯语语音、词汇、语法、文字、教学、语言接触、语言变迁、语言文化、双语使用、文字改革、语言正字法、语言文字数字化处理等学术问题的，具有前瞻性、理论性、独到见解的学术论文。总之，在这一特定历史时期，锡伯族语言文字教学和使用、语言文字研究、信息化建设等方面取得了突出成果。

四是，在鄂温克语、鄂伦春语、赫哲语等通古斯诸语研究领域，同样取得了鼓舞人心的学术成绩。主要体现在：(1) 在我国优秀而先进的民族政策指引下，在改革开放以后的30年里，有计划、有步骤、有目的、有针对性地培养了一批精通母语而系统掌握语言学理论的通古斯诸语研究人才，其中，有硕士、博士、教授、研究员及相关科研人员；(2) 20世纪80年代，内蒙古自治区和黑龙江省先后成立了鄂温克研究会、鄂伦春研究会、赫哲族研究会等社会团体，并均设有语言研究小组，各研究会还创办了《鄂温克研究》《鄂伦春研究》《赫哲族研究通讯》等会刊，由此进一步强化了通古斯诸语研究工作；(3) 尤其可贵的是，在此期间对通古斯诸民族濒危或严重濒危语言展开全范围拉网式实地调研，进而获取极其珍贵而丰厚的第一手语音、词汇、语法、方言土语口语资料；(4) 开展了多种形式、内容丰富、不同层级、不同范围、不同语言学学术理论范畴的学术交流、学术活动、学术讨论会，从20世纪初起在海拉尔召开三次国际通古斯语言文化研讨会；(5) 启动并完成国家和地方一系列重要重大课题，以及国际合作项目，积累并丰富了研究经验、强化了科研能力、提升了学术研究理论水平。

有了优秀人才和过硬的学术团队，扎实的资料基础和科研工作经验，成熟而中西贯通的学术理论，加上改革开放带来的优势学术环境，从1979末到2010年底公开出版和发表了数量可观的科研成果。例如，(1) 鄂温克语方面有《鄂温克语简志》(1986)、《鄂温克语研究》(1995)、《鄂温克语形态语音论及名词形态论》(2003)、《基础鄂温克语》(2005)、《鄂温克语参考语法》(2009)，以及《鄂温克语词汇集》(1983)、《索伦语基本烈文集》

(1991)、《鄂温克语语音及基础词汇》(1991)、《鄂温克语三大方言基本比较词汇集》(1995)、《鄂温克族历史词汇》(2005)、《鄂温克地名考》(2007)、《鄂温克语汉语词典》(1998)、《鄂温克语谚语谜语集》(2010)等,还有《鄂温克语教程》(2011)与《敖鲁古雅鄂温克语读本》(2011)等鄂温克语初级使用教材;(2)鄂伦春语方面有《鄂伦春语简志》(1986)、《鄂伦春语研究》(2001)、《鄂伦春语》(1989)、《楠木鄂伦春语研究》(2009),以及《简明汉语鄂伦春语对照读本》(1981)、《鄂伦春语汉语对照读本》(1993)、《鄂伦春语(上下册)》(2004),还有鄂伦春语词典《鄂伦春语释译》(2011)与鄂伦春语比较研究成果《鄂伦春语与因纽特语比较研究》(2002)等;(3)赫哲语方面主要有《赫哲语简志》(1986)、《赫哲语汉语对照读本》(1987)、《赫哲语》(1989)等。与此同时,在《民族语文》《满语研究》以及内蒙古自治区、黑龙江省、北京市的各相关学术期刊上先后发表通古斯诸语语音、词汇、语法、方言土语、语言使用和濒危、语言社会及语言文化等方面的200余篇学术论文,很大程度上提高了通古斯语支语言科研工作理论水平。其中,还包括通古斯诸语同阿尔泰语系蒙古语族语言、突厥语族语言进行比较研究的论文,同日本语及日本的阿伊努语、乌依勒塔语,以及朝鲜语和北欧的萨米语、北美的爱斯基摩语、印第安诸语进行比较研究或对比研究的论文。毋庸置疑,所有这些使中国通古斯诸语研究更有代表性、理论性和影响力,更加国际化。

综上所述,改革开放以后的32年里,该学术研究领域取得的科研成果,主要体现在一系列重大科研项目的顺利实施和圆满完成,以及刊发数量可观而研究水平相当高的理论著作和学术论文等方面。也就是说,这是有史以来,对中国满通古斯语族语言语音系统、词汇结构、语法关系首次进行了全面系统的科学阐释。同时,科学阐述了满通古斯诸民族语言文字使用情况,与周边不同民族语言的接触关系和受到的不同程度的影响,语言与经济社会发展中产生的内部变化与变迁规律。也探讨了现已出现的不同程度的濒危现象,以及不同语言文化间出现的各自不同的结构性、变异性、特殊性特征等诸多学术问题。所有这些研究,很大程度上提升了满通古斯语族语言研究理论水平,推进了我国人口较少民族语言及其濒危或严重濒危语言的科学研究工作。尤其是,在这一时期开展的满通古斯语族语言补充大调查,包括对于调研资料的全面系统深入的科学分析和讨论,乃至同阿尔泰语系语言和东北亚诸民族语言及其北极圈相关语言间开展的比较研究和对比研究,还有语言接触与变化规律的探索、女真文和满文文献资料的释译与分析,以及实证语言学、社会语言学、语言文化学、语言与民族关系学等理论视角的讨论,均展现出诸多新突破、新观点和新思路。通过这一时期的扎实有效的科研工作实践,还成就了我国第二代满通古斯语族语言文字专家团队,同时培养出第三代满通古斯语族语言文字研究中青年科研队伍。在这里,还有必要提出的是,在满通古斯语族语言全面比较研究方面也取得了初步成效,如出版有《满通古斯语比较研究》(1997)、《中国通古斯诸语基础词汇对照集》(1997)、《通古斯民族及其语言》(2002)、《满通古斯语言与历史研究》(2006)等成果。此外,女真文、满文、锡伯文的规范化、标准化、信息化、数据化研究,以及与此相关的语言文字政策法规研究也取得了理想的学术成就,进而很大程度上,推动了该语族语言文字研究事业的现代化、理论化、科学化研究进程,优化了研究方法与分析手段,建构了中国满通古斯语族语言描写研究和比较研究理论框架,奠定了中国满通古斯语族语言文字研究坚实理论基础,打造出了中国满通古斯语族语言文字研究的理论体系和学术话语权。

三 满通古斯语族语言文字研究事业迈入理论创新的新时代

从 2012 年到 2019 年的 8 年是中国满通古斯语族语言文字研究事业迈入新时代、全面开展理论创新的新阶段。众所周知,2012 年以后,我国迈入中国特色社会主义建设的新时代,也意味着我国民族语言文字科研工作迈入了新的发展时期,进而迎来实现民族语言文字研究事业伟大复兴的更加光明的未来。以第一阶段搜集整理的极其丰富的第一手资料及初步分析研究成果为基础，以第二阶段取得的多层面、多视角、全范围研究的丰硕成果与理论探讨为前提，使第三阶段的满通古斯语族语言文字研究工作焕发出强大生机和强盛的生命力，与祖国强势推进的新科学技术革命一起迈入了新时代。特别是，国家不断强化的哲学社会科学科研工作，不断加大的科研经费，以及不断强调的理论创新，使中国满通古斯语族语言文字专家学者，更加充分地认识到初心和使命，更加珍惜新时代带来的美好学术前景，用更加坚定的奉献精神和爱国情怀投身于科研工作实践和理论创新。中国满通古斯语族语言文字学专家学者充分感受到，在我国科学技术突飞猛进的今天，应该更加强化学术理论创新、学科体系和人才队伍的优化。这样才能承前启后、继往开来、不负使命，在新的历史条件下，不断做出具有新思想、新观点、新理论的创新科研成果，为把我国建设成社会主义现代化强国，为实现中华民族伟大复兴的中国梦而做出更大贡献。

在这一强大思想信念和精神力量的鼓舞下，在刚刚过去的 8 年里，中国满通古斯语族语言文字专家学者，针对满通古斯语族语言全面进入濒危或严重濒危的实际问题，启动了国家社科基金、中国社科院、国家语委、国家民委及地方社科院、社科联和各大院校的一系列重要重大课题。这些课题，涉及满通古斯语族濒危语言文字的抢救性保护、方言土语口语资料的广泛搜集、语音声学研究、语言数据库建设、语言规范化使用、满文历史文献资料及其语言文字的深入挖掘整理和研究、语言会话资料及教材的编写等内容。另外，还关系到满通古斯语族语言研究历史建构、满通古斯语族语言基本词汇的搜集整理、满通古斯语族语言词源关系的深入探讨等方面。下面从四个方面阐述，中国满通古斯语族语言在第三历史阶段取得的学术成绩。

一是满语支的满语及满文历史文献资料研究方面，先后出版了《满语口语音典》（2014）、《满语词汇的多义性研究》（2017）、《满语词源及文化研究》（2014）、《初级实用满语词汇》（2019）、《初级实用满语教程》（2017）、《满语 366 句会话句》（2014）；尤其在满文历史文献资料及其文献资料语言的研究方面取得突出成绩，如有《满文档案研究》（2012）、《明清档案与史地探微》（2012）、《辽宁地区满语资源及其管理》（2012）、《清代新疆满文档案汇编》(2012)、《清实录研究》(2013)、《〈清文指要〉汇校与语言研究》(2013)、《满文档案与清代边疆和民族研究》(2013)、《清代东归和布克赛尔吐尔扈特满文档案诠释》(2013)、《满蒙档案与蒙古史研究》(2014)、《〈清文指要〉整理研究》(2017)、《五体清文鉴研究》(2019)、《满文档案与历史研究》(2015)、《清初西洋传教士满文档案译本》(2015)、《清太祖满文实录大全》(2017)、《御制盛京赋(满文篆书三十二体)》(2018);还有《满学论丛》(第二辑,2012)、《明清档案与历史研究论文集》(2015)、《旧律新诠〈大清律例〉文集》(2016)、《满文文献研究论集》(2018)、《满学研究论集》(2018)等有代表性的学术研究文集。所有这些成果,充分展示出我国在满通古斯语族语言研究第三阶段,在满语研究,特别是在满文历史文献及其语言研究取得的巨大学术成绩。其实,与此相关的成果还有不少。如在各有关学术刊物上刊发的上百篇学术论文,同样对严重濒危的满语开展全范围搜集整理、抢救保护、传授继承等工作提出了诸多理论思考,还从不同角度科学论述了对于满文文献资料不失时机地深入挖掘和分析研究的必要性和重要性。在这里,还应该提到的是,于2016年东北大学还成立了"中国满学研究院",2017年该中心创刊《满学研究》,已公开发行第一期。在这一时期,锡伯族语言文字研究,突出表现在2012年底成立了新疆锡伯研究中心,同时出版《汉锡名词术语规范词典》(2014)、《锡伯语满语会话手册》(2013)、《锡伯语366句会话句》(2014)等,还发表了讨论锡伯语抢救保护、锡伯文规范化使用、建立健全锡伯语言文字数字化信息化网络化应用系统、锡伯语与同语支同语族同语系及相关语言的比较研究和对比研究的重要性等方面的一系列学术论文。由此,进一步推动了锡伯语言文字在更高层面、更广泛领域的学术研究工作。

二是通古斯语支的鄂温克语研究工作同样取得十分理想的学术业绩。其中,出版的研究类成果主要有《鄂温克语名词形态论》(2016)、《鄂温克语动词形态论》(2016)、《鄂温克语语音声学研究》(2018),以及《通古斯鄂温克语研究》(2015)、《敖鲁古雅鄂温克语研究》(2015)、《敖鲁古雅方言研究》(2016)、《杜拉尔鄂温克语研究》(2017)、《阿荣鄂温克语》(2017)、《鄂温语和蒙古语比较研究》（蒙文版，2018）等；教材及会话读本方面有《鄂温克语教程》（2015）、《鄂温克语》（教材，2019）、《敖鲁古雅鄂温克语读本》（2012）、《索伦鄂温克语会话》（2015）、《通古斯鄂温克语会话》（2015）、《敖鲁古雅鄂温克语会话》（2015）、《鄂温克语366句会话句》（2014）等；词典与词汇集类成果有《鄂蒙词典》（蒙文版，2014）和《索伦鄂温克语基本词汇》（2015）、《杜拉尔鄂温克语词汇》（2017）、《讷河鄂温克语基本词汇》（2017）、《鄂温克语三大方言词汇比较》（2017）等。其他还有《鄂温克语谚语》（2015）、《鄂温克语民间故事》（国际音标撰写，2017）、《鄂温克语民歌歌词》（国际音标撰写，2015）等。另外，有关鄂伦春语研究方面成果有《中国鄂伦春语方言研究》（2014）、《简明鄂伦春语读本》（2013）、《鄂伦春语366句会话句》（2014）及《鄂伦春语汉语词典》（2019）等。赫哲语方面有《赫哲语》（2016）、《赫哲语语法功能词典》（2018）、《赫哲语366句会话句》（2014），以及对前期完成并内部出版的《简明赫哲语汉语对照》《赫哲语汉语日常生活用语对照》《赫哲语汉语日常会话对照》三部书稿进行汇编的《简明赫哲语词典》（2017）等。纵览2012年以来通古斯诸语研究，其成果更多地集中体现在鄂温克语研究方面，尤其是名词形态论、动词形态论、语音声学论等理论性成果的出版发行，很大程度上提升了通古斯诸语，乃至满通古斯诸语理论化研究水平。濒危或严重濒危的通古斯诸语及其方言土语的全面系统全范围研究，对于这些语言口语资料、语言资源、语言原生态的保护保存，以及科学认识和把握将会产生重要学术影响。

三是在满通古斯语族语言研究历史的建构、满通古斯语族语言研究学术地位的确立，以及满通古斯语族语言词源研究、基本词汇比较，包括该语族语言的历史性变迁，乃至语言文化的传承与发展，"一带一路"倡议的实施及东北亚研究的进一步深度推进等学术领域，满通古斯语族语言研究发挥了不可忽视的应有作用。其成果主要体现在，公开出版的《满通古斯语族语言研究史论》（2014）、《满通古斯语族语言词源研究》（2014）、《满通古斯语族语言词汇比较》（2014）、《濒危语言满语赫哲语共时研究》（2013），以及在《北方民族语言变迁研究》（2012）、《东北人口较少民族优秀传统文化》

(2012)、《"一带一路"战略与东北亚研究》(2016)等重大学术研究成果中,全面系统地论述了满通古斯诸民族语言文字及其优秀传统文化的学术理论价值和意义。同时,在这些成果里还论证了,满通古斯语族语言同阿尔泰语系语言、东北亚及其北极圈诸民族语言文化间产生的多方面、多层次、多角度的纵横交错、错综复杂、变化多样而层级鲜明、结构严谨、规律可循的内在因素、内部原理。科学阐释了在东北亚实施"一带一路"建设的伟大实践中,满通古斯诸民族语言文化占有的不可忽视的学术地位,以及能够发挥的积极推动作用和影响力。除此之外,发表了不少讨论满通古斯诸民族语言与阿尔泰语系语言和东北亚诸民族语言间产生的语言历史、语言地理、语言文化、语言社会、语言经济、语言宗教、语言接触、语言关系的学术论文。还发表了科学阐述新时代满通古斯诸民族濒危语言和优秀传统文化抢救保护的重要性、研究通古斯人口较少民族濒危语言文化的学术价值、阐明满通古斯诸民族语言文化与"一带一路"建设的深层次关系、论述"一带一路"建设与满通古斯诸民族濒危语言文化保护与传承的深远意义、强力推动满通古斯语言与本土文化建设及经济社会协调发展、进一步强化满通古斯语言文化研究事业及更好地夯实文化强国战略等一系列优秀论文。在这里,还应该指出的是,于2018年底在延边大学成立了"朝鲜—满通古斯研究中心",2019年9月还召开"朝鲜—满通古斯研究高层论坛",出版《朝鲜语与通古斯语关系研究》(2018)等科研成果,进而强有力地推动了满通古斯语族语言文字同东北亚诸民族语言文字研究工作。

  四是在第三阶段继续实施国家社科基金重大项目"濒危鄂温克语言文化抢救性研究"(2010—2018)、"中国少数民族语言文化研究"(2012—2022),并启动了"中国满通古斯语言语料数据库建设及研究"(2018—2023),还有一系列国家社科基金一般项目、青年项目、濒危项目、绝学项目和其他省部级、科研院校及地方项目等。通过以上项目的具体实施,加上现已完成的一系列重要重大科研任务和田野调研工作,满通古斯语族语言文字研究领域,培养出一批既有科研工作实践经验又有扎实稳妥全面的理论知识的硕士、博士研究生及博士后科研人员。及时培养系统掌握现代尖端理论知识的高素质中青年科研队伍，及时实施科学内部的合理调整、重组和新建相关学科建设、学术机构、学术中心、学术平台、学术期刊，尤其是集中优势力量及团队合作精神攻克一系列疑难学术问题，都强有力地推动了中国满通古斯诸语研究向更高层面、更广领域、更深理论、更加理想目标长足发展，使中国满通古斯语族语言文字研究事业不断走向辉煌。

毫无疑问，以上刊发的满通古斯语族语言科研成果，不仅在学科建设、学术理论的创新、人才队伍培养等方面产生重要影响，同时为构建中国满通古斯语族语言资料库、数据库、软件平台建设提供了重要科学依据。在此基础上，更高层面更有力度地强化和完善了中国满通古斯语族语言学术理论创新体系。另外，还有必要交代的是，中国满通古斯语族语言文字专家学者用外文撰写的科研成果，在国外权威机构或权威期刊上不断被公开印刷出版和发表，由此引起国际学术界的强烈反响和高度重视，从而强化了国际学术界的影响力和话语权，占据了在此学科领域的学术制高点。

总之，在以上的讨论中，将中华人民共和国成立以来满通古斯语族语言文字研究历程走过的70年，根据我国在此历史发展时期出现的三个不同阶段，分为从1949年到1979年的30年，从1980年到2011年的32年，从2012到2019年的8年三个部分，概括性阐述了该学术研究领域取得的辉煌成就。也就是说，在这70年当中，中国满通古斯语族语言文字研究事业，从中华人民共和国成立至今，走过了从无到有、从弱到强，再到走向辉煌的70年学术历程。特别是，在老中青四代满通古斯语族语言文字专家学者的不忘初心、牢记使命、甘于奉献、勇于创新的强大精神力量鼓舞下，取得一个又一个巨大学术成就，进而走出自己的学术道路，打出了自己的学术品牌，建立了中国特色满通古斯语族语言文字研究前瞻性、开拓性、创新性学术理论体系，构建了中国特色满通古斯语族语言文字研究学科体系、学术体系、话语体系。在新时代中国特色社会主义创新理论指导下，中国满通古斯语族语言文字专家学者，不断增强"四个意识"，不断坚定"四个自信"，坚决做到"两个维护",在思想上政治上行动上同以习近平同志为核心的党中央保持高度一致,不断提高思想理论水平和强化科研本领,为实现我国民族语言文字研究事业的全面振兴、为实现"两个一百年"奋斗目标和中华民族伟大复兴的中国梦而努力奋斗。

参考文献

曹志耘总主编：《中国濒危语言志》（30本），商务印书馆2004—2006年版。
朝克等：《北方民族语言变迁研究》，中国社会科学出版社2012年版。
朝克：《濒危赫哲语基本词汇》，社会科学文献出版社2020年版。
朝克等：《中国民族语言文字研究史论》（4卷），中国社会科学出版社2013年版。
朝克：《东北人口较少民族优秀传统文化》，方志出版社2012年版。
朝克：《满通古斯诸语比较研究》，民族出版社1997年版。
朝克：《满通古斯语族语言词汇比较》，中国社会科学出版社2014年版。
朝克：《满通古斯语族语言词源研究》，中国社会科学出版社2014年版。
朝克：《满通古斯语族语言研究史论》，中国社会科学出版社2014年版。
朝克：《楠木鄂伦春语研究》，民族出版社2009年版。
朝克：《通古斯诸民族及其语言》，日本东北大学1999年版。
朝克：《现代锡伯语口语研究》，民族出版社2006年版。
朝克：《"一带一路"战略及东北亚研究》，社会科学文献出版社2016年版。
朝克主编：《察布查尔锡伯自治县锡伯族语言文字使用现状调研》，方志出版社2011年版。
戴庆厦等：《中国少数民族语言文字应用研究》，云南民族出版社1999年版。
戴庆厦：《二十世纪的中国少数民族语言研究》，书海出版社1998年版。
戴庆厦：《中国少数民族语言研究60年》，中央民族大学出版社2009年版。
戴庆厦主编：《跨境语言研究》，中央民族学院出版社1993年版。

道布等编：《中国少数民族文字》，中国藏学出版社1991年版。

恩和巴图：《满语口语研究》，内蒙古大学出版社1995年版。

范俊军编译：《联合国教科文组织关于保护语言与文化多样性文件汇编》，民族出版社2006年版。

傅懋勣：《论民族语言调查研究》，语文出版社1998年版。

国家民族事务委员会文化宣传司编：《构建多语和谐的社会语言生活》，民族出版社2009年版。

国家民委文化宣传司编：《民族语文政策法规汇编》，民族出版社2006年版。

国家民族事务委员会、中央文献研究室编：《新时期民族工作文献选编》，中央文献出版社1990年版。

韩有峰：《鄂伦春语》（上下册），延边教育出版社2004年版。

何青花等编著《鄂伦春语释译》，紫禁城出版社2011年版。

胡增益：《鄂伦春语研究》，民族出版社2001年版。

黄光学等主编：《中国的民族识别——56个民族的来历》，民族出版社2005年版。

金春子等编著：《中国跨界民族》，民族出版社1994年版。

金星华主编：《中国民族语文工作》，民族出版社2005年版。

金周源等：《现代满语口语》（英文），韩国，首尔大学，2008年。

李红杰等主编：《少数民族语言使用与文化发展　政策和法律的国际比较》，中央民族学院出版社2008年版。

李敬忠：《语言演变论》，广州出版社1994年版。

刘丹青编著：《语法调查研究手册》，上海教育出版社2008年版。

马丽雅等编：《中国民族语文政策与法律述评》，民族出版社2007年版。

欧阳觉亚等编：《中国少数民族语言使用情况》，中国藏学出版社1994年版。

欧阳觉亚等主编：《中国民族语言文字大辞典》，中国社会科学出版社2017年版。

孙宏开等主编：《中国的语言》，商务印书馆2007年版。

王远新：《中国民族语言学史》，中央民族学院出版社1993年版。

徐大明主编:《语言变异与变化》,上海教育出版社2006年版。

徐思益:《语言的接触与影响》,新疆人民出版社1997年版。

宣德五等:《朝鲜语方言调查报告》,延边人民出版社1990年版。

姚亚平:《中国语言规划研究》,商务印书馆2006年版。

袁焱:《语言接触与语言演变:阿昌语个案调查研究》,民族出版社2001年版。

中国社会科学院民族研究所编:《世界语言报告——中国部分》,中国社会科学院民族研究所2000年版。

中国社会科学院民族研究所、国家民族事务委员会文化宣传司主编:《中国少数民族语言使用情况》,中国藏学出版社1994年版。

中国语言文字使用情况调查领导小组办公室编:《中国语言文字使用情况调查培训手册》,国家语委,1999年。

中央民族学院少数民族语言研究所编:《中国少数民族语言》,四川民族出版社1987年版。

周庆生主编:《中国民族语言学研究》,社会科学文献出版社2008年版。

[美]法兰克·布莱尔:《双语调查精义》,卢岱译,民族出版社2006年版。

后　　语

　　本人的濒危或严重濒危民族语言搜集整理工作，从20世纪80年代初启动已走过了近40年的岁月。期间，该项研究由于出国留学和讲学或开展国际合作研究课题，以及自己所承担的其他科研工作和行政管理任务过重而被搁置过好几次。另外，就如前言中所说，因为我国北方许多民族语言特别是人口较少民族语言几乎全范围进入濒危或严重濒危状态，使对这些民族语言词汇的搜集整理，尤其是对于他们早期传统意义上的基本词汇的搜集整理工作，遇到意想不到的诸多困难和问题，但想到该项科研工程所包含的重要意义和使命，想到再过若干年这些使用人口少的民族语言逐渐一个个离我们而去，进而给我们带来无可挽救的极大损失，想到自己是中国社会科学院从事民族语言研究的一名专家，如果不坚持做下去，如果不完成这一研究使命，确实愧对我国民族语言研究事业，愧对中国社会科学院，愧对这些濒危或严重濒危的民族语言。同样，愧对祖国和人民多年来的养育之恩，愧对中国社会科学院及科学院专家学者多年来的精心培养。出于这一思想情感、出于这一初心和使命，以及中国社会科学院专家学者应有的甘于清贫、甘于寂寞、甘于坐冷板凳、敢于探索、勇于挑战、乐于无私奉献的学术精神，默默无闻地支撑和推动着这一基础性科研工作。

　　在过去的岁月里，面临过无数次的艰难险阻，接受过无数次的挑战和考验，也走过风雨、走过磨难、走过坎坷、走过曲折和艰辛。回首看，确实走了一条十分不容易的学术之路。感到庆幸和欣慰的是，一路走来得到了许多老前辈、老专家和同事们的关心和鼓舞。或许正是有了他们关怀和支持，我才有勇气、有决心完成这一重要的学术研究工作。尤其感到高兴的是，2017年经本人申请，中宣部"四个一批"人才专项资助项目很快获得批准，同时拨来项目专项经费。毫无疑问，这不仅给本人进行多年的濒危或严重濒危的民族语言抢救性挖掘、搜集、整理、保护工作提供了丰厚的资金支持，更为重要的是给该项研究事业注入了强盛的活力和精神力量。有时我想，对于一名科研人员来讲，经费支助或者说物质上的鼓励固然很重要，但科研人员本身具有的治学态度和精神，特别是面对我国情况错综复杂的濒危或严重濒危民族语言做搜集整理和抢救保护工作，没有一个执着而坚定的追求，没有无私奉献的精神，就很难圆满完成此项艰巨的科研工作任务。

中宣部"四个一批"人才专项资助项目专项经费拨下来以后，在过去多年来所做的科研工作基础上，经过这五年的多次补充调研和分析研究，终于撰写完成这一20余万字的项目稿。因为本人是从事我国北方民族语言文字，以及同我国北方民族语言文字密切相关的东北亚及北极圈诸民族或族群语言文字研究的科研人员，此前，在该学术研究领域，发表并出版过相当数量的有关濒危或严重濒危民族语言文字的调研报告及学术论著。而且，很多成果都跟我国濒危或严重濒危的北方民族语言有关，不过也有与北方民族语言有关的东北亚及北极圈民族语言，以及关系到我国南方濒危或严重濒危民族语言的成果。其实，不同地区和不同民族语言的濒危缘由、濒危现象、濒危程度都各自不同。其中，最为显著而突出的特征，似乎都无一例外地首先表现在母语词汇的不同程度的丢失，以及外来词语的不同程度的借用方面。相比之下，生活在相对单一民族生活区的民族语言保存的母语词汇，比生活在其他生活区的民族语言词汇要好一些。那么，伴随我国民族地区经济社会的快速发展，几乎所有民族语言都不同程度地借入了汉语借词。尤其是那些人口较少的民族语言的词汇系统里，借入的汉语借词越来越多，日常用语的词汇数量中所占比例越来越大。或许正是这一缘故，使得濒危语言的调研工作往往要从词汇的使用情况开始，分析研究语言的濒危现象及其程度，其次是语法方面的濒危现象，最后才会涉及语音的影响变化。

不论怎么说，经过本人的多年努力，特别是获得中宣部"四个一批"人才自主选题项目专项经费资助以后，开展的富有成效的调研，使该项自选课题研究得以顺利完成，心里特别高兴。对此向中宣部干部局领导、中央国家机关干部人事部门负责人，以及"四个一批"人才自主选题办公室负责人及全体工作人员表示崇高敬意和深深谢意！

在这里，还要向在少数民族地区，特别是人口较少民族生活的偏远边疆山林、草原、农牧区开展实地田野调研时，协助调研濒危或严重濒危民族语言使用情况的少数民族同胞，以及在实地调研时风雨无阻地陪伴身边辅助调研的乡村领导和相关工作人员等表示真诚的感谢！还要感谢，在田野调研和查找资料时，各方面尽量提供方便条件的旗县民族工作部门的领导及工作人员、地方民族研究会及民间研究学会的专家学者。另外，还要感谢协助我进行田野调研的研究生们。说实话，没有他们的帮助支持和协助，我很难按计划顺利完成该项科研工作任务。在此，向他们表示深深的谢意。

就像每一项科研工作都存在或多或少的不足和缺点，本人的该项成果里肯定也存在不少问题和不足。特别是，对处于严重濒危而变得很不完整、很不系统、很不全面的民族语言资料的搜集整理、分析研究等方面，会有不少遗漏或不尽如人意之处，在此真诚希望学术同人提出宝贵意见。

朝　克

2020 年 6 月于北京